AF745743

www.ingramcontent.com/pod-product-compliance
Lightning Source LLC
LaVergne TN
LVHW050644051026
849532LV00002B/518

* 9 7 8 9 3 5 8 7 2 1 6 3 8 *

مولوی عبدالحق:
فن اور شخصیت

ڈاکٹر سید معراج نیرؔ

Maulvi Abdul Haq : Funn aur Shakhsiat

by: Dr. Syed Meraj Nayyar

Edition: March '2024

Publisher :

Taemeer Publications LLC (Michigan, USA / Hyderabad, India)

ISBN 978-93-5872-163-8

کتاب	:	**مولوی عبد الحق: فن اور شخصیت**
مصنف	:	**ڈاکٹر سید معراج نیرؔ**
پروف ریڈنگ / تدوین	:	اعجاز عبید
بہ تعاون	:	القلم ریسرچ لائبریری
صنف	:	تحقیق و تنقید
ناشر	:	تعمیر پبلی کیشنز (حیدرآباد، انڈیا)
سالِ اشاعت	:	۲۰۲۴ء
صفحات	:	۲۷۶
سرورق ڈیزائن	:	تعمیر ویب ڈیزائن

فہرست

حرفِ چند

زیر نظر مقالہ میری ایک دیرینہ آرزو کی بدست دگر صورت تمام ہے۔۔۔ بابائے اردو ڈاکٹر مولوی عبد الحق میرا پہلا عشق اور میری پہلی ادبی ترجیح ہیں اور رہے ہیں۔ ان کی عمر عزیز کے آخری دو برسوں میں مجھے ان کی خدمت میں حاضری کی عزت اور سعادت حاصل رہی۔ میں نے کراچی اور پھر لاہور سے بابائے اردو کی شخصیت اور خدمات پر پی ایچ ڈی کا مقالہ لکھنے کی آرزو اور کوشش کی لیکن کراچی یونیورسٹی موضوع تحقیق اور پنجاب یونیورسٹی میں امیدوار تحقیق اصحاب مجاز کے لئے ناپسندیدہ اور معتوب ٹھہرا، اور مجھے دوسرے موضوعات کی طرف نکل جانا پڑا بایں ہمہ مولوی عبد الحق آج بھی میرا محبوب موضوع ہیں ان کی شخصیت اور خدمات کے بارے میں میری بعض کتابی کاوشوں کی کچھ قدر بھی ہوئی۔۔۔ میرے لئے اطمینان کی بات یہ بھی ہے کہ مجھے بابائے اردو کی ذات اور خدمات سے اپنے گہرے شغف کو اپنے بعض شاگردوں کا دردِ سر بنانے میں کسی قدر کامیابی ہوئی ہے۔ جن میں ڈاکٹر سید معراج نیر کا نام بہت نمایاں ہے۔

مولوی عبد الحق کے بارے میں پیش نظر مقالہ میری تجویز اور تحریک پر لکھا گیا اس کے لئے میں نے بطور خاص سید معراج نیر کا انتخاب کیا جن کی محنت، مستعدی اور شرافت نفس کا میں ان کی ایم اے کی طالب علمی کے زمانے سے معترف اور مداح رہا ہوں۔۔۔ اسی لیے میں کہتا ہوں کہ زیر نظر مقالہ میری ایک دیرینہ آرزو کی بدست دگر صورت

اتمام یا تعبیر ناتمام ہے! پنجاب یونیورسٹی لاہور کی جانب سے اس کام کی نگرانی کی ذمہ داری میرے اور ڈاکٹر عبید اللہ خان کے سپرد ہوئی لیکن خان صاحب نے اسے زیادہ موزوں خیال کیا کہ بے خلل وہی اس کام سے وابستہ رہیں مجھے موضوع اور مقالہ نگار کی عافیت نیک مطلوب تھی خان صاحب کی خوشی وخوشنودی کو مقدم جانا، بے دخلی اور دستبرداری (یاد ستبرد) کو گوارا گیا۔

خیر اور خوشی کا پہلو یہ ہے کہ جیسے تیسے کام مکمل ہوا حد انتہا کس نے پائی ہے کار تحقیق کس سے، کب تمام ہوا ہے اور پھر اس کام کی دیکھ ریکھ میں میرا دخل ہوتا بھی تو کیا ضرور تھا کہ یہ کام ویسا ہی ہوتا۔ جس کا میں نے خواب دیکھا اور منصوبہ بنایا تھا۔ کسی عہد آفریں شخصیت کے کارناموں کا احاطہ یا حق ادا کرنا کسی ایک جست یا کوشش میں ممکن بھی نہیں ہوتا، لیکن مجھے یقین ہے کہ مستقبل میں ڈاکٹر سید معراج نیر کے اس کام سے بے نیاز ہو کر بابائے اردو مولوی عبدالحق کے علمی کارناموں کا کوئی جائزہ لینا ممکن نہیں ہو گا، اور یہ کچھ کم اہم بات نہیں!

بابائے اردو مولوی عبدالحق کو اس خاکدان ارضی سے رخصت ہوئے ایک تہائی صدی ہو رہی ہے ڈاکٹر سید معراج نیر پاکستان کے پہلے اور واحد ریسرچ اسکالر ہیں جنہوں نے بابائے اردو پر تحقیقی کام کر کے پی ایچ ڈی کی سند فضیلت پانے کا قابل رشک امتیاز اور اعزاز حاصل کیا۔۔۔۔ میری خوشی دوچند ہوئی جب جمیل النبی صاحب نے میری خواہش پر اس مقالے کو بابائے اردو کی تینتیس ویں برسی کی مناسبت سے اپنے اشاعتی پروگرام میں شامل کیا، خدا انہیں جزائے خیر دے اور توفیقات عالیہ سے نوازے۔

امید ہے کہ اس علمی کام کی قدر کی جائے گی اور بات اسی مقالے تک نہیں رہے گی، مولوی عبدالحق کی خدمات، ان کے اثرات اور احسانات کا سلسلہ شناخت اور اعتراف،

کارواں در کارواں آگے چلے اور بڑھے گا۔۔۔۔۔ لیکن اتفاق یا اختلاف، دونوں صورتوں میں سید معراج نیر کے اس کام کا حوالہ ناگزیر ہوگا،اسی میں اس کتاب اور کام کی اہمیت اور منزلت مضمر ہے۔

ڈاکٹر سید معین الرحمن
پروفیسر وصدر شعبہ اردو
گورنمنٹ کالج لاہور

***

پیش لفظ

اردو زبان اور ادب پر مولوی عبد الحق کی ذات نصف صدی سے زیادہ چھائی رہی جس کے نتیجے میں اردو کا ذکر مولوی عبد الحق کے تذکرے سے اور مولوی عبد الحق کا تذکرہ اردو کے ذکر سے کچھ اس طرح پیوست ہو گیا کہ شاہد و مشہود کی تمیز نہ رہی۔

مولوی عبد الحق نے اپنا لڑکپن، جوانی اور بڑھاپا سارے کا سارا اردو پر قربان کر دیا۔ انہیں ایک ہی دھن رہی کہ اردو زبان کو اس کا جائز مقام ملے اور وہ اتنی پھلے پھولے کہ بین الاقوامی زبانوں کے شانہ بہ شانہ چل سکے۔ انہوں نے اپنے مقصد کی تکمیل کے لئے عملی میدان میں بھی قدم رکھا۔ تھکا دینے والی طویل مسافتوں کے سفر کئے، خطبات دیئے اور لوگوں کو اردو کی عظمت اور اہمیت کا قائل کیا۔ اس ضمن میں انہیں غیروں سے بھی مقابلہ کرنا پڑا اور اپنوں کی ستم ظریفیوں کا بھی شکار ہونا پڑا۔

مضامین لکھے، خاکے قلمبند کئے، تبصرے تحریر کئے، رسالے نکالے، دور افتادہ مقامات پر اردو کے مدرسے قائم کئے، انجمن ترقی اردو کی شاخیں کھولیں، قاعدے لکھے اور ڈھونڈ ڈھونڈ کر قدیم مخطوطات منظر عام پر لائے تاکہ اردو کی قدامت کو ثابت کیا جا سکے ان کی یہی ولولہ انگیز شخصیت میرے لئے باعث کشش ہوئی اور جب میں نے پی ایچ ڈی کے لئے موضوع کا انتخاب کرنا چاہا تو مولوی عبد الحق کی ذات میرا محور بنی میں نے سوچا کہ "مولوی عبد الحق احوال و آثار" پر کام کروں لیکن موضوع کی وسعت کے پیش نظر استاد گرامی خواجہ محمد زکریا صدر شعبہ اردو جامعہ پنجاب لاہور نے از راہ شفقت مولوی

عبد الحق کی ہفت پہلو شخصیت کے ایک گوشہ "مولوی عبد الحق بطور محقق" کا تعین کرایا موضوع طے ہوتے وقت یقیناً مجھے یہ احساس نہ تھا کہ مولوی عبد الحق کا یہ پہلو بھی بہت وسعت رکھتا ہے اور اسے ہی سنبھالنا میرے لئے آسان نہ ہوگا پھر پتا یہ پڑی کہ میں اس زمانے میں جب ذہنی اور عملی طور سے اس کام کا آغاز کر چکا تھا، درس و تدریس کے بجائے انتظامی امور کی سولی پر بطور پرنسپل متعین کر دیا گیا مجھے لاہور سے شہر بدر کر کے نارنگ منڈی کے دور افتادہ علاقے میں تعینات کر دیا گیا۔ اس دلبر داشتہ ہو جانے والی منزل پر میرے استاد اور مقالہ کے نگران و رہنما ڈاکٹر عبید اللہ خان صاحب اور ڈاکٹر سید معین الرحمن نے مجھے حوصلہ دیا آہستہ آہستہ کام آگے بڑھنا شروع ہوا سرکاری فرائض منصبی کی تکمیل کے لئے ریل اور مقالے کی تکمیل کے لئے اوراق پریشاں کا سفر جاری رہا۔

ابتدا میں مجھ پر ڈاکٹر عبید اللہ خان صاحب کی شخصیت کا اتنا رعب اور خوف تھا کہ میں ان کے پاس جاتے ہوئے پہلو تہی کرتا تھا لیکن جب تھوڑی سی جھجک دور ہوئی تو انہیں محبت اک ایک شجر سایہ دار پایا اور انہوں نے میرے ایک ایک نقطہ لفظ حرف اور سطر و جملے پر نہایت جاں فشانی سے دیدہ ریزی کی ڈاکٹر سید معین الرحمن صاحب نے بھی میری ہر منزل پر رہنمائی کی یہاں تک کہ ان کے ذاتی کتاب خانے کی نایاب کتب تک بھی رسائی ممکن رہی۔

یہ مقالہ آٹھ ابواب پر مشتمل ہے پہلا باب مولوی عبد الحق کی زندگی کے احوال سے تعلق رکھتا ہے جبکہ دوسرے باب میں ان کی تصنیفی و تالیفی خدمات کا جائزہ لیا گیا ہے اور بتایا گیا ہے کہ کس طرح اردو کے اس مرد مجاہد نے قلم کا جہاد جاری رکھا تیسرے باب میں فن تحقیق پر بات کی گئی ہے تا کہ جب ہم مولوی عبد الحق کا بطور محقق جائزہ لیں تو یہ باب میزان بن سکے چوتھے باب میں اردو میں تحقیق کی روایت کا ذکر ہے اور بتایا گیا ہے

کہ مولوی عبد الحق کے سامنے وہ کون کون سے پیش رو تھے جنہوں نے اس میدان میں ان سے پہلے دشت نوردی کی تھی پانچویں باب میں مولوی عبد الحق کی تحقیقی کاوشوں کا جائزہ لیا گیا ہے جب کہ چھٹے باب میں فن تحقیق کی روشنی میں مولوی صاحب کی تحقیق کی خصوصیات کا اجاگر کیا گیا ہے ساتویں باب میں اردو تحقیق کی روایت کی روشنی میں بطور محقق مولوی عبد الحق کے مقام و مرتبے کا تعین کیا گیا ہے اور بتایا گیا ہے کہ ان کی تحقیق نگاری نے اردو تحقیق پر کیا اثرات مرتب کئے ہیں اور آخری باب میں اردو کے ان ارباب تحقیق کا ذکر ہے جنہوں نے مولوی عبد الحق کی تحقیقی کاوشوں اور خصوصیات کو آگے بڑھانے میں کارہائے نمایاں انجام دیئے۔

مقالے کی تکمیل میں میرے اساتذہ کرام کے علاوہ بھی بہت سے بزرگوں اور احباب نے میری اعانت کی جن کا ذکر نہ کرنا احسان فراموشی ہوگا بالخصوص سید ابن حسن قیصر (مرحوم) اور ان کے چھوٹے بھائی مظفر احسن سید پیرانہ سالی اور بیماری کے باوجود گاہے گاہے میرے مدد کرتے رہے۔ اسی طرح میری زوجہ محترمہ رباب بانو نے بھی مقالہ کی تکمیل کے لئے پر سکون ماحول مہیا اور خواب گاہ و کمرہ طعام کو کمرہ تحقیق بنا رہنے دیا اور انہوں نے اپنی نفاست پسندی اور انتہائی حسن ترتیب کی عادت کے باوجود کتابوں اور کاغذات کے بکھرے رہنے پر کبھی اعتراض نہیں کیا۔ اس منزل پر عالم جوانی میں بچھڑ جانے والے دو افراد کی یاد بھی بہت ستا رہی ہے ایک لڑکپن کا دوست جمیل احمد صبا جو شارجہ سے بھی فون کرتا تو مجھ سے زیادہ میرے مقالے کے متعلق پوچھتا دوسرا نو عمر بھانجا سید اسد عباس کہ جب بھی مجھے ملتا تو کہتا کہ ماموں آپ مقالہ کب مکمل کریں گے اور اب یہ مکمل ہوا تو دونوں ماضی کی داستان بن چکے ہیں دور افتاد بڑے بھائی ڈاکٹر ایس اے عباس اور بھابی ڈاکٹر رابعہ عباس بھی ہر کٹھن منزل پر حوصلہ دیتے رہے اور یقیناً

انہیں مقالے کی تکمیل پر مجھ سے زیادہ مسرت ہوئی ہو گی۔

اس مقالہ میں جن کتب کے حوالے دیئے گئے ہیں وہ لائبریری جامعہ پنجاب لاہور، پنجاب پبلک لائبریری لاہور، لائبریری گورنمنٹ کالج آف سائنس لاہور، لیاقت نیشنل لائبریری کراچی، کتب خانہ خاص و عام انجمن ترقی اردو پاکستان کراچی، ڈاکٹر سید معین الرحمن صاحب کی ذاتی اور راقم الحروف کی نجی لائبریری میں موجود ہیں میں مذکورہ بالا تمام ناظمین کتب خانہ جات اور پروفیسر ڈاکٹر سید معین الرحمن صاحب کا شکر گزار ہوں کہ انہوں نے اپنے کتب خانوں سے مجھے استفادہ کرنے کی اجازت دی میں اس ضمن میں اختر وڑائچ، لائبریرین، گورنمنٹ کالج آف سائنس اور قیصر حسن کاظمی لائبریرین گورنمنٹ اسلامیہ کالج بدوملہی کا خاص طور سے ممنون ہوں اس مقالے کو کتابی حسن و قبا عطا کرنے میں جمیل النبی صاحب کی سلیقہ شعاری اور کتاب سازی کی ان کی وہبی و تخلیقی استعداد کو بڑا دخل ہے میں ان کا بہ دل ممنون ہوں۔

ڈاکٹر سید معراج نیر

استاد شعبہ اردو

گورنمنٹ کالج لاہور

***

ڈاکٹر سید معراج نیر زیدی۔۔۔ مقالہ نگار

مشاغل

لیکچرار شعبہ اردو اسلامیہ کالج چنیوٹ ۱۹۷۴ء تا ۱۹۷۸ء

لیکچرار شعبہ اردو گورنمنٹ کالج جڑانوالہ ۱۹۷۸ء تا ۱۹۸۰ء

لیکچرار شعبہ اردو گورنمنٹ کالج آف سائنس لاہور ۱۹۸۰ء تا ۱۹۸۸ء

پرنسپل گورنمنٹ انٹر کالج نارنگ منڈی ۱۹۸۸ء تا ۱۹۹۲ء

اسسٹنٹ پروفیسر اردو گورنمنٹ کالج آف ایجوکیشن لاہور ۱۹۹۲ء تا ۱۹۹۳ء

موجودہ مصروفیت

استاد شعبہ اردو گورنمنٹ کالج لاہور

تصانیف و تالیف

ا رئیس الاحرار حسرت موہانی

۲ اردو شاعری کا ارتقا

۳ اقبال منفرد

۴ اقبال کا تجزیاتی مطالعہ

۵ حضرت شہباز قلندرؒ

۶ خواب رفتہ (انتخاب کلام شرقی)

۷انتخاب کلام ظفر

۱۸نتخاب کلام میر

۹عطیہ فیضی(زیر طبع)

۱۰امکاتیب قائداعظم کا سیاسی و تاریخ پس منظر(زیر طبع)

سفر:

امریکہ، کینیڈا، شام، عراق، ایران، سعودی عرب وغیرہ

***

پہلا باب

مہد سے لحد تک

انیسویں صدی بر صغیر کی تاریخ میں ایک انقلاب آفریں صدی تھی، جس کے آغاز میں بر صغیر میں مغربی طاقتیں بر سر پیکار رہیں۔ وسط میں اس مغلیہ سلطنت کا خاتمہ ہوا جس کی داغ بیل ظہیر الدین بابر کے تابڑ توڑ حملوں نے ۱۵۲۶ء میں ڈالی تھی اور بقیہ نصف صدی مسلمانوں نے اپنے کھوئے ہوئے وقار اور سماجی و معاشرتی شیرازہ بندی میں وقف کی۔

اس صدی کا ایک بڑا واقعہ ۱۸۵۷ء کی جنگ آزادی ہے، جس کے ذریعے اہل ہند نے مغربی سامراج کا طوق غلامی اتار پھینکنے کے لئے بھرپور طاقت کا مظاہرہ کیا اس جنگ آزادی میں ہندوستان کے ایک شہر نے بہت شہرت حاصل کی یہ دلی کے قریب صوبہ یوپی کا شہر میرٹھ تھا، جہاں سے مجاہدین نے ۶ مئی ۱۸۵۷ء کو غدر برپا کیا اور طوفان کی طرح ایک شہر سے دوسرے شہر اور ایک بستی سے دوسری بستی تک پرچم حریت لہراتے ہوئے ختم ٹھونک کر میدان عمل میں آ گئے۔ اسی میرٹھ کے قصبے ہاپوڑ میں مولوی عبد الحق پیدا ہوئے۔ انہوں نے ساری زندگی اردو زبان وادب کے لئے جہاد میں گزار دی اس کے لئے وہ بستی بستی اور قریہ قریہ میدان عمل میں رہے ان کے بھتیجے محمود حسین تحریر کرتے ہیں:

”دہلی سے چھتیس میل دور مراد آباد کی جانب میرٹھ میں ایک قصبہ ہاپوڑ واقع ہے ہم لوگ اس قصبے کے رہنے والے ہیں اگر آپ ہاپوڑ جائیں تو کوئی بھی آپ کو محلہ قانون گویان میں پتھر والے کنوئیں کا پتہ بتادے گا۔ اس کنوئیں کے سامنے ایک بڑی سی عمارت دکھائی پڑتی ہے، جو آج سے تقریباً چالیس برس پہلے مٹی گارے کے کچے مکان کو منہدم کر کے نئے سرے سے تعمیر کی گئی تھی۔ یہی بابائے اردو مولوی عبدالحق اور ہم سب کا آبائی مکان ہے۔ ہمارے اجداد یہیں رہتے تھے اور ان کے سپرد دور مغلیہ میں محکمہ مال کی قانون گوئی کی خدمتیں تھیں“

مولوی عبدالحق کے بزرگ ہاپوڑ گے کا نستخیر تھے جنہوں نے مغلیہ عہد میں اسلام کی روشنی سے اپنے دلوں کو منور کیا۔ ان کے سپرد سلطنت مغلیہ میں ہمیشہ محکمہ مال کی اہم خدمات رہیں۔ مسلمان ہونے کے بعد بھی انہیں و مراعات اور معافیاں حاصل رہیں جو سلطنت مغلیہ کی خدمات کی وجہ سے عطا کی گئی تھیں یہ معافیاں انگریزی حکومت نے بھی بحال رکھیں بابائے اردو مولوی عبدالحق کے چھوٹے بھائی احمد حسن کے بقول:

”میں ہی خاندان کا وہ آخری فرد ہوں جس نے بہ منظوری گورنمنٹ ۱۹۴۵ء میں اپنی خاندانی معافی کو ختم کیا۔“

مولوی عبدالحق کے خاندانی حالات پر ان کے بھتیجے محمود حسین نے تفصیلی روشنی ڈالی ہے وہ لکھتے ہیں:

”یہ سب ہندو تھے اور کائستھ برادری سے تعلق رکھتے تھے ان میں سے ایک صاحب عہد شاہجہانی میں مشرف بہ اسلام ہوئے اور شیخ عبدالدائم نام پایا ان کی اولاد شمال مغربی ہند جس کو آج اتر پردیش کہا جاتا ہے کے تمام اضلاع میں پھیل گئی ان ہی میں سے ہمارے مورث اعلیٰ شیخ صادق حسین تھے، جن کی قبر آج بھی ہمارے خاندانی قبرستان

ہاپوڑ میں موجود ہے شیخ صادق حسین مرحوم سے جو سلسلہ چلا اس میں میرے دادا یخ علی حسین صاحب مرحوم تھے، جن کی آٹھ اولادیں ہوئیں چار لڑکے اور چار لڑکیاں اولاد نرینہ میں سب سے بڑے شیخ ضیاء الحق صاحب مرحوم تھے، اس کے بعد مولوی عبد الحق اب صرف میرے والد مولوی احمد حسن، جو بابائے اردو کے چھوٹے بھائی ہیں بقید حیات ہیں باقی سب بہن بھائیوں کا انتقال ہو چکا ہے۔"

لیکن بابائے اردو مولوی عبد الحق کے ایک خاص ملازم عبد الرشید جن کی تین پشتیں (دادا والد اور عبد الرشید) مولوی عبد الحق کے خاندان کی خدمت میں رہیں، اپنے ایک انٹرویو میں، جو انہوں نے مولوی عبد الحق کی وفات پر شمیم احمد کو دیا تھا، محمود حسین صاحب کے اس بیان سے اختلاف کیا ہے جس میں شیخ محمود حسین نے اپنے دادا کی آٹھ اولادیں بتائی تھیں صوفی عبد الرشید اپنی والدہ کی روایت سے بتاتے ہیں:

"مولوی صاحب سمیت تین بھائی اور تین بہنیں تھیں بھائیوں میں بڑے ضیاء الحق صاحب ہاپوڑ میں رہتے تھے منجھلے بھائی عبد الحق صاحب تھے اور چھوٹے احمد حسن، جو بھوپال میں انجینئر تھے مولوی صاحب کی بڑی بہن منشی اخلاق حسین محرر اور زمیندار کو بیاہی گئی تھیں، جو ہاپوڑ میں رہتے تھے باقی دو چھوٹی بہنیں بھی ہاپوڑ کے زمیندار گھرانوں میں بیاہی گئی تھیں۔"

غیور عالم صاحب نے "قومی زبان" کراچی ۱۹۶۸ء میں بابائے اردو مولوی عبد الحق کی سوانحی خاکہ اپنی ذاتی تحقیق کی بنیاد پر تحریر کیا گو اس تحقیقی خاکے میں انہوں نے تحقیقی حوالے، شواہد اور روایتوں کا تذکرہ نہیں کیا، لیکن تحریر میں بابائے اردو مولوی عبد الحق کے خاندانی پس منظر پر اچھی خاصی روشنی پڑتی ہے۔ وہ تحریر کرتے ہیں:

"بابائے اردو مولوی عبد الحق کے خاندان کے بارے میں کچھ زیادہ نہیں کہا جا

سکتا۔ روایتیں کمزور ہیں ہاں صرف ان کے جد اولیٰ صادق علی کے نام کا پتہ چلتا ہے، لیکن درمیانی کڑیاں غائب ہیں اور ہمیں ان کے خاندان کا سلسلہ ان کے دادا صفدر بخش سے شروع کرنا پڑتا ہے۔ شیخ صفدر بخش کے دو بھائیوں کے نام جو مجھے اپنی ذاتی تحقیق کے دوران میں معلوم ہوئے ان میں ایک کا نام شیخ بشارت علی اور دوسرے کا شیخ ضامن علی تھا۔ ان میں شیخ صفدر بخش ہی سب سے بڑے نکلے۔ شیخ صاحب نے دو شادیاں کیں ان میں پہلی بیوی سے شیخ امام بخش وغیرہ تھے جن کے خاندان کے افراد آج بھی ہاپوڑ میں موجود ہیں دوسری بیوی سے شیخ علی حسن تھے جو مولوی عبدالحق کے والد تھے۔"

شیخ علی حسن کے سات اولادیں تھیں ان میں سب سے بڑے شیخ ضیاء الحق، شیخ احمد حسن اور چھوٹے محمود تھے، ان کا انتقال بچپن ہی میں ہو گیا تھا۔ بعض حضرات نے جب بابائے اردو کے خاندانی حالات پر روشنی ڈالی تو انہوں نے ان کے صرف تین بھائیوں کا تذکرہ کیا۔ شیخ احمد حسن نے بھی اپنے چھوٹے بھائی محمود کا ذکر نہیں کیا۔ انہوں نے شاید اس وجہ سے کہ وہ بچپن میں انتقال کر گئے تھے اہمیت نہیں دی، لیکن میں نے یہ ذکر ضروری سمجھا، اس لئے کہ آئندہ تحقیقی اعتبار سے غلطی کا امکان نہ رہے۔ دوسرے یہ کہ حالات کی گرد جب عبدالحق کے خاندانی حالات پر دبیز ہو جائے گی تو غلطی ایک حقیقت بن جائے گی، اور ان کے خاندانی حالات لکھنے والے تحقیق اور یقین کے ساتھ ان کے دو بھائیوں کا ذکر کریں گے۔ اس لئے میں نے زیادہ اختصار بہتر نہ سمجھا۔ بابائے اردو کے تین بھائیوں کا تو ذکر کر چکا ہوں، اس کے علاوہ ان کی تین بہنیں تھیں۔

بابائے اردو مولوی عبدالحق صاحب کے خاندانی پس منظر کے سلسلے میں ہمیں مولوی عبدالحق صاحب کے بھائیوں کا تذکرہ تو تفصیل سے مل جاتا ہے لیکن بہنوں کے سلسلے میں صرف اشارے یا ان کی شادیوں کا ذکر ملتا ہے۔ مولوی عبدالحق کے بڑے بھائی

کسی تعارف کے محتاج نہیں وہ بے باک صحافی تھے بقول فضول احمد صدیقی:

"شیخ صاحب کی شہرت ان سے بہت آگے آگے چلتی تھی۔ پگڑیاں اچھالنے میں ان کا نام خاصا اونچا تھا اور وہ اونچی اونچی کی ہی خبر لیتے تھے مرحوم مولانا محمد علی جوہر اور خواجہ حسن نظامی میں جو بم چخ رہی اس سلسلے میں ہاپوڑی صاحب محتاج تعارف نہ تھے ایک ہاپوڑ کیا ان سے رجواڑے تک پناہ مانگتے تھے اس لئے شیخ صاحب کا ہر شہر میں ڈیکلریشن کا چھاپہ خانہ تھا اور وہ جہاں سے چاہتے اپنے عجیب عجیب دستخط شدہ پمفلٹ بڑے طرم بازوں کے خلاف بے دھڑک شائع کر دیتے۔" (۶)

دراصل یہ زمانہ ہندوستان میں انگریزوں اور ان کے گماشتوں کے خلاف بغاوتوں کا دور تھا رجواڑے مغربی سامراج کی پناہ گاہیں تھیں جہاں کے عوام روایتی ظلم و ستم کا شکار تھے شہزادوں، ولی عہدوں اور نوابوں میں باہم جنگ تخت نشینی رہتی تھی اور دربار میں سازشیں پروان چڑھتی تھیں، اس لئے اخبار نویسوں کا ایک طبقہ جس کے علم بردار دیوان سنگھ مفتون تھے بے باک صحافت کی داغ بیل ڈال رہے تھے اس طبقے سے بابائے اردو مولوی عبد الحق کے بڑے بھائی ضیاء الحق صاحب کا تعلق تھا اس سلسلے میں فضل احمد صدیقی لکھتے ہیں:

"تعلیم سے فارغ ہونے کے بعد ان کے شبدیز قلم نے بجائے ادب کے میدان سیاست کو جولاں گاہ بنایا جیسا کہ ان کی تصانیف سے ظاہر ہوتا ہے وہ اردو کے بڑے زبردست اہل قلم، انشاء پرداز، ماہر صحافی تھے بابائے اردو کو سر سید، علی گڑھ کالج کی تعلیم اور ماحول نے شہرت پر پہنچا دیا مگر وہ اپنے وطن اور پنجاب ہی میں رہے جہاں ان کے والد بر سر ملازمت تھے۔ انیسویں صدی کے آخر دور میں انہوں نے دیسی والیان ریاست کی بد عنوانیاں اور بد کرداریاں اور مظالم بے نقاب کرنے کے لئے قلم اٹھایا اور کتابچے لکھ کر

شائع کرنا شروع کیے جن میں سنسنی خیز انکشافات کئے گئے۔ جس کے نتیجے میں ان پر مقدمات دائر ہوئے۔۔۔ ۱۹۰۴ کی تقسیم بنگال اور جنگ روس و جاپان کے ایام میں ہندو بنگالیوں نے حکومت انگریزی کے خلاف منظم ہل چل شروع کر رکھی تھی صوفی اصبا پرشاد کا ایک اردو اخبار نکلتا تھا جس سے شیخ صاحب بھی وابستہ رہے اور ان کے ہم نوا اور شریک کار ہوگئے جب حکومت نے ان لوگوں کے خلاف اقدامات شروع کئے تو اجیت سنگھ، اصبا پرشاد اور شیخ صاحب ہندوستان سے ایران چلے گئے اصبا پرشاد کا ایران میں انتقال ہوگیا، اجیت سنگھ ایران سے لاپتہ ہوگیا شیخ صاحب انگریزی سفیر متعینہ ایران کی ایماء پر گرفتار کر لئے گئے اور سات سال کی سزا ہوگئی۔۔۔ ان کو رشین اسپائی (روس جاسوس) قرار دیا گیا اور سینٹرل انٹیلی جنس (مرکزی سی آئی ڈی) نے نگرانی شروع کر دی۔" (۷)

شیخ ضیاء الحق عمر کے آخری حصے میں بیمار رہنے لگے انہوں نے اپنے خط محررہ ۸ ستمبر ۱۹۳۶ء میں سراج احمد عثمانی کو بیماری کے سلسلے میں تحریر کیا:

"ڈاکٹروں کے علاج سے کچھ فائدہ ہوا، مگر کل نہیں تین چار دن سے یونانی علاج ایک باہر کے حکیم کا ہے بخار بالکل نہیں رہا کچھ یرقان کا اثر ہے کھایا پیا کچھ نہیں جاتا بلا سہارے نہیں چل سکتا۔"

اس خط کے کچھ عرصے بعد شیخ ضیاء الحق صاحب کا یرقان کے سبب انتقال ہوگیا۔

شیخ ضیاء الحق مرحوم کو کتب بینی کا بہت شوق تھا اور ہزاروں کی تعداد میں بیش قیمت کتابیں ان کے ذاتی کتب خانے میں موجود تھیں۔ ان کے انتقال کے بعد یہ کتب خانہ نا قدری کا شکار ہوگیا اور یہ کتابیں ان کے صاحبزادے ۱۹۳۴ء میں دیوان سنگھ مفتوں کے حوالے کر آئے جنہوں نے اسے دہلی کے کتب خانہ نذیرہ کو دے دیا۔

مولوی عبد الحق کے چھوٹے بھائی شیخ احمد حسن انجینئر تھے جن کی کفالت بابائے اردو مولوی عبد الحق صاحب نے کی شیخ احمد حسن نے اپنے مضمون ''ابدی بھائی'' مطبوعہ سہ ماہی ''اردو'' کراچی ۱۹۳۶ء مرتبہ سید وقار عظیم صاحب میں تسلیم کیا ہے۔

''انہوں نے ۱۸۹۷ء میں راقم الحروف کو بغرض تعلیم اپنے پاس حیدر آباد بلالیا اور مدرسہ آصفیہ میں داخل کر دیا۔ فرصت کے اوقات میں خود بھی پڑھاتے رہے چھ سال تک میں ان کے پاس رہا۔ میرا رجحان ٹیکنیکل تعلیم (ڈرائنگ وغیرہ) کی طرف دیکھتے ہوئے نواب افسر الملک سے اس کا تذکرہ کیا ممدوح نے فرمایا کہ میجر اٹیکسن پرنسپل روڑکی کالج میرے دوست ہیں احمد حسن کو اس کے پاس بھیج دیتا ہوں، جہاں لیاقت اور اہلیت کے مطابق اس کا داخلہ ہو جائے گا چنانچہ روڑکی بھیج دیا گیا اور میجر اٹیکس پرنسپل تھامسن سول انجینئرنگ کالج روڑکی نے امتحانی مقابلہ سے مستثنیٰ قرار دیتے ہوئے میرا داخلہ کرلیا یہاں سے ۱۹۰۷ء میں میں نے ڈپلوما حاصل کیا زمانہ تعلیم میں بحیثیت واحد سرپرست بھائی صاحب مرحوم ہی میرے جملہ مصارف ادا کرتے رہے صرف یہی نہیں بلکہ گھر کے اخراجات اور بہن بھائیوں نیز والدین کی ذمہ داری بھی انہی کے کندھوں پر رہی۔''

بابائے اردو مولوی عبد الحق نے اپنی ساری حیات علم و ادب کی نذر کی۔ لوگوں کے تذکرے لکھے، خاکے قلم بند کئے، افکار و حالات پر قلم اٹھایا لیکن انہیں اپنی مربوط اور منظم آپ بیتی لکھنے کی فرصت نہ ملی جس کا نتیجہ یہ ہے کہ آج بھی یہ بحث چل رہی ہے کہ مولوی عبد الحق کا مولد اور تاریخ پیدائش کیا ہے۔

بابائے اردو مولوی عبد الحق کے انتقال ۱۶ اگست ۱۹۶۱ پر اخبارات میں ان کی عمر کے سلسلے میں کافی تضاد تھا اس ضمن میں افضل صدیقی صاحب نے اپنے مضمون ''بزم سرسید کی آخری شمع'' میں تحریر کیا:

''مولوی صاحب کی عمر گذشتہ کئی دنوں سے ۹۳ یا ۹۴ سال لکھی جارہی ہے، جو غلط ہے کل بھی مولوی صاحب کی صحیح تاریخ شائع نہیں ہوئی، مارچ ۱۸۷۰ء لکھا گیا اصل میں بابائے اردو ۲۰ اپریل ۱۸۷۰ء کو پیدا ہوئے اس حساب سے ان کی عمر ۹۱ برس اور ۴ مہینے ہوتی ہے یہ بھی غلط ہے کہ وہ ہاپوڑ میں پیدا ہوئے ہاپوڑ کے قریب ایک مقام ہے ''سسراواں'' مولوی عبدالحق صاحب اس قصبے میں پیدا ہوئے۔''

ڈاکٹر ممتاز حسن صاحب نے بھی مشفق خواجہ صاحب کے نوٹس کے حوالے سے جو انہوں نے مولوی عبدالحق صاحب کی زندگی میں لئے تھے اور اس پر ان کی زندگی میں منظوری بھی لے لی تھی، مولوی عبدالحق صاحب کی پیدائش ۲۰ اپریل ۱۸۷۰ء اور جائے ولادت ''سسراواں'' نامی گاؤں بتایا ہے۔

ڈاکٹر ممتاز حسن ۱۱ سے قبل اور بعد کے مصنفین تحریر کرتے رہے کہ مولوی عبدالحق کا خاندان کائستھ سے عہد شاہ جہانی میں مسلمان ہوا تھا لیکن ڈاکٹر ممتاز حسن صاحب کا کہنا ہے:

''ان کے بزرگوں نے جہانگیر کے عہد میں اسلام قبول کیا''

شاہد عشقی نے مولوی عبدالحق کا سنہ ولادت ۱۸۷۱ء اور جائے ولادت ضلع میرٹھ کا شہر ہاپوڑ قرار دیا ہے۔

ڈاکٹر سید معین الرحمن صاحب ۱۴ نے بابائے اردو مولوی عبدالحق صاحب کا سنہ ولادت اور زندگی کے ابتدائی حالات کے ضمن میں سب سے معتبر شہادت ان کے برادر خورد شیخ احمد حسن کی ''معلومات آفریں تحریر'' ۱۵ کو قرار دیا ہے جس میں وہ (شیخ احمد حسن) تحریر کرتے ہیں:

''میرے دونوں بھائیوں کی پیدائش ہاپوڑ کی ہے اور جیسا اکثر لکھا گیا ہے کہ بھائی

عبد الحق مرحوم سر واہ جو ہاپوڑ سے ملحق واقع ہے میں پیدا ہوئے، صحیح نہیں یہ بات ہمارے خاندانی رسم و رواج کے خلاف تھی کہ زچگی کا انتظام میکے میں ہو اس غلط فہمی کی وجہ شاید یہ ہو کہ والدہ مرحومہ اپنے ماں باپ کی واحد لڑکی اور اپنے بھائیوں کی ایک ہی بہن تھیں ہمارے نانا اور ماموں ان کو بہت عزیز رکھتے تھے اور ان کا قیام سر اوہ میں رہتا تھا لیکن جہاں تک بھائی صاحب کی پیدائش کا تعلق ہے ان کا مولد ہاپوڑ ہی ہے۔"

ڈاکٹر سید معین الرحمن نے اس دلیل کا مزید ثبوت بابائے اردو مولوی عبد الحق کے ۶ مئی ۱۹۴۷ء کے اس اسلحہ کے فارم کی خانہ پری سے بھی دیا جس میں مولوی عبد الحق صاحب نے اپنے قلم سے اپنی تاریخ ولادت اور وطن (ھوم ایڈریس) کی صراحت کی ہے جس کے مطابق مولوی عبد الحق صاحب کی تاریخ پیدائش ۲۰ اگست ۱۸۷۰ء ہے اور مولد ھاپوڑ

بابائے اردو مولوی عبد الحق کے چھوٹے بھائی شیخ احمد حسن تحریر کرتے ہیں:

"ہمارے خاندان میں نام حسن یا حسین پر رکھے جاتے ہیں لیکن جیسا کہ میں نے سنا تھا کہ والد مرحوم شیخ علی حسین ۱۸ کے پیر و مرشد نے ان سے فرمایا کہ اپنے لڑکوں کے نام "حق" پر رکھنا لہٰذا پہلی دو نرینہ اولادوں کا نام حق پر رکھا گیا اب اسے محض حسن اتفاق کہئے یا پیر صاحب کی کرامت کی ہمارے خاندانی نام میں لفظ "حق" کا شامل ہونا بڑا مبارک ثابت ہوا۔"

"میرے دو بڑے بھائی تھے ایک حقیقی بھائی (شیخ ضیاء الحق مرحوم جرنلسٹ) دوسرے "ابدی بھائی" کسے معلوم تھا کہ یہ غلط تلفظ ایک دن حقیقت ہو کر رہے گا اور بھائی عبد الحق صاحب اپنے اس عشق کی بدولت جو انہیں اردو سے تھا واقعی ابدی شہرت کے مالک ہو کر رہیں گے۔"

مولوی عبدالحق صاحب کا خاندان اوسط درجے سے تعلق رکھتا تھا لیکن ان کے والد نے اپنے بچوں کی تعلیم پر پوری توجہ دی۔

"یہاں تک کہ زمین بیچ دی اور قرض بھی حاصل کیا ہر طرح کی مصیبت اٹھائی لیکن اپنے لڑکوں کی تعلیم کے لئے کوئی دقیقہ نہ اٹھار کھا۔"

مولوی عبدالحق صاحب کو بچپن سے ہی لکھنے پڑھنے کا شوق تھا اور ان کا دل کھیل کود کے بجائے لکھنے پڑھنے میں زیادہ لگتا تھا اس سلسلے میں ریڈیو پاکستان کے بچوں کے ایک پروگرام میں مولوی عبدالحق صاحب نے ایک بچے کے سوال پر کہ انہیں کون سا کھیل پسند تھا جواب دیتے ہوئے فرمایا:

"یوں تو بچپن میں انہوں نے گیڑیاں اور گلی ڈنڈا بھی کھیلا ہے لیکن وہ کھلنڈرے نہیں تھے وہ بچپن سے غور و فکر کرنے کے عادی تھی یہی وجہ ہے کہ سرسید احمد خان انہیں عبدالحق فلسفی کے نام سے یاد کرتے تھے۔"

بابائے اردو مولوی عبدالحق صاحب کے مولد اور تاریخ پیدائش کی طرح ان کی ابتدائی تعلیم کے بارے میں اختلاف رائے پایا جاتا ہے اقبال یوسفی صاحب تحریر کرتے ہیں:

"ابتدائی تعلیم اپنے ننھیال سرواہ میں پائی جو ہاپوڑ کے قریب میرٹھ ہی کے ضلع میں واقع ہے پرائمری کے بعد مڈل تک ان کی تعلیم مشرقی پنجاب میں ہوئی۔"

حکیم اسرار احمد صاحب کا بیان اس سے زیادہ واضح اور قرین قیاس ہے وہ تحریر کرتے ہیں:

"ابتدائی تعلیم ہاپوڑ اور سرواہ میں پائی (سرواہ ہاپوڑ کے قریب ایک گاؤں ہے جہاں مولوی صاحب کی ننھیال تھی) ابتدائی تعلیم سے فراغت پاکر وہ اپنے والد شیخ علی حسن

مرحوم کے پاس فیروز پور پنجاب چلے گئے شیخ علی حسن صاحب سرکاری ملازم تھے اور ان دنوں فیروز پور میں تعینات تھے مولوی عبدالحق صاحب نے اردو مڈل تک یہیں تعلیم حاصل کی اور پھر علی گڑھ چلے گئے اور وہیں سے ۱۸۹۴ء میں بی اے کا امتحان پاس کیا۔"

ڈاکٹر ممتاز حسن صاحب نے تحریر کیا ہے:

"مولوی صاحب ابھی کم سن ہی تھے کہ والد کا سایہ سر سے اٹھ گیا۔ ان کے ماموں شیخ امتیاز علی اور دوسرے ماموں نے جو پنجاب کے محکمہ مال میں ملازم تھے مولوی صاحب کی پرورش کی مولوی صاحب کی ابتدائی تعلیم کا دور پنجاب کے مختلف اضلاع مثلاً فیروز پور، گجرات وغیرہ میں گذرا میٹرک کا امتحان بھی انہوں نے پنجاب یونیورسٹی ہی سے پاس کیا یہ ۱۸۹۰ء کا واقعہ ہے یعنی مولوی صاحب ۲۰ سال کی عمر میں انٹر پاس ہوئے اس سال وہ علی گڑھ گئے۔"

بابائے اردو مولوی عبدالحق صاحب کے بھائی احمد حسن نے اپنے مضمون "ابدی بھائی" میں تحریر کیا کہ ان کی میٹرک تک تعلیم پنجاب میں ہوئی۔

مولوی عبدالحق صاحب کی ابتدائی تعلیم کے ضمن میں مختلف محققین بھی اس بات پر تو متفق ہیں کہ ان کی کم از کم مڈل تک تعلیم پنجاب میں ہوئی لیکن یہ بات حتی طور پر نہیں کہہ سکے کہ پنجاب کی وہ کون سی بستی اور درسگاہ تھی جس سے بابائے اردو مولوی عبدالحق صاحب نے علم کا فیض حاصل کیا یا ان کے وہ کون سے ابتدائی معلمین تھے جن سے ان کے نیاز مندانہ مراسم تھے لیکن گوجرانوالہ کے ایک قانون گو شیخ خاندان کے چشم و چراغ خالد محمود ربانی مرحوم (صحافی) کی جستجو سے اس راز سے پردہ اٹھ گیا ہے اور یہ بات پایہ ثبوت کو پہنچ گئی ہے کہ بابائے اردو مولوی عبدالحق کی مڈل تک تعلیم گوجرانوالہ مشن ہائی سکول میں ہوئی جہاں خالد محمود ربانی مرحوم کے دادا ان کے معلم

تھے اور مولوی عبدالحق صاحب کے ان سے نیاز مندانہ مراسم تھے اس سلسلے میں خالد محمود ربانی صاحب کے پاس مولوی عبدالحق صاحب کی وہ نایاب تحریر ہے جو انہوں نے خالد محمود ربانی صاحب کے والد محترم شیخ اکرم ربانی صاحب سپرنٹنڈنٹ اسلامیہ کالج گوجرانوالہ کو ان کے اس خط کے جواب میں تحریر کی تھی جو انہوں نے مولوی صاحب کو گوجرانوالہ آنے کی دعوت کے لئے لکھا تھا۔

بابائے اردو مولوی عبدالحق صاحب کے مرقومہ ۷ افروری ۱۹۵۳ء کے مکتوب سے ان کی ابتدائی تعلیم سے پردے اٹھ جاتے ہیں اور یہ بحث ختم ہو جاتی ہے کہ مڈل تک انہوں نے پنجاب میں کس جگہ تعلیم حاصل کی تھی مولوی عبدالحق صاحب تحریر کرتے ہیں:

"آپ کے والد شیخ کرم داد صاحب گوجرانوالہ کے مشن ہائی سکول میں معلم تھے اور میں طالب علم تھا وہ میرے حال پر بڑے مہربان تھے اور بہت شفقت فرماتے تھے کچھ دنوں بعد میں علی گڑھ چلا آیا اور ایم اے او کالج میں داخل ہو گیا اس کے چند سال بعد جب علی گڑھ کالج میں مسلم ایجوکیشن کانفرنس کا اجلاس ہوا تو آپ کے والد بھی اس میں شرکت کے لئے تشریف لائے تھے اس موقع پر ان سے ملاقات ہوئی وہ مجھ سے مل کر بہت خوش ہوئے تعلیم سے فراغت کے بعد میں حیدر آباد دکن چلا گیا۔ بہت عرصے کے بعد جب میں صوبہ اورنگ آباد کا صدر مہتمم تعلیمات تھا آپ کے والد کا خط آیا (انہوں نے شاید اخباروں میں نام پڑھا تھا) اور مجھ سے دریافت کیا کہ تم وہی عبدالحق ہو جو کچھ دن گوجرانوالہ میں تھا جب انہیں معلوم ہوا کہ میں وہی ہوں تو بہت خوش ہوئے ـــــ معلوم نہیں ہے وہ مشن ہائی سکول اب ہے یا نہیں اس وقت گوجرانوالہ کوئی بڑا شہر نہیں تھا اب سنا ہے کہ بہت بڑا ہو گیا ہے، اور تجارت و صنعت کا مرکز ہے اس زمانے میں منشی

محبوب عالم گوجرانوالہ ہی میں تھے اور انہوں نے اپنا ہفت روزہ "پیسہ اخبار" وہیں سے نکالا تھا۔"

اس وقت مشن ہائی سکول کے کھنڈرات کے سوا اس کے کچھ آثار نہیں ہیں خالد محمود ربانی صاحب نے بابائے اردو مولوی عبد الحق صاحب کے گوجرانوالہ مشن ہائی سکول میں داخل اور خارج ہونے کے ضمن میں مزید شہادتوں کے لئے گوجرانوالہ میونسپلٹی (جس کیزیر انتظام یہ ہائی سکول تھا) کا ریکارڈ نکالنے کی کوشش کی لیکن ریکارڈ کرم خوردہ اور ضائع ہو جانے کی وجہ سے ان کی کوشش بر آور نہ ہو سکی۔

بابائے اردو مولوی عبد الحق صاحب کے اس مکتوب سے یہ بھی ظاہر ہوتا ہے کہ وہ مشن ہائی سکول گوجرانوالہ سے ہی علی گڑھ گئے لیکن انہوں نے میٹرک تک تعلیم یہاں حاصل نہیں کی کیوں کہ بابائے اردو مولوی عبد الحق صاحب تحریر کرتے ہیں:

"تہذیب الاخلاق کا مطالعہ مجھے کھینچ کر علی گڑھ لے گیا اور میں کالج کے سکول میں داخل ہو گیا پہلے کانوں پر تکیہ تھا اب آنکھوں نے جلوہ دکھایا۔"

کالج کے سکول میں داخل ہونا اس بات کا ثبوت ہے کہ بابائے اردو مولوی عبد الحق انٹرنس پاس کرنے سے قبل ہی علی گڑھ گئے اور یہ امتحان انہوں نے علی گڑھ کے زمانہ قیام میں پاس کیا۔

مولوی عبد الحق کو علی گڑھ کے مدرسے کا ماحول بڑا طلسماتی اور دلکش محسوس ہوا اس کا تذکرہ وہ بڑے پر لطف انداز میں کرتے ہیں، کہتے ہیں:

"میں جب اول روز مدرسۃ العلوم مسلمانان ایم اے او کالج علی گڑھ کے سکول میں داخل ہوا تو بورڈنگ ہاؤس میں پرنسپل صاحب کی عنایت سے کمرہ مل گیا، مجھے ایسا معلوم ہوا کہ نئی دنیا میں آ گیا ہوں وہاں کے طالب علم، ان کی عادات اور شرارتیں اور

مصروفیات، وہاں کے ڈائننگ ہال اور اس کے کھانے، دنیا بدل گئی پر اس کا مزہ نہ بدلا، مسجد اور نمازیں اور موذن کی کڑک دار آواز، یہ سارا ماحول میرے لئے بالکل نیا اور عجیب سا تھا ۱۸۸۸ء یا ۱۸۸۹ء کی بات ہے، اس وقت طالب علموں کی تعداد تین سو سے زیادہ نہ تھی۔"

بابائے اردو مولوی عبد الحق نے علی گڑھ کے مدرسے میں بڑی دلجمعی سے پڑھا انہیں کھیل کود سے رغبت نہ تھی، بلکہ مسٹر بیک کمرے سے پکڑ انہیں کھیل کے میدان میں لے بھی جاتے، تو مولوی صاحب فیلڈ میں پہنچ کر غچہ دے کر دوسری طرف نکل جاتے مولوی صاحب کے ذہن پر اسکول کے اساتذہ کی بڑی گہری چھاپ تھی اور وہ بڑے خلوص اور عقیدت سے ان کا تذکرہ کرتے ہیں مولوی صاحب کہتے ہیں:

"اسکول کے سب معلم ہندوستانی تھے سوائے ہیڈ ماسٹر ہیورسٹ کے، جو بلند قامت، گراں ڈیل شخص تھے اور کسی فوج کے کرنیل معلوم ہوتے تھے سیکنڈ ہیڈ ماسٹر ولایت حسین تھے، جو بڑے محنتی اور فرض شناس تھے بورڈنگ ہاؤس کی نگرانی انہی کے ذمے تھی اور وہ بورڈنگ ہاؤس ہی کے کمرے میں رہتے تھے۔ ان کے ذمے اور بھی کئی کام تھے سرسید، محسن الملک اور دیگر اکابرین کے بہت عزت کرتے تھے میرے حال پر بڑی مہربانی فرماتے وہ ہماری جماعت کو ریاضی بھی پڑھاتے تھے۔"

"اسکول کے معلمین میں مولوی خلیل احمد صاحب کی دھج نرالی تھی وہ عربی کے استاد تھے چھوٹے قد کے، ٹخنوں سے اونچا شرعی پاجامہ، کوتاہ نظر، وہ بورڈنگ ہاؤس ہی میں رہتے تھے۔"

اسکول کے زمانے کی طرح کالج کے ایام بھی بابائے اردو مولوی عبد الحق بہت یاد کرتے ہیں سرسید کی محبت، مسٹر بیک کا تذکرہ، کالج کا ماحول اور پروفیسروں کی شفقتیں

بابائے اردو مولوی عبد الحق کی یادوں کا انمول خزانہ ہیں۔ مولوی عبد الحق ان ایام رفتہ کا نقشہ کھینچتے ہوئے تحریر کرتے ہیں:

”کالج میں تمام پروفیسر سوائے عربی، فارسی، سنسکرت اور ریاضی کے انگریز تھے، فارسی، عربی کے پروفیسر مولانا شبلی اور مولانا عباس حسین تھے ریاضی کے بابو مکرجی، مولانا شبلی، شاعر ادیب اور مورخ تھے ان کی جماعت میں بیٹھ کر جی خوش ہوتا تھا۔ موقع موقع سے ادبی نکات اور اساتذہ کے اشعار اور لطائف سنا کر تاریخی واقعات اس طرح بیان کرتے تھے کہ درس کا حق ادا ہو جاتا تھا عباس حسین نرے ملا تھے ادبی ذوق سی عاری، البتہ ضلع جگت کے استاد تھے ضلع بولنے سے کبھی نہ چوکتے اور جو کوئی ان کے جواب میں ویسا ہی بول جاتا تو باغ باغ ہو جاتے۔۔۔۔ پروفیسر آرنلڈ کی حیثیت کالج میں خاص بلکہ امتیازی تھی وہ علم کے سچے طالب اور علم دوست تھے۔“

کالج کے زمانے میں جو نامور شخصیات ان کی ہم جماعت تھیں ان میں ڈاکٹر ضیاء الدین، مولوی حمید الدین، مولانا ظفر علی خان، ولایت اللہ، سید محفوظ علی، خواجہ غلام الثقلین، شیخ عبد اللہ، سیٹھ یعقوب حسین اور خان بہادر شوکت علی شامل تھے۔

ان تمام مباحث کا حاصل یہ ہے کہ بابائے اردو مولوی عبد الحق نے انٹرنس (میٹرک) یا بی اے علی گڑھ سے کیا شہاب الدین ثاقب لکھتے ہیں

” ۱۸۹۲ء میں انٹرمیڈیٹ کا امتحان پاس کرنے کے بعد مولوی صاحب بی اے کی جماعت میں پہنچے بی اے میں فلسفے سے شغف ہوا، اس وجہ سے شمس العلماء مولانا خلیل احمد مرحوم بہت دنوں تک انہیں فلاسفر کے لقب سے یاد فرماتے تھے۔“

بابائے اردو مولوی عبد الحق صاحب کے بی اے کرنے کے سلسلے میں بھی مختلف اور متضاد بیانات میں مثلاً افضل صدیقی، شاہد عشقی، ممتاز حسین، ڈاکٹر سید معین الرحمن اور

حکیم اسرار احمد وغیرہ نے بی اے پاس کرنے کا سال ۱۸۹۴ء تحریر کیا ہے، جبکہ شہاب الدین ثاقب نے ایم اے او کالج کی ڈائریکٹری کے حوالے سے تحریر کیا ہے:

''مولوی عبدالحق صاحب نے ۱۸۹۵ء میں بی اے سیکنڈ ڈویژن میں پاس کیا۔۔۔۔۔ ضیاء الدین احمد، ظفر علی خان، سید محفوظ حسین اور محمد ولایت اللہ وغیرہ مولوی صاحب کے ہم جماعت تھے اور سب نے ساتھ ہی ۱۸۹۵ء میں بی اے پاس کیا۔''

اس سے یہ بات پایہ ثبوت کو پہنچ جاتی ہے کہ مولوی عبدالحق صاحب نے ۱۸۹۵ء میں بی اے کیا۔

ڈاکٹر ممتاز حسین صاحب نے ''اقبال اور عبدالحق'' میں ان کے بی اے کے داخلے کے ضمن میں تحریر کیا ہے:

''مولوی صاحب ابھی کم سن ہی تھے کہ والد کا سایہ سر سے اٹھ گیا ان کے بڑے ماموں شیخ امتیاز علی اور دوسرے ماموؤں نے جو پنجاب کے محکمہ مال میں ملازم تھے، مولوی عبدالحق کی پرورش کی۔''

یہ بات بھی درست نہیں ہے کیونکہ بہت سے ایسے بیانات ملتے ہیں جن میں بابائے اردو مولوی عبدالحق کے ملازمت کر لینے تک ان کے والد صاحب کا تذکرہ ملتا ہے۔

بابائے اردو مولوی عبدالحق کے بھائی شیخ احمد حسن نے مولوی صاحب کا علی گڑھ میں داخلے کا تذکرہ کرتے ہوئے تحریر کیا ہے:

''بھائی صاحب مرحوم کو علی گڑھ میں داخل کر دیا گیا جہاں سے انہوں نے ۱۸۹۴ ۔۹۵ء میں بی اے پاس کیا یہ ہاپوڑ کے پہلے شخص تھے جو انگریزی تعلیم کے لئے کالج میں داخل کئے گئے اس وقت ماحول اور شدید خاندانی مخالفت کے پیش نظر والد صاحب کا یہ اقدام بے حد جرأت مندانہ تھا۔''

مندرجہ بالا بیان کی تصدیق کہ بابائے اردو کے والد کا سایہ بچپن میں نہیں اٹھا تھا، محمود حسین صاحب کی اس تحریر سے بھی ہوتی ہے جس میں انہوں نے بابائے اردو مولوی عبد الحق صاحب کے اپنے خاندان سے تعلقات اور ان کی خاندان پروری کا ذکر بڑی سپاس گزاری سے کیا ہے۔ وہ لکھتے ہیں:

"مولوی صاحب نے علی گڑھ سے بی اے کرنے کے فوراً بعد حیدر آباد کا رخ کیا اور نواب محسن الملک کے توسط سے آصفیہ سکول کے ہیڈ ماسٹر ہوئے بعد ازاں بڑے سے بڑے عہدوں پر فائز رہے اور جو ترقی کی وہ سب پر ظاہر ہے ملازم ہوتے ہی اپنے چھوٹے بھائی یعنی میرے والد کو اپنے پاس بلا لیا اور ان کو تعلیم دلائی ابتدائی تعلیم کے بعد اپنے خرچ پر انجینئری کی تعلیم کے لئے روڑکی بھیجا۔۔۔ دادا دادی کو برابر ماہانہ معقول رقم اخراجات کے لئے تا حین حیات بھیجتے رہے اور دادا دادی کے انتقال کے بعد یہی رقم اپنے بڑے بھائی شیخ ضیاء الحق مرحوم کو بھیجتے تھے۔"

بابائے اردو مولوی عبد الحق ۱۸۸۸ء میں بحیثیت طالب علم علی گڑھ وارد ہو کر ۱۸۹۵ء میں فارغ التحصیل ہوئے یہ زمانہ علی گڑھ کے عروج کا زمانہ تھا سر سید کی ولولہ انگیز شخصیت اور مولانا حالی کی پاس داری مولوی عبد الحق کی شخصیت پر وہ نقش اول تھا جو نقش آخر ثابت ہوا۔

پروفیسر آرنلڈ کی "اخوان الصفا" نے مولوی عبد الحق کے لئے خطبات کی راہیں ہموار کیں اور طالب علموں میں بہت مشہور ہو گئے وہ تحریر کرتے ہیں:

"ایک مضمون میں سینٹ پال پر پڑھا اس دن سے لڑکے مجھے سینٹ پال کہنے لگے"

علی گڑھ کے زمانہ طالب علمی سے ہی مولوی عبد الحق کو مضمون نگاری کا چسکا پڑ گیا یہاں تک کہ انہیں ۱۸۸۸ -۸۹ء میں ان کے ایک مضمون پر تمغہ لارڈ لینسی ڈاؤن ملا۔

سر سید احمد خان جوہر شناس تھے انہوں نے جوہر قابل پایا تو:

"ان کی صلاحیتیں دیکھتے ہوئے سر سید نے تہذیب الاخلاق میں بھی ان سے کام لینا شروع کر دیا"

مولد، سن ولادت اور تعلیم کی طرح ان کی شادی کا مسئلہ بھی روایات کی گتھیوں کا شکار ہے بعض لوگ کہتے ہیں کہ بابائے اردو مولوی عبد الحق نے سرے سے شادی ہی نہیں کی اور اکثر یہ کہتے ہیں کہ کی تھی، لیکن گھر نہیں بسایا محمود حسین تحریر فرماتے ہیں:

"مولوی صاحب نے عمر بھر شادی نہیں کی۔۔۔ ایک دفعہ جب دادا دادی نے شادی کرنا چاہی تو منہ سے تو نہ کہہ سکے لیکن ایسا طریقہ اختیار کیا کہ یہ زنجیر ان کے پاؤں میں نہ پڑ سکی۔۔۔ میں نے بعض لوگوں کو یہ کہتے ہوئے سنا ہے کہ بھوپال میں شادی کی تھی یا کچھ عرصہ ازدواجی زندگی گزاری تھی۔۔۔ بالکل غلط اور بے بنیاد ہے صحیح اور حقیقی معنی میں ان کی شادی، جیسا کہ خود مرحوم نے ایک دفعہ فرمایا تھا اردو سے ہو چکی تھی وہی ان کی محبوب ان کی اولاد"

شاہد احمد دہلوی کا بھی یہی خیال ہے کہ مولوی عبد الحق نے شادی ساری عمر نہیں کی۔

لیکن بعض لوگوں نے اپنی تحریروں اور بابائے اردو مولوی عبد الحق کی شادی کا تذکرہ بڑے وثوق سے کیا ہے اور ان کی زوجہ کا نام تک تحریر کیا ہے صوفی عبد الرشید نے اپنی والدہ کے حوالے سے کہا:

"جب ان کی چھوٹی بہن کی شادی چھوٹے محل میں ہونے لگی جو ہاپوڑ کا ایک زمیندار گھرانہ تھا تو مولوی صاحب کی شادی بھی اسی گھرانے کی ایک لڑکی سے طے کر دی گئی تھی مولوی صاحب کی بیوی کا نام جعفری تھا یہ شادی مولوی صاحب نے زبردستی

والدہ کے اصرار پر کی تھی مگر ان سے یہ زبردستی زیادہ دیر تک برداشت نہ ہوئی، اور بیوی سے بالکل تعلق نہ رکھا، اور علی گڑھ چلے گئے۔ تھوڑے عرصے بعد مولوی صاحب نے اپنی بیوی کو طلاق دے دی اور ان کی شادی کسی دوسری جگہ ہو گئی پھر مولوی صاحب نے ساری عمر شادی نہ کی۔"

بابائے اردو مولوی عبد الحق کے ایک دوسرے معتمد جن کی ساری عمر مولوی صاحب کی خدمت میں گزری، انہوں نے بھی اپنی والدہ سے روایت کی ہے کہ:

"جناب قبلہ مولوی صاحب کے بارے میں کہا جاتا ہے کہ انہوں نے شادی نہیں کی، یہ بات غلط ہے انہوں نے شادی کی تھی اور جس لڑکی سے شادی کی تھی وہ بھی مولوی صاحب کے خاندان کی تھی یہ بات اس لئے اور پایہ ثبوت کو پہنچتی ہے کہ میرا مکان بھی مولوی صاحب کے بالکل قریب تھا اور میری والدہ صاحبہ برابر ان کے ہاں جایا کرتی تھیں اور جس دن مولوی صاحب کی شادی ہوئی، میری والدہ بھی شریک ہوئی تھیں۔ جب شادی سے فارغ ہو گئے تو سب اگلے دن صبح کو ولیمے کی تیاری میں مصروف تھے معلوم ہوا کہ دولہا میاں علی الصبح گھر سے روانہ ہو چکے ہیں، یہ بات بڑی مضحکہ خیز تھی گھر کے لوگوں کو بڑی شرمندگی اٹھانا پڑی کچھ عرصے کے بعد معلوم ہوا مولوی صاحب قبلہ نے اپنی بیوی کا مہر وغیرہ سب کچھ ادا کر دیا ہے ان کی بیوی کافی عرصے تک میکے بیٹھی رہی اور پھر کافی عرصے بعد ایک دوسرے صاحب ممتاز حسین کے ساتھ ان کا نکاح ہوا اور کئی بچے بھی ان سے ہوئے جو اب تک ہاپوڑ میں موجود ہیں"

غیور عالم صاحب نے بابائے اردو مولوی عبد الحق کی شادی کے سلسلے میں ہاپوڑ کے لوگوں کے حوالے سے ان کی شادی ہونے کی شہادت دی ہے وہ تحریر کرتے ہیں:

"مولانا کی شادی ہوئی تھی لیکن وہ شادی کے سخت خلاف تھے۔ ہاپوڑ میں بعض

لوگوں نے بتایا کہ مولانا نے شادی کی شروع ہی سے مخالفت کی تھی، بقول ہاپوڑ کے ایک بزرگ "وہ کہتے تھے کہ میری شادی اور میری بہن کی شادی بدلہ میں مت کرو" اور بقول مقتدا خان شیروانی "میں بیوی کے حقوق ادا نہ کر سکوں گا" لیکن والدین نہیں مانے اور خصوصاً والدہ نے بہت اصرار کیا تو مولوی عبدالحق چپ ہو گئے لیکن ادھر دلہن رخصت ہو کر آئی، ادھر مولانا دوسرے دروازے سے نکل کھڑے ہوئے، اور حیدر آباد جا کر طلاق لکھ کر بھیج دی۔"

ڈاکٹر سید معین الرحمن نے یکم اگست ۱۹۶۴ء کو بابائے اردو کے ایک قدیم دوست نواب معشوق یار جنگ کا ایک طویل انٹرویو لیا تھا جس میں انہوں نے ان سے بابائے اردو مولوی عبدالحق کی شادی کے سلسلے میں بھی ایک سوال کیا تھا یہ انٹرویو "قومی زبان" کراچی کے ۱۹۶۴ء کے شمارے میں شائع ہوا تھا ڈاکٹر سید معین الرحمن تحریر کرتے ہیں کہ میرے ایک سوال کے جواب میں نواب صاحب نے فرمایا:

"تجرد پسندانہ زندگی کی نعمتوں یا متاہلانہ زندگی کی برکتوں کا بھی کوئی ذکر مولوی صاحب نے مجھ سے کبھی نہیں کیا بلکہ کسی سے نہیں۔۔۔ ویسے میں نے سنا ہے کہ مولوی صاحب کی شادی ہو گئی تھی۔ لڑکی والوں نے پرانی رسموں کی انجام دہی پر اصرار کیا تو مولوی صاحب بدک گئے اور وہاں سے بمبئی بھاگ آئے۔ یہاں سے کچھ دنوں بعد حیدر آباد چلے گئے بعد میں سنا ہے، طلاق بھی ہو گئی۔۔۔۔ یہ میں کوئی شہادت نہیں دے رہا یہ ساری بات ہے میں نے جیسا سنا، آپ کو بتا دیا، اب صحیح صورت حال کیا تھی، اللہ جانے"

مولانا عبدالماجد دریا آبادی صاحب نے بھی نواب معشوق یار جنگ سے ملتا جلتا بیان دیا ہے۔ انہوں نے بابائے اردو مولوی عبدالحق کے ایک پرانے رفیق منشی ظفر الملک علوی مرحوم کا کوروی کے حوالے سے تحریر کیا ہے:

”منشی ظفر الملک مرحوم علوی کاکوروی سے یہ روایت سننے میں آئی تھی کہ شادی ٹھہر چکی تھی مگر بارات جس وقت پہنچی، اس وقت کوئی ایسا ناخوشگوار واقعہ پیش آ گیا، جس سے متاثر ہو کر موصوف نے عمر بھر مجرد ہی رہنے کا عہد کر لیا۔“

شہاب الدین ثاقب نے مشفق خواجہ صاحب اور صوفی عبد الرشید کے حوالے سے یہی کہا ہے:

”جناب مشفق خواجہ اور صوفی عبد الرشید نے راقم الحروف کو کراچی میں ملاقات کے دوران بتایا کہ مولوی عبد الحق کی شادی ہوئی تھی لیکن بیوی کے حقوق کی ادائیگی کے متعلق انہیں ناکامی کا احساس تھا اس لئے بیوی کو طلاق دینے کے سوا ان کے نزدیک چارہ کار نہ تھا۔“

مولوی عبد الحق کی شادی کے سلسلے میں جتنے بیانات سامنے آئے ہیں ان سے یہ نتیجہ اخذ کرنا پڑتا ہے کہ ان کا نکاح ضرور ہوا تھا لیکن بات نکاح سے آگے نہ بڑھ سکی اور وہ گھر بسانے اور گھریلو جھنجھٹوں سے آزاد رہے۔ ان کی ازدواجی زندگی سے آزادی، علم وادب کے لئے نیک فال ثابت ہوئی اور ان کی بھرپور توجہ ان کے اپنے مشن یعنی اردو زبان کی ترویج وترقی کے لئے وقف ہو گئی۔ اردو کی خدمت ہی ان کا اوڑھنا بچھونا بن گئی۔ اردو سے ان کا والہانہ عشق اس بلندی کو چھو گیا جہاں ان کی ذات اور اردو ایک دوسرے میں مدغم ہو گئیں۔

***

دکن کا دور اور انجمن ترقی اردو سے تعلق (۱۸۹۵ء تا ۱۹۳۵ء)

ہندوستان میں جس طرح حصول علم کے لئے علی گڑھ مسلم نوجوانوں کے لئے مرکز نگاہ تھا، یہی حیثیت حصول روزگار کے لئے ریاست حیدر آباد دکن کو حاصل تھی۔ دکن میں پڑھے لکھے مسلمان نوجوانوں کو بڑی عزت اور قدر کی نگاہوں سے دیکھا جاتا تھا اور ان کی ہمت افزائی کی جاتی تھی اس کے نتیجے میں سارے ہندوستان اور بالخصوص بہار، بنگال، یوپی اور پنجاب سے پڑھا لکھا طبقہ حیدر آباد دکن کا رخ کرتا اور وہاں اپنے جوہر دکھاتا بقول محمد اعظم:

"مولوی عبد الحق کے علی گڑھ سے فارغ التحصیل ہونے کا زمانہ وہ تھا جب ہندوستان کے طول و عرض سے اہل فضل و کمال کھنچ کھنچ کر اس عروس البلاد میں پہنچ گئے تھے، جو عہد عباسیہ کے بعد بغداد کی طرح علم و حکمت کا گہوارہ بنا ہوا تھا اور جہاں علم و فن کے باکمال کثیر تعداد میں جمع تھے۔ چنانچہ اس وقت اردو کے اکثر ممتاز ادیب، شعراء اور انشاء پرداز حیدر آباد میں موجود تھے مثلاً نواب حیدر یار جنگ، طباطبائی، جوش ملیح آبادی، فصاحت جنگ، جلیل، سجاد مرزا بیگ دہلوی، مرزا ہادی رسوا اور مرزا فرحت اللہ بیگ وغیرہ۔"

گو مولوی عبد الحق کے بھائی شیخ احمد حسن کا بیان ہے:

"وہ علی گڑھ سے بی اے پاس کرنے کے بعد سر سید کی ایماء پر محسن الملک کے خط کے ساتھ حیدر آباد گئے، جہاں نواب وقار الملک کمانڈنگ چیف نے مدرسہ آصفیہ میں

بطور ہیڈ ماسٹر تقرری کرادی۔"

لیکن خود مولوی عبد الحق صاحب اور ان کے رفقاء کار کی تحریروں سے ثابت ہوتا ہے کہ انہوں نے حیدر آباد جانے سے قبل بمبئی کا رخ کیا تھا جہاں وہ تجارت اور صحافت کا پیشہ اختیار کرنا چاہتے تھے۔

بمبئی میں ان کا تعلق لیڈی حیدری کے خاندان سے رہا جو روشن خیال سلیمانی بوہری کنبہ تھا گو وہ تاجر پیشہ تھے، لیکن علی گڑھ تحریک اور جدید علوم کے حامی تھے محمد حبیب اللہ رشدی کا بیان ہے:

"مولوی عبد الحق نے ایک مرتبہ گفتگو کے دوران میں فرمایا تھا کہ بمبئی میں لیڈی حیدری کے والد انہیں کام سکھاتے تھے"

بمبئی کے سفر کا ذکر مولوی عبد الحق صاحب نے اردو کانفرنس منعقدہ بمبئی ۱۹۴۵ء میں بھی کیا تھا انہوں نے فرمایا:

"بمبئی کی اردو سے وابستگی خاصی پرانی ہے نوے سال پہلے بھی یہاں سے اردو اخبار نکلتے تھے جس میں کشف الاخبار، روضۃ الاخبار، ریاض الاخبار، برق خاطف کے نام اب تک ملتے ہیں ایک اخبار "پریم گوپال پرکاس" نام کو بھی تھا جو اردو میں شائع ہوتا تھا جب ۱۸۹۵ء میں یہاں آیا تو اس وقت بھی جاری تھا اور میں اس کے ایڈیٹر سے ملا تھا"

تحسین سروری لکھتے ہیں:

"ریاست حیدر آباد کے معتمد مال نواب محسن الملک سے ان کی ملاقات ہوئی جو تبدیل آب و ہوا کی غرض سے وہاں ٹھہرے ہوئے تھے نواب صاحب نے مولوی صاحب کو عارضی طور پر پرائیویٹ سیکرٹری بنا لیا مولانا ظفر علی خان اور مولوی امین زبیری بھی وارد بمبئی ہوئے وہ محسن الملک سے ملے اور انہی کے ساتھ رہنے لگے ان تینوں

نوجوانوں نے اپنے علم، اپنی روشن خیالی اور مستعدی سے نواب صاحب کو کافی متاثر کیا اور نواب صاحب ان نوجوانوں کو دل سے چاہنے لگے۔"

لیکن مولوی عبدالحق اور ان کے ان رفقاء کا بمبئی میں قیام بہت مختصر اور عارضی تھا بالآخر امین زبیری صاحب نے بھوپال اور ظفر علی خان نے حیدر آباد دکن کا رخ کیا تحسین سروری تحریر کرتے ہیں:

"مولوی عبدالحق اور ظفر علی خان نے محسن الملک سے سفارشی خط لے کر ۱۸۸۹ء میں حیدر آباد دکن کی راہ لی حیدر آباد میں اس وقت ہوم سیکرٹری مولوی عزیز مرزا تھے انہیں نے علی گڑھ کے ان جدید تعلیم یافتہ نوجوانوں کی قدر کی اور اپنے دفتر میں ملازم رکھ لیا ان کے ذمے مترجمی کا کام تھا۔"

لیکن "نقوش" لاہور کے آپ بیتی نمبر ۱۹۶۴ء میں مولانا ظفر علی خان کے حیدر آباد دکن پہنچنے کے سلسلے میں یوں تحریر ہے:

"مولانا ظفر علی خان یہاں (دکن) ۱۸۹۶ء کے آخر میں پہنچے اور تیرہ سال قیام کیا"

اور یہی سن حیدر آباد دکن جانے کا درست معلوم ہوتا ہے پروفیسر سید محمد نے اپنے مضمون "بیسویں صدی کا سرسید" میں لکھا ہے:

"مولوی صاحب علی گڑھ سے نکلتے ہی بمبئی میں نواب محسن الملک کے ہاں انگریزی مراسلت اور مضمون نگاری کے کام پر مامور ہوئے۔ دو سال کے اندر ان کی اعلیٰ صلاحیتوں کو دیکھ کر افسر الملک انہیں حیدر آباد لے آئے اور مدرسہ آصفیہ کی پرنسپلی پر ان کا تقرر کرا دیا۔"

مولوی عبدالحق صاحب نے بمبئی جانے کا سن ۱۸۹۵ء بتایا ہے اور اگر وہ مولانا ظفر علی خان کے دو سال بعد حیدر آباد گئے تو یقیناً ۱۸۹۶ء کا آخر درست معلوم ہوتا ہے۔

حبیب اللہ رشدی کا خیال ہے کہ پہلے مولوی عبدالحق صاحب کو بریگیڈ آفس میں ملازمت ملی اس کے بعد مدرسہ آصفیہ ملک پیٹھ حیدر آباد کا ہیڈ ماسٹر مقرر کیا گیا یہ مدرسہ نواب سر افسرِ الملک بہادر کمانڈر انچیف افواج کے ایما پر ان کے داماد میجر ممتاز الدولہ نے فوجیوں کے بچوں کے لئے قائم کیا تھا۔ مولوی عبدالحق صاحب ۱۹۰۸ء تک اس مدرسے کے ہیڈ ماسٹر رہے۔

مولوی عبدالحق صاحب نے مدرسہ آصفیہ کے نظم وضبط کے لئے ان تھک جدوجہد کی اور اس کا دائرہ فوجی افسروں کے بچوں سے بڑھا کر عام شہریوں تک وسیع کر دیا بہت جلد مدرسہ آصفیہ نے حیدر آباد کی درسگاہوں میں امتیازی مقام حاصل کر لیا بقول محی الدین صاحب:

''اب تک حیدر آباد میں ایسے لوگ موجود ہیں جنہوں نے اس مدرسے میں مولوی صاحب کے زمانہ صدارت میں تعلیم پائی تھی، وہ ان کے دل چسپ طریقہ تعلیم اور محبت آمیز برتاؤ کا ابھی تک ذکر کرتے ہیں۔''

مدرسہ آصفیہ کی سربراہی اور رسالہ ''افسر'' سے مولوی عبدالحق کے تعلق کا تذکرہ ایک ساتھ چلتا ہے محی الدین احمد کا خیال ہے:

''مولوی عبدالحق صاحب نے اسکول میگزین کے طور پر سالہ ''افسر'' جاری کیا جو کرنل افسر الملک بانی مدرسہ کے نام سے معنون ہے۔''

یہ رسالہ ۱۸۹۷ء میں نواب افسر الدولہ نے حیدر آباد دکن سے جاری کیا تھا بعض محققین کا خیال ہے کہ مدرسہ آصفیہ کی صدر معلمی اور رسالہ ''افسر'' کی ادارت کی ذمہ داریاں مولوی عبدالحق کو ایک ساتھ سونپی گئی تھیں یہی خیال تحسین سروری کا ہے وہ تحریر کرتے ہیں:

"ایک موقعہ پر ۱۸۹۸ء مولوی عبدالحق کی ملاقات حضور نظام (نواب میر محبوب علی خان غفران مکان) کے ایڈی کانگ اور افواج آصفیہ کے سپہ سالار افسر الملک نواب افسر یار جنگ سے ہوئی افسر جنگ سپاہی زادے تھے، لیکن وہ علم و فضل کے بڑے قدر دان تھے چنانچہ مولوی صاحب کے علمی ذوق و شوق اور ان کی ادبی معلومات سے اتنے خوش ہوئے کہ انہیں اپنے رسالے (افسر) کی ادارت کے لئے منتخب کر لیا، اور ساتھ ہی اپنی قائم کی ہوئی درس گاہ مدرسہ آصفیہ کی صدر مدرسی کی پیش کش کر دی۔"

مولوی عبدالحق کا مدرسہ آصفیہ سے تعلق ۱۸۹۷ء میں ہو چکا تھا ۱۸۹۹ء میں رسالہ "افسر" سے منسلک ہوئے اور جنوری ۱۹۰۰ سے رسالے کی باقاعدہ ادارت کرنے لگے یہ رسالہ پانچ سال جاری رہنے کے بعد سن ۱۹۰۲ء کے وسط میں بند ہو گیا مولانا الطاف حسین حالی نے رسالے کے بند ہونے پر اپنے ایک مکتوب بنام مولوی عبدالحق صاحب محررہ ۱۰ جولائی ۱۹۰۲ء میں بہت افسوس کا اظہار کیا، انہوں نے لکھا:

"کیا "افسر" بالکل بند ہو گیا؟ افسوس ہے ہندوستان میں کوئی عمدہ رسالہ نہیں چل سکتا معارف، ادیب، حسن اور دیگر عمدہ میگزین چند روز کی دنیا کی ہوا کھا کر نوبت بہ نوبت راہئی ملک عدم ہو گئے پھر "افسر" کے چلنے کی کیا امید ہو سکتی تھی؟ (بات یہ ہے کہ ہمارے ملک میں) جس چیز کی خریداری کا مدار زیادہ تر مسلمانوں پر ہو گا، اس کا رونق اور فروغ معلوم۔۔"

مولانا ظفر علی خان بھی مولوی عبدالحق صاحب کے ساتھ حیدر آباد دکن وارد ہوئے تھے وہ مختلف خدمات انجام دیتے ہوئے ۱۹۰۰ء میں معتمد عدالت و امور عامہ کوتوالی میں صدر مترجم کے عہدے پر فائز ہوئے لیکن درباری سازشوں نے مولانا ظفر علی خان کے قدم حیدر آباد دکن سے اکھاڑ دیے اور ۱۹ اکتوبر ۱۹۰۹ کو مولانا ظفر علی خان کو

حیدر آباد سے اخراج کا حکم صادر ہوا۔ مولانا ظفر علی خان نے اس واقعہ پر اس طرح روشنی ڈالی ہے:

”۱۹ اکتوبر ۱۹۰۹ کو ہماری قسمت نے دفعتاً پلٹا کھایا، یعنی مشیت ایزدی عتاب الٰہی کی شکل میں نازل ہوئی۔۔۔۔ اگر ۱۳ سال تک دولت آصفیہ کی سلک ملازمت میں منسلک رہنے کے بعد بلا اس بات کے آگاہ کئے ہوئے کہ میرا جرم کیا ہے، صرف اس مبہم علت پر کہ میں نے مولوی عزیز مرزا مرحوم کے ساتھ مل کر دولت آصفیہ کے ساتھ خفیہ ساز باز میں حصہ لیا، اور مجھے اڑتالیس گھنٹے کے اندر حیدر آباد کو، جو میرا دوسرا وطن عزیز تھا چھوڑنے پر مجبور کیا گیا تو یہ سب کچھ سر مایکل اڈوائر کی عنایت کا نتیجہ تھا۔“

حیدر آباد دکن سے مولانا ظفر علی خان کی ریاست بدری کے بعد مولوی عبدالحق کو ان کی جگہ بطور مترجم ہوم آفس مامور کیا گیا۔

فروری ۱۹۱۱ء میں مسٹر گوبند رام چندر کالے مددگار مہتمم تعلیمات حیدر آباد رخصت پر گئے تو نواب سر بلند جنگ معتمد تعلیمات نے مولوی عبدالحق صاحب کو ۷ فروری ۱۹۱۱ء سے تین ماہ کے لئے اپنی نیابت میں لے لیا کالے صاحب نے مزید چھ مہینے کی رخصت لے لی تو مولوی عبدالحق صاحب مستقل طور پر محکمہ تعلیمات سے وابستہ ہو گئے وہ یہ خدمت بطور مہتمم تعلیمات ۱۹۱۵ء تک انجام دیتے رہے اور ان کا مرکز اورنگ آباد ہو گیا۔ جہاں اس کے بعد وہ صدر مہتمم تعلیمات بھی مقرر ہوئے۔

مولوی عبدالحق صاحب نے بطور مہتمم تعلیمات اپنی صلاحیتوں کا بھرپور مظاہرہ کیا اور ماہر تعلیمات کی حیثیت سے اپنی قابلیت تسلیم کرالی۔

مولوی عبدالحق صاحب نے مہتمم تعلیمات ہوتے ہی اس شعبے میں جان ڈال دی۔ وہ بڑی پابندی سے مدرسوں کا معائنہ کرتے اور اساتذہ کی تدریسی کانفرنس منعقد کرتے

مولوی صاحب کی ان انتظامی صلاحیتوں پر روشنی ڈالتے ہوئے سید سجاد علی تحریر کرتے ہیں:

"مولوی صاحب نے صدر مہتمم تعلیمات کی حیثیت سے صوبہ اورنگ آباد کے اضلاع کی ہی نہیں بلکہ ملحقہ چھوٹے چھوٹے مقامات کی تحتانی مدارس تک کا تفصیلی دورہ کیا۔ وہاں کے حالات سے ذاتی واقفیت حاصل کی۔ انتظامات کی اصلاح کی طریقہ تدریس میں جدتیں پیدا کیں ریل، سڑک، بیل گاڑی، ٹٹو، پیدل، غرض جس طرح بنا، طویل دورے کئے۔ سفر کی صعوبتیں برداشت کیں اور صوبے میں تعلیم اور ترقی کا غیر معمولی جوش وولولہ پیدا کیا۔"

مولوی عبد الحق صاحب نے اپنی تعلیمی اصلاحات کا آغاز ہی کیا تھا کہ دسمبر ۱۹۱۲ء میں ان کے کندھوں پر انجمن ترقی اردو کی ذمہ داریاں بھی آن پڑیں۔ انجمن ترقی اردو کے معتمد عزیز مرزا صاحب تھے لیکن ۱۹۰۲ء میں ان کے انتقال کے بعد سے یہ عہدہ خالی پڑا تھا ۱۹۱۱ء میں آل انڈیا مسلم ایجوکیشنل کانفرنس کا اجلاس لکھنو میں منعقد ہوا تو اس میں اس عہدہ کے لئے مولوی عبد الحق صاحب کو منتخب کر لیا گیا اور انہوں نے مہتمم تعلیمات کے ساتھ ساتھ معتمد انجمن کے طور سے بھی اپنی سرگرمیوں کا آغاز کیا۔ مولوی عبد الحق صاحب کی ملازمت کا مرکز اورنگ آباد تھا، اس لئے انجمن ترقی اردو کا مرکز بھی اورنگ آباد کو قرار دیا گیا اور انجمن کا دفتر جو پہلے علی گڑھ میں تھا اورنگ آباد منتقل ہو گیا یہاں مقبرہ درانی ہی انجمن اور مولوی صاحب دونوں کا مستقر مقرر ہوا۔

مولوی عبد الحق صاحب کو بطور معتمد انجمن ترقی اردو، وراثت میں رسی سے بندھا ہوا ایک چوبی صندوق ملا جس میں چند غیر مرتب مسودات، ایک رجسٹر اور قلم دوت تھی۔

''لیکن ۱۹۱۲ء میں اجلاس کانفرنس کے انتخاب نے ان کی جولانی طبع کے لئے بالکل نیااور وسیع میدان کھول دیااور وہ ایسے تازہ شوق اور ولولے کے ساتھ اس اقلیم جدید میں داخل ہوئے جو سرکاری عہدہ داری یا تصنیف و تالیف کے عام مشغلوں میں پیدا نہ ہو سکتے تھے انجمن، زندگی کی نئی دھن اور سب سے بڑا مقصد حیات بن گئی۔''

مولوی عبدالحق صاحب نے اپنی جدوجہد اور سر تن کی بازی سے انجمن ترقی اردو کی آبیاری کی انجمن ترقی اردو اور مولوی عبدالحق کی ذات ایک دوسرے میں اس طرح جذب ہو گئیں کہ جدا کرنا مشکل ہو گیا۔

مولوی عبدالحق صاحب نے انجمن کا معتمد بننے کے بعد اس کی تنظیم نو کی پسلو تارک کی ''مشاہیر یونان'' لیکی کی ''تاریخ اخلاق یورپ'' اور البیرونی کی ''کتاب الہند'' جیسی نادر روزگار کتب کے تراجم کرا کے شائع کئے انجمن کی مطبوعات کی فروخت کا باقاعدہ انتظام کرنے کے لئے الناظر پریس لکھنو کو ایجنسی دی گئی انجمن کے لئے سرمایہ جمع کرنے کی تحریک چلائی اول عطیات وچندے امراء اور والیان ریاست سے لئے گئے دوم انجمن کی ممبر سازی سے انجمن کی انتظامی مجلس بنائی گئی سرپرستوں سے یک مشت ہزار روپیہ دوامی ممبران سے پانچ سو روپیہ وصول کیا گیا۔ ارکان کی اعانت، اور خریدار ارکان کی مدد کا یہ ذریعہ نکالا کہ انہیں انجمن کی مطبوعات نصف قیمت پر دی جاتی تھیں اس طرح مختلف مدوں سے دو سال میں انجمن کا سرمایہ آٹھ ہزار روپیہ ہو گیا۔ ابتدا میں اعلیٰ حضرت نظام نے بارہ سو روپے سالانہ انجمن کے لئے منظور کئے، بعد میں مستقل طور پر پانچ ہزار روپے سالانہ امداد ملتی رہی۔ انجمن ترقی اردو کے دکنی دور میں نواب حیدر نواز جنگ (سر اکبر حیدری) کو ایک یونیورسٹی کے قیام کے لئے قائل کیا۔

''کیونکہ ریاست کے لئے تنہا ڈگری کالج یعنی نظام کالج سے بقول شخصے سالانہ ڈیڑھ

دو گریجویٹ نکلتے تھے یہ کالج مدراس یونیورسٹی سے ملحق تھا۔ مدراس یونیورسٹی ہندوستان کی تمام یونیورسٹیوں میں ایک عجوبہ سمجھی جاتی تھی تعلیمی نصاب اتنا مشکل رکھا گیا تھا جو طالب علموں کی تمام ذہنی قوتوں کا خاتمہ کر دیتا تھا۔"

جامعہ عثمانیہ کا منصوبہ منظور ہوتے ہی اس کے عملی خدوخال کی تیاری کے لئے ناظم تعلیمات سر راس مسعود کے تحت دار الترجمہ قائم ہوا تو سر اکبر حیدری کی نگاہ انتخاب مولوی عبد الحق پر پڑی لیکن مولوی عبد الحق کو اورنگ آباد سے جو تعلق خاطر ہو گیا تھا اس وجہ سے وہ اورنگ آباد چھوڑنے کے لئے تیار نہ تھے بالآخر وہ اس شرط پر رضامند ہو گئے کہ مہینے میں دس دن وہ اورنگ آباد میں رہا کریں گے اس واقعہ پر روشنی ڈالتے ہوئے مولوی عبد الحق نے اپنے ۷ دسمبر ۱۹۵۸ء کے مکتوب بنام محمد علی میں تحریر کیا ہے:

"سید ہاشمی صاحب کہا کرتے تھے کہ اورنگ آباد کے قدر دان اورنگ زیب عالمگیر تھے یا عبد الحق تم کو معلوم تھا کہ جب عثمانیہ یونیورسٹی کا منصوبہ منظور ہوا تو پہلے دار الترجمہ قائم کیا گیا اس کی نظامت مجھے بخشی گئی میں اورنگ آباد کو چھوڑنے کو تیار نہ تھا حیدری صاحب اور حبیب الرحمن خان شیروانی نے کہا کہ یہ سارا کارخانہ تمہارے مشورے اور تمہارے بھروسے پر کھڑا کیا گیا ہے اگر تم دار الترجمہ کی نظامت قبول نہ کرو گے تو یہ کارخانہ کیسے چلے گا؟ میں نے ان کے اصرار پر دو سال کے لئے یہ خدمت اس شرط پر منظور کی مہینے میں دس دن اورنگ آباد میں رہوں گا"

مولوی عبد الحق نے اس دار الترجمہ میں بھی بڑی جانفشانی اور لگن سے کام کیا دار الترجمہ کا بنیادی مقصد جامعہ عثمانیہ کے لئے نصاب کو اردو میں منتقل کرنا تھا مولوی صاحب کے انتقامی شعور پر نظر ڈالتے ہوئے محی الدین صاحب تحریر فرماتے ہیں:

"اس شعبے میں مولوی صاحب نے اپنے ذوق اور قابلیت کا پورا پورا ثبوت دیا جس

فن کی کتاب کا ترجمہ کرنا ہوتا اس مضمون کا قابل ترین شخص جو دونوں زبانوں پر پوری مہارت رکھتا ہو، منتخب کیا جاتا۔ چنانچہ اس دار الترجمہ میں ہندوستان کا گویا عطر کشید کر کے رکھ دیا تھا۔ ان میں مولانا عبداللہ عمادی، سید ہاشمی فرید آبادی، مرزا ہادی رسوا، پروفیسر چودھری برکت علی، قاضی محمد حسین جیسے لوگ شامل تھے جو کتاب بھی ترجمہ کی جاتی وہ مختلف مراحل سے گذرتی۔ اول زبان و ادب کی جانچ ہوتی۔ جوش ملیح آبادی اس دار الترجمہ میں ناظر ادبی تھے اس کے بعد مولانا خیر المبین جو یہاں بڑے زبردست عالم دین تھے، وہ اور نواب حیدر یار جنگ صدر الصدور مذہبی امور پر مشتمل کمیٹی میں یہ کتاب پیش ہوتی، اور مذہبی نقطہ نظر سے جانچ پڑتال کی جاتی یہاں سے گزر کر جس فن پر کتاب ہوتی اس کے ماہر پروفیسروں کی کمیٹی میں پیش ہو کر فنی نقطہ نظر سے اس پر جرح و تنقید کی جاتی یہاں سے پاس ہونے کے بعد مسودہ مطبع میں جاتا اور اس کی طباعت عمل میں آتی ظاہر ہے کہ اس اہتمام سے جو کتاب تیار ہو اس کی افادیت میں کیا شبہ ہو سکتا تھا۔"

۷ اگست ۱۹۱۹ء کو عثمانیہ یونیورسٹی کا افتتاح ہوا اور مولوی عبدالحق اپنے مشن کو مکمل کرنے دوبارہ مستقل طور پر بطور مہتمم تعلیمات اورنگ آباد آ گئے اور اپنے معمولات انجام دینے لگے۔

جامعہ عثمانیہ کے قیام سے ریاست حیدر آباد دکن کے تعلیمی ماحول پر بڑے مثبت نتائج سامنے آئے۔

"جامعہ عثمانیہ کے قیام نے ریاست حیدر آباد میں تعلیم اک شوق پیدا کر دیا تھا، جس سے مدارس کی تعداد میں بڑی تیزی سے اضافہ ہونے لگا۔ اس زمانے میں محکمہ تعلیمات نے آپ سے فرمائش کی کہ میٹرک تک کی جماعتوں کے لئے اردو کی ریڈریں تیار کریں اس وقت تک انجمن کی ساکھ نہیں بندھی تھی، اس لئے محکمہ نے معاملہ آپ کی

ذات سے کیا۔ انجمن سے اس کا کوئی تعلق نہ تھا آپ نے بڑی محنت اور مشقت سے دس جماعتوں کے لئے درس عثمانیہ کے نام سے ریڈریں تیار کیں۔۔۔۔ ان ریڈروں کے علاوہ آپ کی قواعد اردو بھی میٹرک کے نصاب میں شامل تھی۔ یہ گیارہ کتابیں بیس پچیس برس اس وسیع ریاست کے تمام مدرسوں میں رائج ہیں، جن کی فروخت کی آمدنی دس لاکھ سے زیادہ تھی یہ سالانہ آمدنی انجمن کے حساب میں جمع ہوتی رہی آپ نے اس میں سے ایک پیسہ بھی نہ لیا۔"

مولوی عبد الحق صاحب نے نہ صرف ریڈریں مرتب کیں بلکہ ان کی کتابت اور طباعت تک اپنی نگرانی میں کرائی اس ضمن میں انہوں نے اپنے ایک مکتوب بنام غلام ربانی محررہ یکم نومبر ۱۹۵۸ء میں بتایا ہے:

"دلی سے کاتب بلا کر وہاں رکھے ان کی مہمان داری اور ناز برداری کی اپنے سامنے اصول املا کے مطابق کتابت کرائی بہت سے سبق خود لکھے اور باقی سبقوں میں اصلاح اور ترمیم کی یہ کام دن رات ہوتا رہا۔ کئی مہینوں بلکہ ایک سال اس شغل میں صرف ہوگیا۔"

۱۹۲۳ء میں مدرسہ فوقانیہ مشرقیہ اور انگریزی ہائی سکول اورنگ آباد کو یک جا کر کے اورنگ آباد انٹر میڈیٹ کا قیام عمل میں آیا مولوی عبد الحق کو صدر مہتمم تعلیمات اور معتمد انجمن کے ساتھ ساتھ اس کالج کی پرنسپلی بھی دی گئی ۱۹۲۴ء میں وہ صدر مہتمم کے عہدے سے سبکدوش ہوگئے، لیکن بدستور اورنگ آباد کالج کے پرنسپل رہے۔ یہاں سے انہوں نے ۱۹۲۹ء میں وظیفہ (پنشن) لیا

مولوی عبد الحق صاحب کی زمانہ پرنسپلی میں اورنگ آباد کالج میں شاندار روایات کی بنیاد پڑی مثلاً کالج ڈے شاندار طریقے سے منایا جاتا تھا اس زمانے کا ذکر کرتے ہوئے پروفیسر ہارون خاں شیروانی تحریر کرتے ہیں:

"مولوی صاحب نے عثمانیہ کالج اورنگ آباد کی صدارت کیا کی، وہاں کے جنگل کو منگل بنادیا اور لوگ مقبرہ درانی کے باغ کو اردو باغ کہنے لگے سن ۱۹۲۶ء میں انہوں نے مرزا فرحت اللہ بیگ مرحوم کی لکھی ہوئی ادبی تمثیل کو جس کا عنوان سن ۱۲۶۱ء ہجری کا مشاعرہ تھا اپنے کالج میں پیش کیا اس تمثیل کی مقبولیت کا اندازہ اس بات سے لگایا جاسکتا ہے کہ حیدر آباد سے جو لوگ اسے دیکھنے کے لئے اورنگ آباد گئے تھے ان میں اس زمانے کے حیدر آباد کے روح رواں حیدری صاحب اور یہاں کے ممتاز ناظم تعلیمات مسعود جنگ بھی تھے اور ان کے ساتھ جامعہ عثمانیہ کے تقریباً تمام اساتذہ بھی (جن کی تعداد اس زمانے میں تیس چالیس سے زیادہ تھی) بلائے گئے تھے مولوی صاحب نے سب مہمانوں کے کھانے پینے اور رہنے سہنے کا ایسا انتظام کیا تھا کہ آج بھی اس کی یاد تازہ ہے۔"

مولوی عبد الحق کے وظیفہ خدمت (پنشن) پر جانے کے بعد بھی کالج ڈے شاندار طریقے سے منایا جاتا رہا کالج کے منتظمین اور طلبا اپنے کالج ڈے پر مولوی عبد الحق صاحب کو ضرور بلاتے رہے اس قسم کے ایک اجتماع میں طلباء نے انہیں "بابائے اردو" کے خطاب سے نوازا۔ اس زمانے میں واردھا سکیم کے نام پر اردو اور اسلامی ثقافت کے خلاف سازش کی گئی تھی جس کا مسلمانوں میں بھی شدید رد عمل تھا ۱۹۳۵ء میں جب عثمانیہ کالج کے طلبا نے حسب معمول کالج ڈے منایا تو مولوی عبد الحق صاحب مہمان خصوصی تھے اس موقع پر مولوی عبد الحق صاحب نے اردو کے حق اور واردھا اسکیم کی مخالفت میں بڑی جذباتی تقریر کی تھی۔ محمد احمد سبز واری لکھتے ہیں:

"تقریر بڑی مدلل اور موثر تھی۔ کچھ لوگ آبدیدہ بھی ہو گئے تھے دکن کے ایک جوشیلے نوجوان محمد یوسف نے نعرہ لگایا "اردو زندہ باد" "بابائے اردو زندہ باد" بس پھر کیا تھا ساری محفل بابائے اردو زندہ باد کے نعروں سے گونجنے لگی جب اس موقع کی خبر

اورنگ آباد کے ایک ہفتہ وار اخبار شائع ہوئی تو سرخی تھی ”بابائے اردو کا کالج کے طلبا سے خطاب“ پھر یہ خطاب حیدر آباد پہنچا اور اس کے بعد وہاں سے ساتھ ہی ساتھ سارے برصغیر میں پھیل گیا اور جب تک اردو زندہ ہے بابائے اردو کا نام بھی زندہ رہے گا۔“

عثمانیہ کالج اورنگ آباد کی پرنسپلی کے زمانے میں مولوی عبدالحق کا ایک بڑا کارنامہ رسالہ نورس کا اجرا تھا جو عثمانیہ کالج اورنگ آباد کا علمی و ادبی جریدہ تھا یہ رسالہ ۱۹۲۵ء کے وسط سے شروع ہوا مولوی عبدالحق صاحب نے اپنے ایک مکتوب محررہ ۲۲ فروری ۱۹۲۵ء میں سید ساجد علی کو اس رسالے کے ضمن میں تحریر کیا:

”میں کالج سے بھی میگزین شائع کرنے والا ہوں منظوری آچکی ہے امید ہے کہ مہینے ڈیڑھ مہینے میں پہلا پرچہ شائع ہو جائے گا یہ دوماہی ہو گا، یعنی سال میں چھ پرچے نکلا کریں گے۔ اس کا نام میں نے بہت ہی اچھا رکھا ہے آپ سن کر خوش ہوں گے ”نورس“ ہر لحاظ سے مناسب ہے۔“

مولوی عبدالحق صاحب پنشن پر آنے کے بعد اپنی باقی عمر اورنگ آباد میں گزارنا چاہتے تھے تاکہ صبر و سکون سے وہ اردو زبان و ادب کی خدمت کر سکیں لیکن حالات و واقعات کے دھارے اس کے خلاف جارہے تھے ۱۹۲۹ء میں مولانا وحید الدین کا بہ سبب کینسر انتقال ہوا تو جامعہ عثمانیہ میں اردو کی پروفیسری کی آسامی خالی ہوئی شہاب الدین ثاقب کا کہنا ہے کہ اس جگہ پر مولانا صاحب پنڈت کیفی کو لانا چاہتے تھے مہاراجہ کشن پرشاد، سر اکبر حیدری وغیرہ کی خواہش تھی کہ مولوی عبدالحق اس پر تعینات ہوں لیکن نہ تو مولوی صاحب راضی ہوتے تھے اور نہ قانون میں ایسی گنجائش تھی لیکن سر اکبر حیدری کی شخصیت نے مولوی عبدالحق کو راضی کر لیا اور ارباب جامعہ کو بھی پروفیسر مسعود احمد کا کہنا ہے:

"حیدر آباد کی ملازمت کے سلسلے میں انہیں ۶۰۰ پنشن ملتی تھی پروفیسر کے کل ۱۰۰۰ اروپیہ"

مولوی صاحب پھر اورنگ آباد سے حیدر آباد واپس آگئے اور درس و تدریس میں مصروف ہو گئے انجمن کا کام اور تحقیق و تدوین کا سلسلہ بھی چلتا رہا۔ پروفیسر عبدالقادر سروری ان ایام کا ذکر کرتے ہوئے تحریر کرتے ہیں:

"ان کی پروفیسری بڑی طنطنہ کی تھی وہ ہفتے میں پانچ چھ گھنٹوں سے زیادہ درس نہیں دیتے تھے اور درس بھی جامع کی عمارت میں دینے کی بجائے اکثر سبزہ زار پر بیٹھ کر دیا کرتے تھے"

جامعہ عثمانیہ کی پروفیسری کے زمانے میں بھی انجمن کا مرکز بدستور اورنگ آباد رہا اور وہ پروفیسروں کے ساتھ تن دہی سے انجمن کے اماور اور تحقیق و تدوین میں مصروف رہے۔ اس زمانے کا سب سے بڑا کارنامہ اردو کی جدید اور کلاں لغت کی تیاری ہے۔ جس کے لئے حکومت حیدر آباد نے بارہ ہزار سکہ عثمانیہ سالانہ کی مدد بھی فرمائی تھی ڈاکٹر سید معین الرحمن صاحب لکھتے ہیں:

"لغت کا دفتر حیدر آباد میں کھولا گیا جس قدر کام زیادہ ہوا۔ مولوی عبدالحق صاحب کے منصوبے بڑھتے رہے دس بارہ سال میں لغت کا اتنا کچھ سرمایہ فراہم ہو گیا کہ پہلے کسی کے خیال میں بھی نہیں آسکتا تھا کتاب تکمیل کو نہ پہنچی چند اجزا حیدر آباد کے سرکاری مطبع میں چھپے تھے کہ آزادی ہند کی آندھیوں میں وہ دفتر ہی پراگندہ ہو گیا۔"

جامعہ عثمانیہ کی پروفیسری اور اورنگ آباد عثمانیہ کالج کی پرنسپلی کے زمانے میں مولوی عبدالحق کی نگاہیں جواہر قابل پر پڑتی رہیں اور انہوں نے بعض ایسے نامور افراد تربیت کئے جنہوں نے اردو ادب میں کافی شہرت حاصل کی بقول نصیر الدین ہاشمی:

"آپ نے جن طلبا پر توجہ فرمائی وہ آگے چل کر ہم چشموں میں ممتاز اور نامور ہو گئے مثلاً شیخ چاند مرحوم، سکندر علی وجد وغیرہ"

ملکی حالات بڑی تیزی سے بدل رہے تھے سیاسی کشمکش اور نشیب و فراز نے مذہبی اور لسانی تعصبات کی آگ بھڑکا دی تھی انگیزوں نے اہل ہند میں تعلیم عام کرنے کے لئے "سارجنٹ سکیم" کے نام کا منصوبہ بنایا گاندھی جی نے اس کے جواب میں ودیا مندر اسکیم کا منصوبہ جاری کیا ان تمام اسکیموں کا نزلہ اردو اور اسلامی ثقافت پر پڑا سید ہاشمی فرید آبادی کا کہنا ہے:

"اردو اور ہندی کے اختلافات نے سب سے پہلے نزاع کی صورت بہار ہی میں اختیار کی تھی پھر یہ جھگڑا یہاں سے بڑھا اور آگے دو آب میں قدم بڑھاتا رہا۔"

مولوی عبدالحق نے پہلے مصالحت چاہی گاندھی جی سے خط و کتابت کی کانگریس کے ارباب سیاست سے بحث و مباحثے کیے لیکن جب یہ دیکھا کہ پانی سر سے اونچا ہو گیا ہے تو خم ٹھونک کر میدان عمل میں نکل پڑے حالات جس سمت لے کر جا رہے تھے اس کے لئے ضروری تھا کہ مولوی عبدالحق انجمن ترقی اردو کا مرکز جنوبی ہند سے وسط ہند کی طرف منتقل کریں تا کہ پورے ملک میں اردو اور اسلامی ثقافت کی بقا کے لئے جہاد کیا جا سکے چنانچہ ۲۵-۲۴ اکتوبر ۱۹۳۶ء کو علی گڑھ میں حالات کا جائزہ لینے اور آئندہ کا لائحہ عمل تیار کرنے کے لئے اجلاس منعقد ہوا مولوی عبدالحق صاحب نے اس کی روداد میں تحریر کیا:

"۱۹۳۶ء کی کانفرنس علی گڑھ میں منعقد ہوئی تھی ایک مسئلہ یہ بھی تھا کہ آئندہ انجمن کا صدر مقام کہاں ہو ڈاکٹر سر محمد اقبال، مولانا ظفر علی خان اور دوسرے احباب کو اصرار تھا کہ انجمن کا صدر مقام لاہور ہونا چاہئے۔ ڈاکٹر اقبال مرحوم کا کہنا تھا کہ اب اردو پنجاب ہی میں رہ جائے گی اس لئے یہیں رہ کر کام کرنا چاہئے سر راس مسعود (مرحوم) نے

علی گڑھ کا سبز باغ دکھایا کیونکہ یونیورسٹی کی وجہ سے وہاں ہر قسم کے کام کرنے والے موجود تھے میری رائے دلی کی طرف مائل تھی۔۔۔۔ قطع نظر دیگر وجوہ کے، میں انجمن کو ان دو بلاؤں سے بچانا چاہتا تھا جو آجکل سارے ہندوستان پر مسلط ہیں۔ ایک بلا تو فرقہ واری اور دوسری صوبہ داری۔۔۔۔۔۔ اردو کسی خاص فرقے یا طبقے کی زبان نہیں نہ کسی خاص طبقے یا صوبے سے منسوب ہے، اور سوائے دہلی کے جہاں کہیں بھی انجمن کا صدر مقام ہوتا وہ صوبہ داری کے الزام سے نہیں بچ سکتا تھا۔"

اس اجلاس میں انجمن ترقی اردو کو دہلی منتقل کرنے کی تجویز منظور کر لی گئی انجمن کے دہلی منتقل ہونے سے پہلے یہ بھی لازم تھا کہ مولوی عبد الحق اورنگ آباد اور حیدر آباد کی مصروفیات سے فراغت حاصل کر لیں چنانچہ ۱۹۳۷ء میں مولوی عبد الحق صاحب جامعہ عثمانیہ کی پروفیسری سے سبکدوش ہو گئے اور انجمن کا دفتر دہلی منتقل ہو گیا۔

اورنگ آباد اور حیدر آباد میں مولوی عبد الحق صاحب انجمن ترقی اردو کے علاوہ درس و تدریس اور انتظامی امور کے بکھیڑوں میں بھی الجھے ہوئے تھے اس کے باوجود انہوں نے انجمن میں ایک نئی روح پھونک دی تھی انجمن کی رکن سازی کے لئے مختلف اضلاع کے دورے کیے انجمن کی شاخیں قائم کیں یہاں تک کہ چھ سال کی کوشش کے نتیجے میں:

" ۱۹۲۰ء سے ہمیں انجمن کے حوصلوں میں بلندی اور منصوبوں میں نمایاں وسعت نظر آتی ہے وہ دوسرے مفید تراجم و تصانیف کے علاوہ زبان کے ایسے بنیادی کاموں کو اٹھاتے ہیں جیسے اصطلاحات علم جدید، اصطلاحات پیشہ وراں، انگریزی سے اردو کی اور خود اردو کی بڑی لغت کے آخر الذکر کی تکمیل تو ابھی تک نہ ہو سکی مگر دوسری آٹھ جلدوں میں اور انگریزی اردو لغت بڑی تقطیع کے کوئی ہزار صفحات پر کئی سال کی محنت

اور صرف کثیر سے طبع کرادی گئی۔۔۔۔انتخاب کلام میر اور فلسفہ جذبات جو چند ہی سال پہلے چھپی تھی دوسری دفعہ طبع کرائی گئیں۔"

جنوری ۱۹۲۱ء سے مولوی عبدالحق کی ادارت میں رسالہ "اردو" کا اجرا ہوا ۱۹۲۴ء میں انجمن کے آئین کی تجدید اور باضابطہ مجلس ناظمین بنی اس سال اردو باغ میں انجمن کا اپنا ٹائپ کا مطبع قائم ہوا جنوری ۱۹۲۸ء میں مولوی عبدالحق نے رسالہ سائنس جاری کیا جس کے بالترتیب مظفر قریشی، محمد احمد خان اور نصیر احمد مدیر تھے مولوی صاحب نے دکنی ادب کے قدیم نسخوں کو ڈھونڈ ڈھونڈ کر نکالا اور دکنی زبانوں کی بیسیوں کتابوں کو گوشہ گمنامی سے شہرت دوام بخشی سید ہاشمی فرید آبادی کا تجزیہ ہے:

"اجمالی طور پر نظر ڈالئے تو انجمن ترقی اردو صحیح معنوں میں اورنگ آباد آکر ہی علی گڑھ کی ماتحتی سے آزاد ہوئی مستقل ادارہ بنی اور ترقی اردو کے مقاصد استقلال و تسلسل کے ساتھ انجام دیے۔۔۔۔انجمن جس وقت علی گڑھ سے اورنگ آباد آئی تو کل کائنات ایک ٹوٹا ہوا صندوق تھا اور جب یہاں سے دلی چلی تو مطبوعات کے ذخائر مال گاڑی کے کئی ڈبوں میں لادے گئے۔ چھاپے خانے کا کثیر بھاری سامان اور کلوں کو حمل و نقل کی دشواری کی وجہ سے اورنگ آباد ہی میں فروخت کر دینا پڑا۔"

اس طرح مولوی عبدالحق صاحب کی زندگی کا ایک اہم دور، جو سن ۱۸۹۶ء سے شروع ہو کر ۱۹۳۵ء تک کے چالیس سالوں پر محیط ہے، ایک نیا رخ اختیار کرلیتا ہے بقول حبیب اللہ رشدی صاحب:

"ایک گمنام نوجوان کی حیثیت سے حیدر آباد گئے اور تین چالیس سال کے بعد کل ہند شہرت کے مالک بن کر حیدر آباد سے لوٹے"

***

دلی کا دور اردو کی اشاعت و مدافعت میں جہاد

(۱۹۳۷ء تا ۱۹۴۷ء)

مولوی عبد الحق دکن میں علم و ادب کی خاموشی سے خدمت کرتے رہے اور بحیثیت معتمد انجمن ترقی اردو مولوی صاحب نے اردو زبان اور ادب کی بیش بہا خدمات انجام دیں، جس سے اردو زبان اور ادب کے سرمائے میں اضافہ ہوا الہ آباد یونیورسٹی نے ان کی خدمات کے صلے اور اعتراف میں ۱۹۳۷ء میں ڈی لٹ کی اعزازی ڈگری عطا کی۔

مولوی صاحب کی جانثاری اور جد وجہد جاری تھی سید معین الرحمن صاحب لکھتے ہیں:

"پہلی جنگ عظیم بر صغیر پاک و ہند کی کشت سیاست کے لئے طوفان کا پہلا جھکڑ ثابت ہوئی تحریک خلافت اور ترک موالات کے مناشقوں نے اس تلاطم کو پر شور کر دیا۔ آگے چل کر یہ طغیانی اور طوفان ہندو مسلم فسادات اور اختلافات کی صورت میں متشکل ہوا۔ اس زمانے میں زبان کے مسئلے نے نہایت ناگوار اور اندیشہ ناک صورت اختیار کر لی مولوی عبد الحق صاحب اس لسانی یورش کے مقابل اردو کو بچانے اور منوانے والوں کے محاذ کے سپہ سالار تھے انہیں اردو کی محبت اور مدافعت میں ایک طویل جنگ لڑنا پڑی"

۱۹۳۶ء میں اردو کے خلاف باقاعدہ مورچہ قائم کیا گیا بھارتیہ ساہتیہ پریشد اور ودیا مندر اسکیم کے تحت اردو کے خلاف ہندی کو فروغ دینے کی مہم کا آغاز ہوا ابتدا میں مولوی صاحب نے اردو کے مخالفین سے مصالحت چاہی اور انہیں اردو کی اہمیت اور

وسعت کا قائل کرنا چاہا لیکن مہاتما گاندھی کی حکمت عملی اور کانگریسی رہنماؤں کی ضد سے یہ اختلاف تنازعہ کی شکل اختیار کر گیا اپریل ۱۹۳۶ء میں کل ہند زبان کا اجتماع "اکھل بھارتیہ ساہتیہ پریشد" کے زیر اہتمام گاندھی جی کی صدارت ہوا اس میں یہ قرارداد پیش ہوئی:

"اس پریشد کا ادیش ہوگا: (الف) ہندوستان کے سب پرانتوں کی بھاشاؤں کے ساتھ ساتھیوں اور ساہت کاروں میں آپس میں میل جول کرنا۔۔۔(ب) اس سبھا کا کام "ہندی ہندوستانی" میں ہوگا" ۔۔۔۔

مولوی عبدالحق صاحب نے یہ نتیجہ اخذ کیا کہ گاندھی جی اور ان کے چیلے ہٹ دھرمی پر اتر آئے ہیں اور کوئی بھی معقول بات انہیں قائل نہیں کر سکتی تو انہوں نے ساہتیہ پریشد کمیٹی سے استعفیٰ دے دیا اور اردو کی مدافعت میں خم ٹھونک کر میدان میں اتر آئے لیکن دکن کی زمین اس مہم کی متحمل نہیں ہو سکتی تھی۔ اس کے لئے ایک ایسے مرکز کی ضرورت تھی، جہاں سے ہر علاقے اور مقام پر نظر رکھی جا سکے چنانچہ اس سال علی گڑھ میں دسمبر ۱۹۳۶ء میں انجمن ترقی اردو نے کل ہند کانفرنس منعقد کی جس میں بہت غور و خوض کے بعد یہ طے ہوا کہ انجمن ترقی اردو کا مرکزی دفتر دلی منتقل کر لیا جائے۔ مولوی عبدالحق صاحب حیدر آباد میں اپنے بکھرے ہوئے کام کو سمیٹ کر اور جامعہ عثمانیہ کی پروفیسری ترک کر کے حیدر آباد سے دلی منتقل ہو گئے انجمن ترقی اردو کا دفتر بھی دلی منتقل ہوا بھاری عمر کم سامان اور پریس کی مشینیں وہیں فروخت کر دی گئیں۔ انجمن کی مطبوعات، کتب خانہ اور مسودات سے بھرے ہوئے صندوق مال گاڑی کے ڈبوں میں دلی روانہ کئے گئے اس ضمن میں سید ہاشمی فرید آبادی نے تحریر کیا:

"شروع شروع میں نئی دہلی کی ایک کوٹھی (القریش) انجمن کے واسطے کرائے پر لی

گئی تھی مگر چند ماہ کے بعد احباب کے اصرار سے ڈاکٹر انصاری مرحوم کی کوٹھی (نمبر ادریا گنج) کو کرائے پر لیا۔ آگے چل کر مرحوم کے وارثوں نے اسے سیٹھ صاحب کے ہاتھ فروخت کر دیا انجمن سیٹھ صاحب کی کرایہ دار ہو گئی دفتر، کتاب خانہ جناب مولوی صاحب، پنڈت کیفی صاحب اور عملے کے بہت سے افراد سن ۴۷ء (آزادی ہند کے فسادات) تک اس احاطے میں مقیم رہے۔"

اب مقبرہ درانی اورنگ آباد کی خاموش اور پر سکون علمی و ادبی کاوشوں کی زندگی کی بجائے دریا گنج کی طوفانی اور مہم جو زیست تھی، اور مولوی عبد الحق اردو کے دفاع کے لئے مجاہدانہ خدمات کا آغاز کر چکے تھے اس دوران میں کانگریس کی عبوری وزارتوں نے اپنے عمل سے اردو کو ناقابل تلافی نقصان پہنچانے کی کوشش کی اور ہندی زبان، دیوناگری رسم الخط مسلط کرنے کے لئے منصوبے بنائے لیکن مولوی عبد الحق صاحب نے اردو کے تحفظ کے لئے دن کا چین اور رات کا آرام حرام کر لیا۔ اپنے اس دور کا ذکر کرتے ہوئے انہوں نے سید ساجد علی کو تحریر کیا:

"اس بر اعظم پاک و ہند کا شاید ہی کوئی بڑا یا چھوٹا قصبہ ایسا ہو جس کی خاک میں نے نہ چھانی ہو شہر اور قصبے تو میری جولاں گاہ تھے، پہاڑوں، جنگلوں، دریاؤں اور سمندروں کی بھی جی بھر کر سیر کی جس دنوں مجھ پر اردو کا جن سوار تھا اور ہندی والوں اور کانگریسی حکومت سے معرکہ آرائی تھی تو سچ مچ زمین کا گز بنا ہوا تھا وہ دور عجیب و غریب تھا اگر تحریر میں لاؤں تو الف لیلیٰ کی داستان معلوم ہو گی۔"

مہاتما گاندھی اور کانگریسی رہنماؤں نے اردو کی مخالفت بہار سے شروع کی تھی لیکن سی پی کی زمین اردو ہندی تنازعہ کا مرکز بن گئی۔ چنانچہ مولوی عبد الحق صاحب کو سب سے زیادہ سی پی کی حکومت سے معرکہ آرائی کرنا پڑی۔ سی پی میں کانگریسی عبوری

حکومت نے "ودیا مندر اسکیم" کا جبراً نفاذ چاہا، لیکن مولوی عبدالحق صاحب نے اس کی شدید مخالفت کی اور اپنے دست راست حکیم اسرار صاحب کی قیادت میں ۳۱مارچ ۱۹۳۸ء کو ناگپور سیکرٹریٹ میں ایک وفد روانہ کیا جس نے حکومت کی مقرر کردہ کمیٹی کو اپنی شکایات پیش کیں اور مطالبہ کیا:

۱ودیا مندر سکیم کا نام تبدیل کیا جائے اگر وہ اس سکیم کے لئے کوئی نام رکھنا ہی چاہتے ہیں تو "پڑھائی گھر" رکھ لیں

۲مسلمان بچوں کے لئے اردو تعلیم کا انتظام کیا جائے

۳سی پی میں جو کتابیں رائج ہیں ان میں ہندو دیومالا، ہندو سورماؤں اور بزرگوں کا حال درج ہے مسلم تہذیب و آداب یا مسلمان بزرگوں کا نام تک نہیں، اس ضرورت کو پورا کیا جائے۔

۴ودیا مندر سکیم کی رو سے کسی گاؤں میں مدرسہ جاری کرنے کے لئے چالیس لڑکے لڑکیوں کی شرط کی بجائے جہاں دس یا دس سے زائد بچے ہیں، اسکول کھولے جائیں اور جہاں پانچ بچے اردو پڑھنے والے ہیں وہاں اردو رسم الخط میں ان کی تعلیم کا بندوبست کیا جائے۔

اس مسئلے پر مولوی عبدالحق نے گاندھی جی کے نام کھلی چٹھی بھی لکھی جس میں ان پر واضح کیا گیا کہ اگر مسلمانوں کی تعلیمی شکایات رفع نہ ہوئیں تو ان پر ان ہی کے حربے استعمال ہوں گے۔

سی پی میں انجمن کے رضاکاروں اور کارکنوں نے سارے صوبے کا دورہ کیا۔ شہر شہر، قصبہ قصبہ انجمن کی شاخیں، کتب خانے اور مدرسے قائم کئے جس کے نتیجے میں نارتھ ارکاٹ، ساؤتھ ارکاٹ، ٹائر نکور اور کوچین جیسے اہم علاقوں میں انجمن کی شاخیں

قائم ہو گئیں مجموعی طور پر سی پی اور برار میں تیرہ مدرسے اور صوبے بھر میں ایک سو آٹھ (۱۰۸) انجمن کی شاخیں قائم ہوئیں۔

چھوٹے ناگپور میں رومن کیتھولک کا زور تھا چنانچہ مولوی عبدالحق صاحب نے ان کے پادریوں کو اپنے اعتماد میں لے کر ان کے مدارس میں اردو کی تعلیم کا اجراء کیا جس کے نتیجے میں چھ ہزار عیسائی لڑکے اور لڑکیاں اردو زبان کی تدریس سے فیض یاب ہوئیں یہاں تک کہ کیتھولک ننوں نے اردو پڑھ کر اردو میں مڈل کا امتحان دیا۔

انجمن نے اچھوتوں کے لئے مدرسے قائم کئے اور سی پی کے تمام کالجوں میں جن کی تعداد آٹھ تھی اردو کی تدریس کے لئے لیکچرار مقرر کئے ڈاک خانوں کے فارموں اور ریل کے ڈبوں پر اردو تحریر کی جانے لگی سی پی کی اسمبلی میں اردو میں تقاریر کا آغاز ہوا۔ اسمبلی کی کارروائی اردو میں لکھی جانے لگی "ناگپور" "جاگپور" میں تبدیل ہو گیا مولوی عبدالحق صاحب نے اپنی ان کامرانیوں کا اردو کانفرنس کراچی منعقدہ ۱۹۵۱ء میں بڑے فخر سے ذکر کیا:

"یا تو ایک وقت یہ حالت تھی کہ مسلمان اردو بولنے سے شرماتے تھے یا تھوڑے ہی عرصے میں یہ نوبت ہوئی کہ مرہٹے اردو بولنے لگے اور اردو میں تقریریں کرنے لگے ناگپور اردو کا خاص مرکز بن گیا۔"

بنگال میں اردو تدریس کا معقول انتظام نہ تھا مولوی عبدالحق صاحب کی یہ خواہش تھی کہ یہ سر زمین اردو زبان سے فیض یاب ہو، چنانچہ مولوی عبدالحق صاحب کی جدوجہد، کاوش اور منصوبہ سازی سے وہ بنگالی طلبا جو دلی کے عربی مدرسوں میں زیر تعلیم تھے، مسجد فتح پوری میں دو کمرے لے کر ان میں شبینہ مدرسہ قائم کر کے اردو کا درس لینے لگے۔ وہ آگے چل کر بنگال میں اردو کی ترویج کے لئے معاون ہوئے۔

مالابار میں تقریباً آٹھ لاکھ عربی النسل موپلے آباد تھے۔ مولوی عبدالحق صاحب کی سعی سے انجمن نے وہاں ان کے لئے مدرسے قائم کئے اور انجمن کی شاخیں قائم کیں۔ اس کا نتیجہ یہ نکلا کہ وہاں کے سرکاری مدرسوں میں بھی اردو زبان رائج ہو گئی۔

صوبوں کے ساتھ ساتھ ریاستوں میں بھی اردو کے خلاف سازشوں کا جال بچھایا گیا تھا، بالخصوص کشمیر اور جے پور میں اردو کے خلاف باقاعدہ مہم چلائی گئی۔ ان ریاستوں میں مدت سے فارسی زبان رائج تھی اس ضمن میں جے پور میں ریجنٹ کلائنٹس کی خدمت میں وفود جاتے اور اردو کے اخراج کا مطالبہ کرتے لیکن مرزا اسمعیل کے عہد وزارت سے قبل ایسا ممکن نہیں ہوا۔ بقول عبادت بریلوی صاحب:

"جب مرزا اسماعیل اس منصب جلیلہ پر فائز ہوئے تو بلا تامل اردو کی جگہ ہندی کو سرکاری زبان بنا دیا۔ اور جو کام خود مہاراجہ نہ کر سکے، جو انگریزی ریجنٹ سے نہ ہو سکا اور جسے ہندو وزیر اعظم نے رد کر دیا وہ جناب مرزا صاحب سے بے خرخشے انجام پایا۔"

مولوی عبدالحق صاحب نے اس موقع پر بھی مرزا اسماعیل کے اس نازیبا اقدام پر سخت احتجاج کیا حالانکہ وہ کچھ عرصے کے بعد جب ریاست حیدر آباد دکن کے وزیر اعظم ہوئے تو انہوں نے انجمن کی وہ امداد بند کرا دی جو ریاست حیدر آباد کی سلطنت عثمانیہ انجمن کو اورنگ آباد سے دلی منتقل ہونے کے بعد پچیس ہزار روپے سالانہ اس شرط پر دیتی تھی کہ انجمن ہر سال بیس کتابیں شائع کرے گی۔

باوجود اس کے کہ مولوی صاحب اردو کے دفاع کے لئے بر سرپیکار تھے، وہ انجمن کے بنیادی مقصد یعنی اردو کی ترویج اور اشاعت سے کنارہ کش نہ ہوئے، بلکہ ان کے مقاصد میں وسعت اور عزم میں پختگی پیدا ہو گئی انہوں نے ۱۹۳۹ء میں کل ہند کانفرنس منعقد کی اس کانفرنس کی اہمیت پر روشنی ڈالتے ہوئے سجاد مرزا صاحب لکھتے ہیں:

”مولوی صاحب کی تحریک پر اردو زبان کے متعلق چند اہم تحریکات منظور کیں، جن کے خدو خال پر اب بھی عمل ہو رہا ہے۔“

مولوی عبد الحق صاحب کی خواہش تھی کہ انجمن ترقی اردو کی دلی میں اپنی عمارت ہو اس کے لئے انہوں نے باقاعدہ فنڈ کا اجرا کیا، جس کی رسیدوں پر مجوزہ عمارت کا نقشہ دیا گیا تھا۔ یہ فنڈ جمع کرنے کے لئے تنخواہ دار کارکن مامور کئے گئے حکیم امامی صاحب کہتے ہیں:

”حیدر آباد دکن سے دہلی آنے کے بعد آپ نے دہلی میں ایک اردو کالج کا ڈول ڈالا آپ کی کوشش یہ تھی کہ دلی میں ایک یونیورسٹی قائم ہو جائے۔“

سالہا سال کی کوشش کے بعد آپ نے دہلی میں ہزاروں روپے کی مالیت کا ایک وسیع قطعہ زمین حاصل کیا۔ یہ زمین انجمن کی عمارت کے لئے تھی اس عمارت کے لئے مولوی صاحب نے نہ صرف قوم سے ڈیڑھ لاکھ روپوں کا چندہ فراہم کیا، بلکہ اپنی عمر بھر کی کمائی ۵۴ ہزار روپے بھی اس کار خیر میں دے دیئے بابائے اردو کا ارادہ تھا کہ دہلی کی سر زمین پر ایک اردو گھر تعمیر ہو جائے اور بر بک کو چک دہلی اردو زبان اور ادب کی اشاعت کا مرکز قرار دیا جاسکے۔

انجمن کو اورنگ آباد سے دلی منتقل کرنے کے بعد مولوی عبد الحق صاحب نے انجمن کے اشاعتی پروگرام اور سرگرمیوں کو نظر انداز نہ ہونے دیا، بلکہ اس جانب بھی پوری توجہ دی۔ دلی منتقل ہوتے ہی اپریل ۱۹۳۹ء سے پندرہ روزہ ”ہماری زبان“ کا اجرا ہوا۔ پہلے ہی سال انجمن نے ”معلومات سائنس“ اور ”فرہنگ اصطلاحات پیشہ وراں“ جیسی قابل قدر تحقیقی کتابیں شائع کیں ۱۹۴۶ء میں ماہنامہ ”معاشیات“ کا اجرا ہوا۔

دلی کے اس سارے دور میں اشاعتی پروگرام میں بھی سرگرمی رہی۔ اس نو سال کی قلیل مدت میں انجمن نے تقریباً ”ڈیڑھ سو کتابیں شائع کیں جس کے نتیجے میں انجمن کی

مطبوعات کی کل تعداد اڑھائی سو کے لگ بھگ ہوگئی۔"

۱۹۶۱ء میں حیدر آباد دکن سے مولوی عبدالحق صاحب کی خدمات عالیہ کے اعتراف میں "مجلس" نے مولوی عبدالحق نمبر شائع کیا جس میں پروفیسر سید محمد صاحب نے مولوی عبدالحق صاحب کے دلی کے نو سالہ دور جہاد پر بھرپور روشنی ڈالتے ہوئے تحریر کیا:

"نو برس تک علمی کارناموں کے ساتھ ساتھ اردو کے حقوق کی حفاظت اور حمایت کے لئے بالکل مجاہدانہ انداز میں مصروف رہے۔ مولوی صاحب کے طوفانی دورے، جلسوں اور کانفرنسوں میں شرکت اور ان کی صدارت، اس دور کے خطبات اور مضامین پر روشنی ڈالو تو ایسا معلوم ہوتا ہے کہ ایک جواں ہمت اور کبھی نہ تھکنے والا سپاہی، جو ہر محاذ پر مصروف جنگ ہے۔ اس کو نہ گرمیوں کی دھوپ اور لو کا ڈر ہے، نہ جاڑے اور برسات کی سردی اور مینہ کا اندیشہ وہ اپنی پوری طاقت سے مخالفوں کا تن تنہا مقابلہ کر رہا ہے۔ ہر حملے کا منہ توڑ جواب دے رہا ہے اس کا یہ ایثار، اس کا یہ جوش عمل، اس کی یہ سرفروشی و مستعدی ایسی موثر اور ولولہ انگیز ثابت ہوئی کہ خود بخود اس کے گرد اردو ہوا خواہ جمع ہونے لگے۔ جو اپنی زبان کی خدمت کے فرض کو بھولے ہوئے تھے، وہ سب جاگ اٹھے ایسا محسوس ہونے لگا کہ اس مرد مجاہد کی للکار نے دم کے دم میں سارے اردو دانوں کو بیدار کر دیا۔"

لیکن دلی کی بزم بہت جلد درہم برہم ہو گئی۔ انقلاب کے جھگڑوں نے تمام منصوبوں، کامیابیوں اور کامرانیوں کو خس وخاشاک کی طرح اڑا دیا۔

بقول مختار الدین احمد:

"انجمن کا کام پوری طرح دلی میں جم بھی نہیں سکا تھا کہ ملک کی سیاست کا رخ بدل

گیا۔ مولوی عبد الحق صاحب اس کے تحفظ کے لئے سینہ سپر ہو گئے۔ انہوں نے ہر محاذ پر اس کے لئے جنگ لڑی، مگر حالات روز بروز ناساز گار ہوتے گئے۔ یہاں تک کہ ملک کی تقسیم کا اعلان ہو گیا۔ ہر طرف فرقہ وارانہ فسادات پھوٹ پڑے۔ دلی میں انجمن کا دفتر تباہ کر دیا گیا، جس میں کتنی قیمتی کتابیں اور کتنے قیمتی کاغذات ہمیشہ ہمیشہ کے لئے تباہ ہو گئے۔"

جب انجمن کے دفتر پر قیامت گزری تو مولوی عبد الحق صاحب دلی میں موجود نہ تھے، وہ انجمن کی امداد بحال کرانے اور رسالہ "سائنس" اور سائنس کمیٹی کے معاملات طے کرنے حیدر آباد دکن گئے ہوئے تھے جب انہیں اپنے امور سے فراغت ہوئی تو وہ بھوپال میں منزل کرتے ہوئے دلی آنے کے عزم سے ۳ ستمبر ۱۹۴۷ء کو حیدر آباد سے بھوپال روانہ ہوئے۔ بھوپال پہنچ کر مولوی عبد الحق صاحب کو دلی کے حالات سے آگاہی ہوئی۔ مولوی عبد الحق صاحب دلی روانہ ہونے کے لئے بضد تھے، لیکن ان کے رفیق خاص شعیب قریشی صاحب نے بمشکل تمام انہیں بھوپال روکا ہوا تھا۔ وہاں انہیں رحم علی ہاشمی اور حکیم رشید احمد صاحب کے خطوط سے یہ معلوم ہوا کہ انجمن کا دفتر بلوائیوں نے تباہ کر دیا ہے اور تمام سامان لوٹ لیا ہے۔ ملازمین جان بچا کر بھاگ گئے ہیں۔ سید ہاشمی فرید آبادی تحریر کرتے ہیں کہ بقول مولوی صاحب:

"اس وقت مجھے سب سے بڑی فکر ان کتابوں کی تھی جو میرے کمرے میں تھیں اور کتب خانے کی جان تھیں۔ ان کی کیفیت معلوم نہ ہونے سے دل بے چین تھا میں چاہتا تھا کہ خود جاؤں اور دیکھوں کہ کیا گیا اور کیا رہا، کیا کھویا اور کیا پایا لیکن شعیب صاحب اور دوسرے افراد مانع آئے کہ یہ وقت دلی جانے کا نہیں۔"

آخر مولوی صاحب نے اپنے ہمسفر اور رفیق خاص سید علی شبیر حاتمی کو دلی روانہ کیا جنہوں نے وہاں سے واپس آکر اس بات کی تصدیق کی کہ انجمن کا دفتر اور مولوی صاحب

کا ذاتی سامان لوٹ لیا گیا ہے اور سید ہاشمی کی موٹر کار توڑ پھوڑ دی گئی ہے صرف وہی سامان بچا ہے جو بلوائیوں سے اٹھ نہ سکا۔

۲۵ ستمبر ۱۹۴۷ء کو مولوی عبدالحق صاحب چار و ناچار بھوپال سے دوبارہ حیدر آباد دکن روانہ ہو گئے، لیکن ان کے دل کی دھڑکنیں دلی سے وابستہ ہیں۔ انہیں دلی کی اس تباہی پر بہت افسوس تھا انہوں نے اپنے خط محررہ ۱۶ اکتوبر ۱۹۴۷ء بنام ڈاکٹر عبادت بریلوی صاحب کو تحریر کیا:

"آپ کا خط پہنچا آپ کا پہلا جملہ دلی تباہ ہو گئی ہے۔ ہر گز نہیں، مسلمان تباہ ہو گئے۔ اب دلی شاہجہان کی نہیں، سکھوں اور پٹیل کے گرگوں کی ہے۔۔۔۔۔ نادر شاہ کا قتل عام چند گھنٹے رہا اور اس میں ہندو مسلمان سبھی تھے۔ غدر کی تباہی میں اگرچہ مسلمان زیادہ تباہ ہوئے لیکن ہندو بھی نہیں بچے رہے۔ ۱۸۵۷ء کے بعد ۱۹۴۷ء کی تباہی اور قتل و غارت گری سب سے بڑھی ہوئی تھی جو پورے نوے برس بعد ہوئی اور اس میں صرف مسلمان تباہ و برباد ہوئے۔ یہ منظم سازش تھی نیشنل ہیرلڈ لکھنو نے جو خاص کانگریس اخبار ہے۔۔۔ اس سازش کا راز فاش کیا۔"

مولوی عبدالحق صاحب تقریباً ایک ماہ بعد ۲۴ اکتوبر کو پھر بھوپال پہنچے اور وہاں سے انہوں نے مولانا ابو الکلام آزاد سے دلی میں رابطہ کیا اور دلی آنے اور ان کے گھر قیام کرنے کا ارادہ ظاہر کیا۔ مولانا ابو الکلام آزاد نے ان کا پیغام مثبت جواب میں دیا اور مولوی عبدالحق صاحب ۸ نومبر ۱۹۴۷ء کو بھوپال سے روانہ ہو کر ۹ نومبر کو دلی پہنچے اور ۱۰ نومبر کو انجمن کا تباہ شدہ دفتر دیکھنے گئے تو دفتر کا دفتر ہی پلٹا ہوا تھا مولوی صاحب نے اس المناک روداد کو خود قلم بند کیا ہے وہ تحریر کرتے ہیں:

"کتابوں کی متعدد الماریاں تھیں کھلی الماریوں کے سوا دو بڑی فولادی الماریاں جن

میں خاص خاص نادر قلمی نسخے اور قدیم کاغذات اور بعض نامور اشخاص مثلاً ناسخ، غالب، سرسید، حالی، محسن الملک، اقبال، سرتیج بہادر وغیرہ کے خطوط اور اسی قسم کی بہت سی عزیز اور بیش بہا قیمتی اشیاء تھیں۔ ان کے علاوہ کئی بڑے صندوق تھے جن میں میرے نوٹ اور یاد داشتیں مختلف قسم کی خاص کر اردو لغت کے متعلق بہت سامان، الفاظ کی اصل کا تحقیقی سرمایہ اردو زبان کی تاریخ کی یاد داشتیں اور مضمون اور اردو اور ہندی تنازعہ کے متعلق بہت سے قدیم کاغذات (میرا ارادہ اس تنازعے کی تاریخ لکھنا تھا)۔۔۔۔۔۔ میرے کپڑے کی الماریاں اور صندوق تھے کپڑے اور دوسری چیزیں جو اس کمرے میں تھے، وہ تو لٹیروں نے سب لوٹ لیں جو صندوق، بڑے نئے اور اچھے تھے وہ انہیں بہت پسند آئے۔ کاغذات تو انہوں نے وہیں پھینک دیئے اور صندوق لے کر چلتے بنے فولادی مقفل الماریوں پر ان کی للچائی ہوئی نظریں پڑیں اور سمجھے کہ ان میں ضرور مال و زر ہو گا پتھر مار مار کر انہیں توڑ دیا جب ان کو کتابوں اور کاغذوں کے سوا کچھ نہ ملا تو بڑی مایوسی ہوئی اور غصے کے جانجھ میں وہ سب کاغذات اور کتابیں نکال کر باہر پھینک دیئے۔"

مالک مکان نے کرائے کے لالچ میں یہ عمارت بھارت کمپنی کو دے دی اور لٹا پٹا اور بچا بچایا سامان ردی کی شکل میں غسل خانوں، برآمدوں، باورچی خانوں اور گوداموں میں ڈھیر کر دیا۔ مولوی عبدالحق صاحب، چودھری رحم علی، رفیق الدین احمد، محمد یعقوب اور حامد علی، ان ڈھیروں سے قلمی نسخوں کے کاغذات اور پرزوں سے "جگر کے ٹکڑے" جمع کرتے رہے مولوی عبدالحق صاحب اور علی شبیر حاتمی مولانا ابوالکلام آزاد کی کوٹھی میں ٹھہرے ہوئے تھے۔ لیکن دو تین دن بعد جب رفیق الدین احمد بھی آ گئے تو یہ لوگ نظام پیلس میں منتقل ہو گئے لیکن حیدر آبادی وفود کی آمد کی وجہ سے یہ جگہ ان کے لئے تنگ ہو گئی۔ دہلی کے حالات ناگفتہ بہ تھے، آخر مجبوراً مولوی عبدالحق صاحب کو کراچی

آنا پڑا۔ لیکن ابھی مولوی عبدالحق کو یکسوئی حاصل نہ ہوئی تھی ان کا عزم ہندوستان میں اردو کی خدمت کرنے کا تھا اور حالات کے دھارے انہیں پاکستان کی سرزمین کی جانب دھکیل رہے تھے اس ضمن میں مولوی عبدالحق صاحب تحریر کرتے ہیں:

”میں دلی جانے کے لئے تڑپ رہا تھا۔ میرے سب دوست احباب سمجھاتے تھے کہ اب اس ملک میں اردو کے کام کے لئے کوئی گنجائش نہیں حکومت مخالف، اکثریت مخالف، کوئی کیا کام کر سکتا ہے۔ خصوصاً تمہارا وہاں جا کر کام کرنا خطرے سے خالی نہیں اور تو اور، ہمارے مخدوم علامہ کیفی صاحب بھی دلی میں رہ کر کام کرنے کے مخالف تھے وہ بھی کہتے تھے کہ ہندوستان میں تو اردو کا خاتمہ ہو گیا۔ اب یہ پنپے گی تو پاکستان میں پنپے گی۔“

ملک تقسیم ہوتے ہی مولانا ابو الکلام آزاد بھی انجمن ترقی اردو اور مولوی عبدالحق کے بھارت میں کام کرنے کے خلاف ہو گئے۔ حالات بھی خلاف جا رہے تھے لیکن مولوی عبدالحق صاحب اتمام حجت کی غرض سے ہندوستان جانا چاہتے تھے آخر تیرہ جنوری ۱۹۴۸ء کو مولوی عبدالحق صاحب حامد علی صاحب کو اپنے ساتھ لے کر ایک دفعہ پھر دلی پہنچے اس دفعہ ان کا قیام زاہد حسین صاحب کی عنایت سے پاکستان ہائی کمیشن میں تھا اور وہ پھر انجمن کے لٹے ہوئے کوچے کے چکر کاٹنے لگے جہاں ابھی تک ردی کی چھٹائی کا کام جاری تھا۔

۲۵ جنوری ۱۹۴۸ء کو مولوی عبدالحق صاحب کی درخواست پر اولڈ بوائز لاج علی گڑھ میں ہمدردان اردو کا ایک اجتماع ہوا۔ اس کے ایجنڈے میں یہ امور تھے۔

۱۔ انجمن ترقی اردو کا صدر مقام اب کہاں ہو

۲۔ موجودہ حالات میں اس کا پروگرام کیا ہو

سید ہاشمی فرید آبادی کا کہنا ہے:

"اس میں قریباً ۲۵ حضرات تشریف لائے اس میں نواب اسماعیل خان صاحب وائس چانسلر، بیگم اعزاز رسول، شیخ عبداللہ، پروفیسر محمد شریف، پروفیسر منظور، آل احمد سرور، پروفیسر رشید احمد صدیقی، سید الطاف حسین، محمد بشیر الدین صاحب لائبریرین، ڈاکٹر ابواللیث صدیقی، امیر الدین وغیرہ تھے۔"

۲۵ جنوری ۱۹۴۵ء کو مولوی عبدالحق صاحب الہ آباد گئے تاکہ انجمن ترقی اردو کے صدر سر تیج بہادر سپرو سے تبادلہ خیال کیا جاسکے۔ اس مقصد کے لئے وہ ۳۱ جنوری کو مولوی بشیر الدین صاحب سے ملاقات کرنے اٹاوہ گئے۔ لیکن ان سے ملاقات نہ ہو سکی کیوں کہ وہ ڈاکٹر ضیاء الدین مرحوم کی تدفین میں شرکت کے لئے علی گڑھ گئے ہوئے تھے مجبوراً مولوی صاحب دلی واپس آ گئے۔ یہاں ان کی مصروفیت انجمن ترقی اردو کے دفتر کو کسی نئی جگہ منتقل کرنا تھا۔ آنریبل قدوائی صاحب نے اینگلو عربک کالج میں انجمن کا دفتر منتقل کرنے کی تجویز پیش کی کیوں کہ ان دنوں فسادات کی وجہ سے یہ عمارت ویران پڑی تھی اس سلسلے میں کالج کمیٹی کے صدر ڈاکٹر ذاکر حسین خاں سے درخواست کی گئی جسے انہوں نے منظور کر لیا ابھی انجمن کا دفتر عربک کالج منتقل بھی نہ ہو پایا تھا کہ زاہد حسین صاحب کا دلی سے کراچی تبادلہ ہو گیا اور مولوی عبدالحق کا دلی میں رہنا پھر ایک دفعہ ناممکن بن گیا چنانچہ مولوی صاحب ۴ مارچ ۱۹۴۸ء کو لاہور چلے آئے۔ ان کے رخصت ہونے کے بعد یعقوب خان، حامد علی و دیگر ملازمین نے انجمن کا بچا کھچا اثاثہ اینگلو عربیک کالج میں منتقل کر دیا آثار تو یہ تھے کہ شاید اینگلو عربیک کالج کو سنبھالتے دو تین سال لگ جائیں گے اس سے پہلے درس و تدریس ممکن نہ ہو سکے گی، لیکن پاکستان سے جو سکھ اور ہندو مہاجرین کا ریلہ دہلی پہنچا، وہ ہندی سے آشنا نہ تھے، بلکہ اردو تعلیم کے خواہاں تھے۔ اس لئے ان کے لڑکے لڑکیوں کو تعلیم دینے کے لئے اینگلو عربیک کالج کو جلد کھول

دیا گیا اس لئے:

"ہم انجمن کا سامان اور کتب خانہ پھر نمبر ادریا گنج میں منتقل کرنے پر مجبور ہو گئے اس آر جار میں کتابوں کی ترتیب میں ابتری پیدا ہو گئی، اور شکست و ریخت سے نقصان پہنچا"

مولوی عبد الحق صاحب کے پاکستان میں ہونے کی وجہ سے ہندوستان میں انجمن ترقی اردو بھی معتوب ہو گئی اور مولوی عبد الحق کی ذات کو شک و شبہ سے دیکھا جانے لگا اور انجمن کے خلاف نئی سازش کا جال بچھنا شروع ہوا۔

عبد اللطیف خان مالک لطیفی پریس دلی نے بھی اس خبر کی تصدیق کی:

"اگر میں جلد دلی نہ پہنچا تو حکومت انجمن کو امداد بھی نہ دے گی (جس کی منظوری ہو چکی ہے) زمین بھی ضبط کر لے گی اور کتب خانے سے بھی ہاتھ دھونا پڑیں گے۔"

مولوی عبد الحق صاحب نے اس خبر کے بعد دوبارہ ہندوستان جانے کی تیاریاں کیں۔ ہندوستان کے ہائی کمشنر متعینہ پاکستان سری پرکاش نے مولوی عبد الحق صاحب کے لئے ایک خصوصی پرمٹ جاری کیا، جس کے تحت یہ انجمن کی ضرورت کے لئے جب چاہیں ہندوستان جا سکتے ہیں اور واپس آ سکتے ہیں چنانچہ وہ ۱۳ اکتوبر ۱۹۴۸ء کو دہلی روانہ ہوئے اور ۱۵ اکتوبر کو انجمن کے معاملات کے سلسلے میں مولانا ابو الکلام آزاد سے ملے۔ سید ہاشمی فرید آبادی لکھتے ہیں:

"حقیقت حال بیان کی کہ انجمن کے لئے کوئی مکان نہیں ملتا انجمن کے نام سے لوگ کانوں پر ہاتھ دھرتے ہیں انہوں نے فرمایا کہ بہت بد گمانیاں ہیں آپ لاہور یا کراچی کو اپنا صدر مقام بنائیں یہ ٹھیک نہیں ہے کہ آپ کی ایک ٹانگ یہاں اور ایک ٹانگ وہاں۔۔۔ جناب کیفی صاحب سے ملاوہ اس سے قبل ڈاکٹر تاراچند سے ملے تھے انہوں نے بھی ایسی ہی باتیں کیں کہ حکومت ہم سے بد گمان ہے۔"

۱۲ اکتوبر ۱۹۴۸ء کو مولوی عبد الحق صاحب دوبارہ مولانا ابو الکلام آزاد سے ملے اور انہیں اپنے اس فیصلے سے آگاہ کیا کہ وہ انجمن کو کراچی لے جانے پر مجبور ہیں لیکن انہیں انجمن کا کتب خانہ لے جانے کے ساتھ ساتھ وہ رقم بھی واپس ملنی چاہیئے جو انجمن نے حکومت ہند کو زمین کی قیمت میں ادا کی تھی مولانا ابو الکلام نے یہ معاملات حل کر دینے کا یقین دلایا۔ لیکن اس وعدے کے بر خلاف ۱۷ اکتوبر ۱۹۴۸ء کو دریا گنج میں انجمن کا دفتر سر بہر کر دیا گیا مولوی عبد الحق انتہائی مایوسی کے عالم میں ۲۱ اکتوبر ۱۹۴۸ء کو سر تیج بہادر سپرو صدر انجمن ترقی اردو کو نئی صورتحال سے آگاہ کرنے الہ آباد گئے۔ انہوں نے بھی واقعات سن کر افسوس کیا اور ڈاکٹر تاراچند اور مسٹر شنکر پرشاد چیف کمشنر کے نام مکاتیب میں انجمن کے معاملات کی طرف توجہ دلائی۔ کلکتے سے عبد الرحمن صدیقی دلی آئے اور مولانا ابو الکلام آزاد، ڈاکٹر ذاکر حسین خان، تاراچند اور رفیع احمد قدوائی سے ملے اور انجمن کے معاملات میں بات چیت کی لیکن سر تیج بہادر سپرو اور عبد الرحمن صدیقی صاحب کی کوششیں لاحاصل رہیں۔ مولوی عبد الحق صاحب نے اپنے خط محررہ ۳ جنوری ۱۹۵۳ء بنام مولانا امین زبیری صاحب، اس واقعہ کی داستان اس طرح بیان کی ہے:

"مد محفوظ بھارت کی انجمن کے پاس رہا اور امپیریل بنک سے ہم کوئی رقم نکالنے نہ پائے تھے کہ بھارت کی انجمن نے کارروائی کر کے رقم رکوا دی۔ پولیس نے چیف کمشنر کے حکم سے کتب خانہ کو سر بمہر کر دیا۔ اس موقع پر سر تیج بہادر سپرو نے چیف کمشنر کو خط لکھا اور شکایت کی کہ یہ کارروائی نامناسب اور ناجائز کی گئی ہے چیف کمشنر نے لکھا کہ یہ میں نے ابو الکلام آزاد اور ڈاکٹر تاراچند کے اشارے پر کیا ہے۔ سر تیج بہادر سپرو نے یہ نقل مجھے بھیج دی یہ بڑی لمبی داستان ہے خط میں اس کی گنجائش نہیں کبھی موقع ہو گا تو بیان کر دوں گا"

پاکستان ہائی کمیشن کا فعل بھی انجمن ترقی اردو اور مولوی عبد الحق صاحب کے حق میں مثبت نہ ہوا مولوی عبد الحق صاحب نے اس پر روشنی ڈالتے ہوئے تحریر کیا:

''مجھے سب سے زیادہ افسوس اس بات کا ہے کہ ہائی کمشنر اور ان کے عملے سے کسی قسم کی مدد نہ ملی صرف جھوٹے وعدے کرتے رہے۔ یہ ان کے متعلق عام شکایت تھی۔ لوگ حیران تھے کہ ایسے شخص کو ہائی کمشنر کیوں مقرر کیا گیا جو پاکستان سے زیادہ بھارت کا خیر خواہ ہے۔''

دلی میں مولوی عبد الحق صاحب پر عرصہ حیات تنگ ہونے لگا۔ حکومت ہند نے مولوی صاحب اور ان کے رفقا کار پر باقاعدہ پولیس متعین کر دی جو ان کی نقل و حمل کی نگرانی کرتی اور بعض اوقات ان کے مہمانوں کو بھی ناجائز تنگ کرتی ان میں بعض ان کے ہمدرد بن کر مخبری کرتے۔ مولوی عبد الحق صاحب کا بیان ہے:

''اکثر ایک مرد معقول باریش مقطع ملنے آیا کرتے تھے اور اردو سے اور ہمارے کام سے بہت ہمدردی ظاہر کرتے تھے بڑے چرب زبان تھے بعد میں معلوم ہوا کہ ان کا تعلق سی آئی ڈی سے ہے۔''

آخر کار ۶ جنوری ۱۹۴۸ء کو مولوی صاحب نے دل پر پتھر رکھ کر دلی سے مجبوراً ہجرت کی اور بھوپال کی راہ لی وہاں اٹھارہ دن قیام کر کے ۲۴ جنوری کو بمبئی گئے بقول سید فرید ہاشمی صاحب:

''دو ایک کام تھے وہ کئے آخر ۲۸ جنوری ۱۹۴۸ء کو بمبئی سے یہ شعر پڑھتا ہوا جہاز میں سوا ہوا:''

رخصت اے ہندوستان، اے بوستان بے خزاں
رہ چکے تیرے بہت دن ہم بدیسی مہمان

"وہ جو کہتے ہیں "شاعری جزویست از پیغمبری" کبھی کبھی یہ بات سچ ثابت ہوتی ہے حالی نے یہ شعر ۷۵ سال پہلے لکھا تھا اس وقت کون کہہ سکتا تھا کہ کبھی ایسا وقت آئے گا!"

جہاز ساڑھے بارہ بجے کراچی پہنچا ہوا خانے پر شعیب قریشی صاحب، سید ہاشمی، خان عبد اللطیف خان صاحب اور حسام الدین راشدی ملنے آئے۔ خدا کا لاکھ لاکھ شکر کیا کہ خیر و عافیت سے پاکستان پہنچ گئے اب یہاں نئی مہم کا آغاز ہو گا۔

***

کراچی کا دور: انجمن ترقی اردو کی تاسیس اور جدوجہد

(۱۹۴۸ء تا ۱۹۶۱ء)

آزادی کا اعلان ہوتے ہی برصغیر فسادات کی لپیٹ میں آگیا اور ایسی آگ لگی کہ بجھنے کا نام نہ لیتی تھی اس کے نتیجے میں انجمن ترقی اردو ہند کی بزم بھی تتر بتر ہو گئی دفتر لٹیروں نے لوٹ لیا عمارت انشورنس کمپنی کے قبضے میں چلی گئی ملازمین اور کارکن شہید ہو گئے یا جس کے جہاں سینگ سمائے چلے گئے۔ تمام ادارے تقسیم ہو کر رہ گئے۔ اس لئے تشکیل پاکستان کے ساتھ ہی ساتھ پاکستان میں انجمن ترقی اردو کی بنیاد رکھی گئی، جو ہندوستان کی انجمن ترقی اردو سے جداگانہ اور آزاد اپنے کام و سفر کا آغاز کر سکے کیونکہ تقسیم ہند کے نتیجے میں پاکستان کے علاقوں کی شاخوں کا الحاق ہندوستان کے مرکز سے رہنے کا جواز نہ تھا۔ صرف یہ فیصلہ کرنا تھا کہ پاکستان میں انجمن ترقی اردو کا مرکز کہاں ہو۔ جس وقت اورنگ آباد سے انجمن کو منتقل کرنے کے لئے ۲۵، ۲۴ اکتوبر ۱۹۳۶ء کو علی گڑھ میں کل ہند کانفرنس منعقد کی تھی تو اس میں پنجاب سے ڈاکٹر اقبال مرحوم کو بھی خصوصی طور پر مدعو کیا گیا تھا مگر وہ اپنی علالت کی وجہ سے شرکت نہ کر سکے تھے، لیکن انجمن کی اورنگ آباد سے منتقل کے بعد نئے مرکز کے سلسلے میں دعوت نامے کے جواب میں مولوی عبدالحق صاحب کے نام اپنے مکتوب ۲۷ ستمبر ۱۹۳۶ء میں تفصیلی اور مدلل رائے دی تھی:

"میرے خیال میں اس کا مستقر لاہور ہونا چاہئے اور اس کے لئے ایک سے زیادہ وجوہ ہیں:"

۱مسلمانوں کو اپنے تحفظ کے لئے جو لڑائیاں آئندہ لڑنی پڑیں گی ان کا میدان پنجاب ہو گا پنجابیوں کو اس میں بڑی دقتیں پیش آئیں گی کیونکہ اسلامی زمانے میں یہاں کے مسلمانوں کی مناسب تربیت نہیں کی گئی مگر اس کا کیا علاج کہ آئندہ رزمگاہ یہی سرزمین معلوم ہوتی ہے۔

۲ آپ انجمن اردو سے متعلق ایک پبلشنگ ہاؤس قائم کرنا چاہتے ہیں، اس کی کامیابی بھی لاہور ہی میں ہو سکتی ہے کیونکہ یہ ایک بڑا پبلشنگ سنٹر ہے اور بہت سا طباعت کا کام مسلمانوں کے ہاتھ میں ہے انگریزی پبلشنگ کی طرف بھی یہاں کے مسلمان توجہ کر رہے ہیں۔

۳ یہاں کے لوگوں میں اثر قبول کرنے کا مادہ زیادہ ہے سادہ دل صحرائیوں کی طرح ان میں ہر قسم کی باتیں سننے اور ان سے متاثر ہو کر ان پر عمل کرنے کی صلاحیت اور مقامات سے بڑھ کر ہے۔ ایک معمولی جلسے کے لئے آٹھ دس ہزار مسلمانوں کا جمع ہو جانا کوئی بڑی بات نہیں بلکہ بیس ہزار کا مجمع بھی غیر معمولی نہیں یہ بات پنجاب کے ہندوؤں میں بھی نہیں پائی جاتی۔

اور اسی قسم کے خیالات کا اظہار مولانا ظفر علی خان، حافظ محمود شیرانی اور پنجاب کے دیگر اکابرین نے کیا تھا اس لئے جب پاکستان میں انجمن ترقی اردو کی بنیاد رکھی جانے لگی تو مولوی عبدالحق صاحب کے ذہن میں انجمن ترقی اردو کے مرکز کے لئے لاہور کا نام آیا۔

مولوی عبدالحق صاحب نے لاہور میں پنجاب کے وزیر مہاجرین میاں افتخار الدین

کو خط لکھا کہ وہ انجمن کا دفتر لاہور لانا چاہتے ہیں اور اسی مضمون کا مکتوب ۱۹ اکتوبر ۱۹۴۷ء کو میاں بشیر احمد صاحب کو رقم کیا جس میں تحریر تھا:

"ہم سب کی رائے یہ قرار پائی ہے کہ اب انجمن کا صدر مقام لاہور ہونا چاہئے بشرطیکہ آپ صاحبان بھی اس سے اتفاق فرمائیں۔۔۔۔ میں نے سنا ہے کہ ہندوؤں نے جو عمارتیں اور پریس وغیرہ چھوڑے ہیں ان کی تقسیم عمل میں آرہی ہے۔ اگر آپ کی توسط اور عنایت سے ہمیں کوئی اچھا پریس اور ایسا مکان مل جائے جس میں انجمن کا دفتر اور کتب خانہ وغیرہ آسکے تو ہم بخوشی اس کو خریدنے کے لئے تیار ہیں یہ بہت اچھا موقع ہے شاید پھر ایسا موقع نہ مل سکے میں نے اس مضمون کا ایک خط میاں افتخار الدین صاحب کو بھی لکھا ہے اگر از راہ کرم تکلیف فرما کر اس بارے میں گفتگو کر کے کوئی انتظام فرمادیں تو بہت ممنون ہوں گا۔"

لیکن مولوی عبد الحق صاحب کو لاہور سے میاں افتخار الدین نے کوئی جواب نہ دیا اس کے بعد مولوی عبد الحق صاحب خود لاہور آئے اور میاں بشیر احمد کو یاد دہانی کرائی اس ضمن میں ڈاکٹر عبادت بریلوی صاحب کا نام ایک مکتوب میں مولوی عبد الحق صاحب نے میاں بشیر احمد کے رویے کے سلسلے میں تحریر کیا:

"انہوں نے لاہور کے ممتاز ادیبوں کو جو با اثر تھے، مدعو کیا جب اس معاملے کا ذکر آیا تو انہوں نے اس ڈھنگ سے گفتگو کی جس سے صاف معلوم ہوتا تھا کہ وہ نہیں چاہتے کہ انجمن یہاں پر آئے پروفیسر حمید احمد خان صاحب بھی اس صحبت میں تھے۔"

دوسری نظر انتخاب کراچی شہر پر پڑی جو پاکستان کے معرض وجود میں آتے ہی دار الحکومت بننے کی وجہ سے بڑی اہمیت حاصل کر رہا تھا اس کے علاوہ تقسیم ہند سے قبل بھی انجمن ترقی اردو کی کراچی شاخ بڑی سرگرم عمل رہی تھی اس لئے فیصلہ ہوا کہ پاکستان

میں کراچی کو انجمن کا مرکز بنایا جائے اور اس کے لئے ایسے مکان کی تلاش شروع کر دی گئی جو انجمن کی ضروریات کو پورا کر سکے۔ مکان کی تلاش سید علی بشیر صاحب کے ذمے تھی جنہوں نے پیر حسام الدین راشدی کے تعاون سے سہ منزلہ عمارت کا انتخاب کر لیا جو کہ گجراتی ایجوکیشن سوسائٹی کی ملکیت تھی اور جس میں لڑکیوں کا ایک ہائی سکول چلتا تھا سید ہاشمی فرید آبادی تحریر کرتے ہیں:

"چنانچہ اس کے لئے ہم نے ایک درخواست آنریبل پیر الٰہی بخش صاحب وزیر تعلیم کی خدمت میں پیش کی پیر صاحب نے ہماری درخواست پر سید ہاشم رضا کلکٹر کے نام سفارش کر دی۔"

لیکن اس عمارت پر مہاجرین کا قبضہ تھا جب اس کا ذکر کراچی میونسپل کارپوریشن کے میئر حکیم محمد احسن صاحب سے ہوا تو انہوں نے شاردا مندر کی نشاندہی کی جو گجراتی ایجوکیشن سوسائٹی کی عمارت سے زیادہ وسیع اور بہتر تھی۔ اس عمارت کے حصول کے لئے از سر نو تگ و دو شروع ہوئی اور آخر کار یہ عمارت انجمن ترقی اردو پاکستان کے لئے الاٹ ہو گئی۔

"شاردا مندر گجراتیوں کا سب سے بڑا ادارہ تھا، اور اس میں تخمیناً بارہ سو طالب علم تعلیم پاتے تھے انجمن کے لئے اس سے بہتر عمارت کراچی شہر میں نہیں مل سکتی تھی۔"

کراچی میں انجمن ترقی اردو کا مرکز قائم ہو جانے کے باوجود مولوی عبدالحق صاحب مستقل پاکستان ہجرت کرنے کو تیار نہ تھے۔ وہ دونوں ملکوں میں اردو کی ترویج کرنا چاہتے تھے انہوں نے اضطرابی کیفیت میں بار بار دلی اور کراچی کے چکر کاٹے۔ پاکستان آجاتے تھے تو دلی کی انجمن کے مسائل بے چین کر دیتے تھے اور دلی میں بے سرو سامانی دیکھتے تھے تو پاکستان آجاتے تھے جب تک انہیں مولانا ابو الکلام آزاد، تاراچند اور

ڈاکٹر ذاکر حسین خان صاحب نے بالکل مایوس نہ کیا، وہ ذہنی طور پر یہ بات قبول کرنے کو تیار نہ تھے کہ بھارت میں اردو کی خدمت نہیں کی جاسکتی ۱۲ فروری ۱۹۴۸ء کو انہوں نے دلی سے پیر حسام الدین راشدی کو تحریر کیا:

"جب کوئی مناسب مکان مل گیا تو دفتر و مکتب خانہ اس میں منتقل کر کے ضروری انتظامات کر کے کراچی چلا آؤں گا وہاں مجھے کسی علیحدہ مکان کی ضرورت نہیں شاردا مندر میں رہ کر کام کروں گا اور رات کو وہیں پڑ رہوں گا میرے پاس اب کیا ہے، جس کے لئے مکان کی ضرورت ہو ایک بچھونا اور دو چار جوڑے کپڑے ہیں اور بس۔۔۔۔۔ دوسرے مجھے تو دونوں ملکوں میں رہنا ہے پاکستان میں بھی اور ہندوستان میں بھی، کام کرنے والے ساتھیوں کی تلاش ہے۔۔۔۔ دونوں جگہ انتظام کرنے میں کچھ مدت لگے گی۔۔۔۔ سارے رسالے بند ہیں۔۔ انہیں پھر زندہ کرنے کی ضرورت ہے کتابوں کی اشاعت بھی رک گئی ہے، ان کا سلسلہ پھر سے قائم کرنا ہے۔"

"کوئی ڈیڑھ دو برس تک وہ اس رائے پر قائم رہے پاکستان میں انجمن کا یہ زمانہ کارگزاری کے اعتبار سے تذبذب اور تعطل کا زمانہ ہے۔ لیکن انہیں بھارت کے مرکز اور محاذ سے دست کش ہونے پر مجبور ہونا پڑا اور آخر ۱۹۴۹ء میں صرف پاکستان میں رہ کر کام کرنے کے عزم و ارادے کے ساتھ مستقل بھارت کو خیرباد کہہ آئے۔"

ہندوستان میں مولوی عبدالحق صاحب نے جو کچھ محنت کی تھی، وہ سب اکارت ہو چکی تھی۔ اب سب کچھ نئے سرے سے کرنا تھا انجمن کے اغراض و مقاصد کو نئے سرے سے مرتب کرنا تھا ادارے کی اشاعتی سرگرمیاں، کالج کی بنیاد، یونیورسٹی کی مہم، غرض ہر چیز کو نئے طریقے سے شروع کرنا تھا اس کے لئے مولوی عبدالحق صاحب اپنی پیرانہ سالی کی باوجود نئے عزم اور حوصلے سے میدان میں اتر آئے۔

انجمن کے پاس سرمایے کی شدید کمی تھی کیونکہ ہندوستان کی حکومت انجمن ترقی اردو کی تمام اثاثے منجمد کر دیے تھے، حالانکہ یہ وہ سرمایہ تھا جس پر انجمن کی ہر شاخ اور تنظیم کا حق تھا اور بر صغیر کے دونوں ملکوں میں پھیلی ہوئی تھیں ہاشمی فرید آبادی تحریر کرتے ہیں:

"دہلی چھوڑنے سے پہلے یعنی ختم سال ۱۹۴۶ء میں انجمن ترقی کے پاس تقریباً دو لاکھ روپیہ نقد اور مطبوعات، کاغذ وغیرہ کوئی تین لاکھ روپیہ مصدقہ کا اثاثہ تھا۔ فروخت کتب و رسائل سے ان کی آمدنی کم و بیش ۶۵ ہزار اور حیدر آباد کی امداد ملا کر ایک لاکھ روپیہ سالانہ سے بڑھ جاتی تھی نقد و جنس کا سارا اثاثہ بھارت کی حکومت نے غصب کر لیا۔"

مولوی عبد الحق نے اپنی تیس سالہ زیست کی جمع پونجی تقریباً پچاس ہزار روپے دلی کے دور ہی میں انجمن پر نچھاور کر دیے تھے، تاہم کسی نہ کسی طرح حیدر آباد دکن سے اس کی سالانہ امداد مل گئی تھی اور بیس ہزار روپیہ حکومت پاکستان نے یک مشت، پچیس ہزار روپیہ سالانہ کراچی میونسپل کارپوریشن نے دینے کا وعدہ کیا ۱۹۵۱ء میں جب ممتاز حسین قزلباش ریاست خیر پور کے وزیر اعلیٰ اور مسٹر حسن حبیب سیکرٹری ریاست ہوئے تو پانچ ہزار کا عطیہ اور دو ہزار چار سو روپیہ سالانہ ریاست سے موصول ہوا۔ حکومت پنجاب نے ۱۹۵۲-۵۳ء کے بجٹ سے ۵۰ ہزار روپے انجمن کو عطا کیے اس طرح انجمن ترقی اردو کی تجدید عمل میں آئی۔

۱۹۴۸ء میں مولوی عبد الحق صاحب نے انجمن کا نیا دستور مرتب کیا اور انجمن کی باقاعدہ رجسٹری کروائی پاکستان کے معرض وجود میں آنے اور انجمن ترقی اردو کی پاکستان تنظیم نو پر سر شیخ عبد القادر صاحب کو انجمن کا صدر مقرر کیا گیا اور مولوی عبد الحق بدستور

معتمد رہے۔

۱۹۴۸ء میں جب انجمن ترقی اردو کی بنیاد رکھی گئی تو اس کی رسم افتتاح کے لئے بانی پاکستان بابائے قوم حضرت قائد اعظم محمد علی جناح کو مدعو کرنے کی تجویز ہوئی ان سے رابطہ قائم کیا گیا تو انہوں نے بخوشی ۱۵ اپریل ۱۹۴۸ کے بعد کسی بھی دن آنے کا ارادہ ظاہر کیا۔ لیکن اس دوران میں انجمن کے معاملات نبٹانے کے لئے مولوی عبدالحق صاحب کو دلی جانا پڑا پھر قائد اعظم علیل ہو گئے اور آخر ۱۱ ستمبر ۱۹۴۸ء کی شب ان کا انتقال ہو گیا چنانچہ انجمن کی یہ خواہش پوری نہ ہو سکی اور انجمن نے رسم افتتاح کے بغیر ہی اپنے نئے سفر کا آغاز نئے حوصلے اور عزم سے کیا اس سلسلے میں انہوں نے بیگم حسن قزلباش بانو کو ۱۱ جون ۱۹۴۸ء کو کراچی سے تحریر کیا:

"قائد اعظم کے پروگرام ایسے جلدی جلدی بدلے اور وہ کچھ علیل رہے اس وجہ سے وہ اپنا وعدہ پورا نہ کر سکے کوئٹہ جاتے وقت خاص طور سے بڑی معذرت کی اور کہا کسی اور سے افتتاح کرا لیجئے، میں کسی اور موقع پر انجمن آجاؤں گا۔ اب ہم نے بغیر رسم افتتاح کے کام شروع کر دیا۔"

بند رسالے دوسری مرتبہ جاری کئے گئے سب سے پہلے مئی ۱۹۴۸ء سے انجمن ترقی اردو کا ترجمان "قومی زبان" شائع ہونا شروع ہوا ۱۹۴۹ء سے محمد سبزواری کی زیر ادارت رسالہ "معاشیات" جاری ہوا لیکن ۱۹۵۴ء میں ان کے امریکہ چلے جانے کے بعد ۱۹۵۵ء سے یہ رسالہ بند ہو گیا سہ ماہی "اردو" کا جنوری ۱۹۵۰ "سائنس" اور "تاریخ و سیاست" کا ۱۹۵۱ء میں اجراء ہوا انجمن نے اپنی مطبوعات کا سلسلہ از سر نو شائع کیا انجمن کی شاخیں کھل گئیں اور کانفرنسیں منعقد ہوئیں۔

مولوی عبدالحق صاحب کی کاوشوں سے کراچی جیسے بین الاقوامی شہر میں جہاں

لوگ روپے کی ریل پیل کے پیچھے سر گرداں رہتے ہیں، دس ہزار کتابوں کے ذخیرے سے لائبریری کی بنیاد رکھی۔ اس میں ایک خاص کتب خانہ ترتیب دیا گیا جس میں مخطوطات اور علم و فن کی نایاب کتابیں رکھی گئیں یہ کتب خانہ آج کراچی کے بڑے اور اہم کتب خانوں میں صف اول میں شمار ہوتا ہے اس کتب خانے کے افتتاح کے لئے پاکستان کی پہلے وزیر اعظم خان لیاقت علی خان کو مدعو کیا گیا انہوں نے متحدہ ہند میں عبوری وزارتوں کے زمانے میں انجمن کے لئے چار لاکھ یک مشت اور چالیس ہزار سالانہ کی رقم منظور کی تھی۔ توقع تھی کہ اب جب وہ اس زمانے سے زیادہ بااختیار ہیں، انجمن کی دست گیری زیادہ اہم طریقے سے کریں گے۔ لیکن ان کی تقریر اور رویہ سے مولوی عبد الحق کو بہت دکھ ہوا جس کا ذکر انہوں نے ایک اپنے مکتوب محررہ ۱۵ اکتوبر ۱۹۴۹ء بنام ڈاکٹر داؤد رہبر (ڈاکٹر محمد اقبال پروفیسر اورینٹل کالج لاہور کے صاحبزادے) سے اس طرح کیا ہے:

”ہم نے ایک عام اردو کتب خانہ بھی قائم کر دیا، جس میں اب تک دس ہزار کتابیں فراہم ہو چکی ہیں۔ اس کے افتتاح کے لئے وزیر لیاقت علی خان صاحب کو تکلیف دی۔ بڑی شان سے جلسہ کیا ایک ایڈریس کالج کی طرف سے اور دوسرا انجمن کی طرف سے پیش کیا گیا، لیکن وزیر اعظم نے تحسین و تعریف تو ایک طرف ایک لفظ بھی ہمت افزائی کا نہ کہا اور امداد کی درخواست کا جواب انکار سے دیا انجمن کے بہی خواہوں کو اس جواب سے بڑی مایوسی ہوئی مرکز کا محکمہ تعلیم ہمارے کاموں کو اچھی نظروں سے نہیں دیکھتا وہ حسد کرتا ہے خود کچھ نہیں کرتا، دوسرے کرتے ہیں تو انہیں کرنے نہیں دیتا۔“

مولوی عبد الحق صاحب نے دکن کے قیام کے دوران اکبر حیدری کو جامعہ عثمانیہ کا منصوبہ پیش کیا تھا اور دلی میں اتنی مصروف ترین مجاہدانہ زندگی میں بھی اردو کالج قائم کرنا

اپنے مشن میں شامل کیا تھا۔ اس لئے یہ کیسے ممکن تھا کہ پاکستان میں مولوی عبدالحق صاحب اپنے اس مشن سے دستبردار ہو جاتے۔ ان کی خواہش تو کراچی میں اردو کی بین الاقوامی جامعہ قائم کرنا تھی۔ مولوی عبدالحق صاحب نے اس مشن کے آغاز کے لئے ۲۳جون ۱۹۴۹ء کو ایک نہایت سادہ لیکن پر وقار تقریب میں ''انجمن ترقی اردو کالج'' کی بنیاد رکھی جس میں ابتدا میں صرف علوم شرقیہ کی تعلیم دی جاتی تھی اس کے طلبا بطور پرائیویٹ امیدوار جامعہ پنجاب کے امیدوار بنتے تھے اس کالج کا پہلا پرنسپل پروفیسر مولوی عبدالغنی کو مقرر کیا گیا اور اس کالج میں ۲۵جون ۱۹۴۹ء سے باقاعدہ تعلیم دی جانے لگی سندھ یونیورسٹی کو اس کالج کے الحاق کی درخواست دی گئی لیکن ۱۱جولائی ۱۹۴۹ء کو سندھ یونیورسٹی کی سنڈیکیٹ نے یہ درخواست مسترد کر دی پنجاب یونیورسٹی کو یہ عذر تھا کہ یہ اس کی حدود و قیود سے باہر ہے یہ تمام صورتحال مولوی عبدالحق کے لئے غیر متوقع تھی اس لئے اس سے انہیں بڑی الجھن اور ذہنی پریشانی ہوئی۔ انہوں نے اس بات کا اظہار اپنے مکتوب ۱۵اکتوبر ۱۹۴۹ء بنام ڈاکٹر محمد داؤد رہبر سے اس انداز میں کیا ہے:

''پہلے ہی پریشانیاں کیا کم تھیں یہ کالج قائم کر کے میں نے بیٹھے بٹھائے ایک پریشانی اور مول لے لی کوئی یونیورسٹی اس کے الحاق کے لئے آمادہ نہیں۔ سندھ یونیورسٹی نے انکار کر دیا پنجاب یونیورسٹی کی حدود ارضیں ے باہر ہے اب میں اس سوچ میں ہوں کہ کروں تو کیا کروں اب بند کرتا ہوں تو بدنامی الگ اور بیچارے لڑکوں کی اتنے دنوں کی محنت اور روپیہ رائیگاں جائے گا انجمن نے باوجود بے سر و سامانی جو ہزاروں کا خرچ برداشت کیا وہ بھی ضائع ہو جائے گا ہم ہندوستان سے لٹ پٹ کر برباد ہو کر آئے تھے توقع تھی کہ اب پاکستان ہمارے آنسو پونچھے گا اور ہماری ہمت افزائی کرے گا، لیکن اب جو دیکھتا ہوں تو یہاں کا رنگ ہی کچھ اور ہے خدا ہمارے حال پر رحم کرے، کہاں تک

لکھوں بڑی طولانی داستان ہے۔"

قریب تھا کہ مولوی عبدالحق صاحب کا یہ سارا منصوبہ تلپٹ ہو جائے ۱۹۵۰ء میں بمشکل اس زمانے کے وزیر خزانہ مسٹر غلام محمد اور وزیر تعلیم فضل الرحمن کی مدد سے سندھ یونیورسٹی نے کالج کا الحاق منظور کر لیا کالج میں ایف اے ایف ایس سی اور آئی کام سے لے کر پی ایچ ڈی تک نہ صرف تدریس ہونے لگی، بلکہ اس نے تمام قدیم کالجوں کے مقابلے میں بھی بہتر سے بہتر نتائج حاصل کئے۔

انجمن ترقی اردو پاکستان کا پہلا صدر سر شیخ عبدالقادر صاحب کو منتخب کیا گیا تھا ان کا انتقال ہو گیا اور ۱۹۵۰ میں انجمن ترقی اردو پاکستان کی مجلس نظم نے مولوی عبدالحق کو اس کا صدر منتخب کیا۔

انجمن ترقی اردو نے اپنے دلی کے دور میں ۱۹۳۹ء میں بڑی سج دھج اور جوش و ولولے سے کل ہند کانفرنس منعقد کی تھی، جس کی یاد برسوں تک دلوں کو گرماتی رہی۔ پاکستان کے معرض وجود میں آنے کے بعد جب انجمن کے آشیانے میں تنکے جمع ہونے لگے تو مولوی عبدالحق صاحب نے ایک بار پھر کانفرنس کے انعقاد کا فیصلہ کیا۔ دلی کے دور میں کانفرنس ہندی اور اردو کے تنازعہ کے پس منظر میں منعقد ہوئی تھی اور اب پاکستان میں "قوم زبان" کا مسئلہ چھڑا ہوا تھا یہ کانفرنس ۱۳ اپریل ۱۹۵۱ کو سردار عبدالرب نشتر کی صدارت میں منعقد ہوئی اور اس کا افتتاح پاکستان کے گورنر جنرل خواجہ ناظم الدین صاحب نے کیا انہوں نے اپنے خطبے میں مشرقی پاکستان میں اردو کی ترویج کے لئے تجاویز پیش کیں۔

گو جون ۱۹۴۸ء میں جامعہ کراچی قائم کر دی گئی اور پروفیسر اے بی اے حلیم کو اس کا وائس چانسلر نامزد کیا گیا، لیکن ۱۹۵۳ء جامعہ کراچی کا شعبہ پروفیسر شپ سے محروم تھا

جس کے نتیجے میں ان طلبا کو جو ایم اے کرنے کے بعد پی ایچ ڈی کے خواہشمند ہوتے تھے، مایوس ہونا پڑتا تھا۔ پروفیسر اے بی حلیم، مولوی عبدالحق صاحب کو اس منصب پر فائز کرنا چاہتے تھے لیکن مولوی عبدالحق کسی طرح رضامند نہ ہوتے تھے لیکن چند طالب علموں کی طلب علم نے مولوی صاحب کو رضامند کر کے سکھ کا سانس لیا اس سلسلے میں ڈاکٹر ابو سعید نورالدین تحریر کرتے ہیں:

"وہ ۱۹۵۲ء میں اقبال اکیڈمی میں ریسرچ فیلو تھے اور پی ایچ ڈی کرنے کے خواہشمند، جب وہ اس ضمن میں کراچی یونیورسٹی کے وائس چانسلر پروفیسر اے بی اے حلیم سے ملے تو انہوں نے کہا کہ اگر وہ مولوی صاحب کو کراچی یونیورسٹی کا اعزازی پروفیسر اور نگران بننے پر راضی کر لیں تو وہ پی ایچ ڈی کی اجازت دے سکتے ہیں انہوں نے مولوی عبدالحق صاحب کی منت سماجت کی اور مولوی صاحب راضی ہو گئے۔۔۔ اس کے بعد یونیورسٹی کی طرف سے باقاعدہ کارروائی ہوئی اور مولوی صاحب کو اردو کا اعزازی پروفیسر مقرر کر دیا گیا اس عہدے پر وہ ڈیڑھ سال تک فائز رہے اس عرصے میں وہ میرے علاوہ پی ایچ ڈی کے کئی اور طالب علم ان کی نگرانی میں کام کرتے رہے۔۔۔ وہ اس عہدے سے غالباً ۱۹۵۳ء کے آخر میں سبکدوش ہو گئے۔"

اس قسم کی روایت ابن انشاء صاحب نے بھی بیان کی ہے وہ لکھتے ہیں:

"کراچی یونیورسٹی سے ایم اے کی جو پہلی کھیپ نکلی اس میں ہم بھی تھے ہر نئے ایم اے کے دل میں تحقیق اور پی ایچ ڈی کرنے کا سودا ہوتا ہے۔۔۔ اس وقت تک اردو کا پروفیسر یا صدر شعبہ کوئی مقرر نہ ہوا تھا وائس چانسلر صاحب نے کہا تمہارا داخلہ تمہارے ہاتھ میں ہے۔ اگر مولوی عبدالحق صاحب کو راضی کر لو کہ وہ اعزازی صدر شعبہ ہونا قبول کر لیں تو چشم ما روشن دل ماشاد ہم مولوی صاحب کے پاس گئے، بولے بھائی انکار کر

چکا ہوں لیکن تمہارے داخلے کی یہی شرط ہے تو لاؤ قلم دوات، منظور کر لیتا ہوں چنانچہ یونیورسٹی کو مولوی صاحب مل گئے اور ہمیں داخلہ"

پاکستان منتقل ہونے کے بعد مولوی صاحب کا ایک بڑا مشن اردو کو پاکستان کی قومی اور سرکاری زبان کا درجہ دلانا تھا بد قسمتی سے قومی اور سرکاری زبان جو خالصتاً ایک لسانی اور ثقافتی مسئلہ تھا، سیاسی گتھیوں میں الجھا کر سیاسی مقاصد کے لئے استعمال کیا گیا اس کے نتیجے میں ملک میں اچھی خاصی ہنگامہ آرائی رہی پاکستان کے معرض وجود میں آتے ہی مشرقی پاکستان کے نوجوانوں کے ایک طبقے نے بنگلہ زبان کو اس لئے قومی زبان بنانے کے لئے تحریک چلائی کہ آبادی کے اوسط کے لحاظ سے یہ سب سے زیادہ بولی جانے والی زبان تھی لیکن بانی پاکستان حضرت قائد اعظم نے اس شورش کے اثرات کو بھانپ لیا ہاشمی فرید آبادی تحریر کرتے ہیں:

"انہوں نے اپنی زندگی کو لسانی وحدت اور استحکام کی بازی پر لگا دیا۔ ایک پرانے (ڈیکوٹہ) جہاز میں ڈھاکہ پہنچے اور ان سر پھرے طلبا کو جنہوں نے دشمنان پاکستان کے کہنے میں آکر اس قسم کا سوال اٹھایا تھا، سمجھایا کہ اگر تم پاکستان کو قائم رکھنا چاہتے ہو تو یاد رکھو کہ پاکستان کی زبان صرف اور صرف اردو ہو سکتی ہے کوئی اور زبان نہیں ہو سکتی۔"

لیکن سیاستدان اور بیورو کریسی اس مسئلے کو الجھاتی چلی گئی یہاں تک کہ محمد علی بوگرہ کے عہد وزارت میں پاکستان کی قومی اسمبلی میں ایک ایسا بل منظور کرنے کی تیاریاں ہوئیں جس میں قائد اعظم کی خواہش اور مولوی عبد الحق کی تمنا کے خلاف اردو کو نظر انداز کیا جا رہا تھا۔ جب مولوی عبد الحق صاحب کو اس امر کی اطلاع ملی تو بپھرے ہوئے شیر کی طرح (۱۹۵۴ء) اسمبلی ہال میں پہنچ گئے۔ شاہد احمد دہلوی صاحب بیان فرماتے ہیں:

"مولوی عبدالحق صاحب کی للکار پر لاکھوں فدائی ان کے گرد جمع ہو گئے اور جس دن اسمبلی کے اجلاس میں بوگرہ کی تجویز پیش ہونے والی تھی مولوی صاحب اس ضعیفی اور کمزوری کے عالم میں انجمن کے دفتر سے پیدل روانہ ہوئے ان کے ساتھ لاکھوں کا مجمع تھا اسمبلی پہنچے تو مولوی صاحب اور ان کے ساتھ اتنا مجمع دیکھ کر سب سٹپٹائے، پولیس کے دستے لاٹھیاں لئے کھڑے تھے، اشک آور گیس کا بھی انتظام تھا اور گولی چلانے والے دستوں کا بھی، مجمع اس قدر مشتعل تھا کہ اگر پولیس ذرا بھی حرکت میں آتی تو غدر مچ جاتا اور یہ آگ کراچی سے پھیل کر سارے ملک کو اپنی لپیٹ میں لے لیتی۔"

مجبوراً حکومت کو اسمبلی کا یہ اجلاس بغیر کسی قرار داد کے ملتوی کرنا پڑا اور حکمران بڑی عیاری سے یہ سارا معاملہ گول کر گئے جس کے نتیجے میں اردو کو قومی زبان کے ناطے سرکاری زبان کا وہ وقار حاصل نہ ہو سکا، جو پاکستان کے معرض وجود میں آجانے کے فوراً بعد ہی مل جانا چاہئے تھا۔

مولوی عبدالحق صاحب نے اردو کو پاکستان کی قومی زبان بنانے کے لئے نہ صرف عوامی تحریک چلائی اور گلی کوچوں میں نکل آئے، بلکہ قومی زبان کا درجہ دلانے کے لئے ایسے ٹھوس کام بھی کئے جس سے اردو زیادہ سے زیادہ اہم زبان بن سکے۔

اردو میں اصطلاحات کی ایسی کوئی لغت نہ تھی جو دفتری اور عدالتی ضروریات کو پورا کر سکے۔ اس ضمن میں ضرورت مند ادارے اور دفاتر جب کسی اصطلاحی مشکل کا شکار ہوتے تھے، تو وہ مولوی عبدالحق صاحب سے رجوع کرتے تھے اس لئے مولوی عبدالحق صاحب نے حکومت کی توجہ اس جانب مبذول کرائی کہ کوئی ایسا ادارہ ہونا چاہئے جو اس دفتری اصطلاحات کے خواہش مند اداروں، دفتر اور شعبوں کی رہنمائی کر سکے، چنانچہ حکومت نے مولوی عبدالحق صاحب ہی کے زیر صدارت ایجوکیشن ایڈوائزری بورڈ

تشکیل دیا اس کا تذکرہ کرتے ہوئے مولوی عبد الحق صاحب نے اپنے مکتوب بنام مولانا عبد الماجد دریابادی محررہ ۲۵ جون ۱۹۵۰ء میں تحریر کیا:

"میں نے حکومت سے کچھ رقم طلب کی ہے، تاکہ تمام دفتری اور عدالتی الفاظ و اصطلاحات کی ڈکشنری تیار کروں۔ علمی اصطلاحات جو اس وقت تک بن چکی ہیں، وہ سب جمع کر رہا ہے انجمن اور کالج کا کام اس سے الگ ہے۔"

"قاموس ادب" مولوی صاحب کے منصوبوں میں عرصے سے شامل تھی لیکن ہجوم کار مولوی صاحب کو اس عظیم منصوبہ کی تکمیل کا موقع فراہم نہیں کر رہا تھا بہ مشکل تمام ۱۹۵۵ء میں وہ اس کا آغاز کر سکے۔

۱۹۵۳ء میں مولوی عبد الحق صاحب نے انجمن ترقی اردو کی گولڈن جوبلی منعقد کی، جس کے اجلاس ۸ مئی ۱۹۵۳ء تا ۱۲ مئی ۱۹۵۳ء جاری رہے۔ اس میں برصغیر کے دونوں ممالک کے نمائندے شامل تھے اس موقع پر سب سے یادگار کام "پنجاہ سالہ تاریخ انجمن ترقی اردو" کی ترتیب و تدوین تھا جسے سید ہاشمی فرید آبادی نے انجام دیا تھا لیکن ۱۹۴۷ء کی المناک تباہی کا حال و تذکرہ مولوی عبد الحق صاحب نے خود تحریر کیا تھا۔

پاکستان ہجرت کرنے سے قبل مولوی صاحب کا وظیفہ خدمت جو انہیں سرکار عثمانیہ سے ملتا تھا وہ نہ صرف ان کی، بلکہ آئے گئے کی کفالت کے کام آتا تھا۔ لیکن پاکستان آنے کے ایک سال بعد یہ سلسلہ منقطع ہو گیا۔ ذاتی اثاثہ یہاں تک کہ تن کے کپڑے تک ۱۹۴۷ء کی لوٹ مار کی نذر ہو گئے، جس کے نتیجے میں ان پر ایک ایسا وقت بھی آیا کہ وہ کوڑی کوڑی کے محتاج ہو گئے اس زمانے میں ڈاکٹر عبادت بریلوی نے انہیں رائے دی کہ وہ انجمن سے کچھ مدد لیں لیکن مولوی عبد الحق صاحب جنہوں نے ساری عمر، اپنا تن من اور دھن نچھاور کیا تھا ان کی غیرت یہ کیسے گوارا کر سکتی تھی مولوی عبد الحق صاحب نے

۳۰ جنوری ۱۹۵۱ء کے اپنے مکتوب میں ڈاکٹر عبادت بریلوی کی تجویز رد کرتے ہوئے کہا:

"تم کہتے ہو میں اب کچھ انجمن سے لے لوں یہ ناممکن ہے مجھے فاقے کرنے منظور ہیں مگر انجمن سے کچھ لینا ہرگز منظور نہیں"

اس زمانے میں انجمن ترقی اردو کی مالی حیثیت بھی بہت کمزور ہو چکی تھی انجمن کی امداد بند تھی ادھر اردو کالج کھلنے سے اخراجات کا مزید بوجھ بڑھ گیا تھا مولوی عبدالحق صاحب کی فیاضی کی حد تو یہ تھی کہ انہیں جو پنشن بھی ملتی تھی وہ بھی انجمن کو عطیہ کر دیتے تھے ۱۹۵۱ء کے آخر میں انہیں کچھ رکے ہوئے پیسے ملے تو وہ بھی انجمن کو دے دیے مولوی عبدالحق صاحب خود اس موضوع پر تحریر کرتے ہیں:

"حکومت نے جو پنشن میرے لئے اپنی فیاضی اور قدر دانی سے عطا فرمائی تھی وہ میں نے انجمن کو منتقل کر دی ہے۔ انجمن رکھنا سب سے مقدم ہے۔ میں یا مجھ جیسے دوسرے افراد رہیں یا نہ رہیں، انجمن کا رہنا لازم ہے میں نے حقہ، چائے وغیرہ ترک کر دیئے ہیں اور اپنی ضرورتیں بہت کم کر دی ہیں۔ کھانے کے لئے میں نے تریسٹھ روپے ماہانہ رکھے ہوئے ہیں چند روپے دھوبی حجام کے سمجھ لیجئے کپڑوں کی ضرورت ہے نہ جوتوں کی البتہ دو تین طالب علموں کو مدد دیتا ہوں وہ کچھ مدت دیتا رہوں گا۔"

انجمن کی مالی حالت اس حد تک گر گئی کہ انجمن کے ملازمین کی تنخواہیں اور دفتر کے اخراجات بھی چلنا مشکل ہو گئے اور پیسے آنے کی کوئی سبیل نہ تھی، یہاں تک کہ انجمن کے تین رسالے (سائنس، معاشیات اور تاریخ سیاست) بھی تعطل کا شکار ہو کر بند ہو گئے اور انجمن کم و بیش چالیس ہزار روپے کی مقروض ہو گئی مجبوراً ۲۰ فروری ۱۹۵۱ء کو مولوی عبدالحق صاحب نے ملازمین کو سبکدوش کرنے کے نوٹس جاری کر دیئے جیسے ہی یہ خبر اخبارات میں شائع ہوئی، تہلکہ مچ گیا اور حکومت نے فوری طور پر پندرہ ہزار روپے کی

قلیل رقم کی امداد کا اعلان کیا۔ ادھر یہ انجمن کا بحرانی دور تھا، ادھر مولوی عبدالحق صاحب اور انجمن ترقی اردو کی مجلس ناظمین کے درمیان پہلے غلط فہمیاں اور پھر اختلافات پیدا ہونے لگے جس کے نتیجے میں انجمن ترقی اردو انتشار کا شکار ہو گئی۔

''اب وہ دور ابتلا آیا کہ انجمن کے کارکن جن سے مولوی عبدالحق کو توقعات تھیں، سازشیں کرنے لگے اور تخریبی کارروائیاں ہونے لگیں مولوی صاحب کا کتب خانہ سر بمہر کر دیا گیا اور ان کو رسوا کرنے میں کوئی کسر اٹھا نہ رکھی غرض ایسی اذیت پہنچائی کہ شرافت کو شرم آنے لگی۔''

مولوی عبدالحق صاحب کے لئے یہ دور بڑی اذیت کا دور تھا مولوی عبدالحق نے اپنی ساری زندگی انجمن کے لئے داؤ پر لگا رکھی تھی اور اب وہی انجمن جسے مولوی عبدالحق صاحب نے پالا، پوسا، جوان کیا، ایک ایسے موڑ پر لے آئی تھی جہاں مولوی عبدالحق صاحب انجمن کو خیر باد کہنے کے لئے تیار ہو گئے انہوں نے اس سلسلے میں ڈاکٹر عبادت بریلوی کو ۱۵ جون ۱۹۵۱ء کو تحریر کیا:

''میں اب انجمن سے بھی الگ ہونا چاہتا ہوں کالج اور انجمن کے کاموں میں الجھنیں پیدا ہونے لگی ہیں جس سے تضیع اوقات کے علاوہ طرح طرح کی فکریں دامن گیر ہو جاتی ہیں۔۔۔۔۔ انجمن کے سالانہ جلسے میں (جولائی میں کرنا چاہتا ہوں) انجمن کی ذمہ داری سے سبکدوش ہو جاؤں گا۔۔۔۔ اور دنیا سے کوئی واسطہ نہ رکھوں گا۔''

اس سارے پس منظر پر تفصیلی روشنی شمیم احمد صاحب نے اپنے مضمون ''شیخ عبدالخالق عبدالرزاق'' میں ڈالی ہے شیخ رزاق مجلس ناظمین کے سرگرم رکن، انجمن ترقی اردو اور اردو کالج کے خازن اور اس تحقیقی کمیٹی کے رکن تھے جو مولوی عبدالحق اور ان کے حریف گروپ کے معاملات کی تحقیق کرنے کے لئے قائم ہوئی تھی ان کا کہنا ہے:

''ایک زمانے میں مولوی صاحب بہت علیل رہتے تھے، اس وقت ایک صاحب نے ان کی خدمت کی اور اس بنا پر مولوی صاحب ان پر اعتماد کرنے لگے تھے اور یہی صاحب انجمن اور مولوی صاحب کے لئے بے حد خطرناک ثابت ہوئے۔ ابتدا میں تو صورت حال زیاد سنگین نہیں ہوئی تھی لیکن جب انجمن اور پریس کے تمام حسابات معرض خطر میں پڑنے لگے تو بات خطرناک مرحلوں میں داخل ہوگئی مجلس نظما اور مولوی صاحب کے درمیان اختلافات کی خلیج وسیع ہوتی گئی۔ مجلس معاملات کی گڑبڑ کی وجہ مذکورہ صاحب کو سمجھتی تھی اور مولوی صاحب اس بات کو برداشت ہی نہیں کرسکتے تھے۔۔۔۔ وہ ان صاحب کے خیال کے مطابق اس کی ذمہ داری مجلس کے اراکین پر عائد کرتے تھے اس کے علاوہ مولوی صاحب انجمن کے سلسلے میں اس وقت تک مطلق العنان ہستی رہے تھے بلکہ خود انجمن تھے وہ مجلس کے اعتراضات کو اپنے معاملات میں دخل اندازی کے مترادف سمجھتے تھے حالات اس قدر نازک ہوگئے کہ ایک تحقیقی کمیٹی قائم ہوئی جس کا ایک ممبر میں بھی تھا تحقیقاتی کمیٹی کے سامنے دونوں فریقوں کے بیانات آئے دونوں ایک دوسرے پر الزام لگارہے تھے ہم لوگوں نے ایک طریقہ وضع کیا کہ مذکورہ شخص کے بیانات اور عائد کردہ الزامات کی تحقیقات پہلے کی جائے، کیوں کہ مولوی صاحب بھی اس سے متفق تھے، اور پھر صحیح نتیجے پر پہنچنے پر سختی سے ان حالات کو ختم کرنے کی کوشش کی جائے۔ تحقیق شروع ہوئی اور ان صاحب کے الزامات غلط ثابت ہوئے۔ ہم نے یہی رپورٹ مرتب کرکے پیش کردی۔ مولوی صاحب کو اس سے اتفاق نہ تھا انہیں صدمہ بھی ہوا اور وہ ہم لوگوں سے ناراض بھی ہوگئے، مگر ایسے نہیں کہ تعلقات ختم ہوجائیں، بس ایک غبار دل پر آگیا۔''

حالات انتہائی ناگفتہ بہ ہوگئے کتب خانہ سربمہر کردیا گیا اور مولوی صاحب تن تنہا

عمارت کی آخری منزل پر مقید ہو کر رہ گئے کبھی کبھار کوئی پردیسی مولوی عبد الحق صاحب سے ملنے چلا آتا تو مولوی صاحب اپنی روداد غم سناتے۔ مولوی عبد الحق صاحب کی سب سے زیادہ ناراضگی انجمن کے کالج کے پرنسپل مولوی آفتاب حسن اور حکیم احسن اللہ خان سے تھی جس کا اظہار انہوں نے بار بار اپنے مکاتیب میں بھی کیا ہے اور نجی محفلوں میں بھی ذکر چھیڑا ہے۔ محمد طفیل مرحوم مالک و مدیر "نقوش" لاہور، نقوش کا مکاتیب نمبر شائع کرنے کے سلسلے میں مولوی عبد الحق صاحب سے ملے تو انہوں نے فرمایا:

"مولوی آفتاب (اردو کالج کے سابق پرنسپل) نے میرا ناطقہ بند کر رکھا ہے حتیٰ کہ میری بوڑھی ہڈیوں تک کو پیس ڈالا ہے اب ایسی باتیں یاد نہ دلاؤ اور چپکے سے لاہور چلے جاؤ اور میری بد بختی کے دن کٹنے کی دعا کرو۔"

اس تمام ہجوم غم نے مولوی عبد الحق صاحب کی صحت بگاڑ کر رکھ دی اور بیماریوں نے سر اٹھانا شروع کیا۔ انہوں نے ۱۹ نومبر ۱۹۵۷ء کو ڈاکٹر عبادت بریلوی کو تحریر کیا:

"میری صحت اچھی نہیں رہی۔ اب پھر خراب ہو گئی ہے کچھ دن ہوئے اسہال شروع ہوئے اب پیچش نے آگھیرا ہے۔ ادھر انجمن کی حالت بہت خراب اور ناگفتہ بہ ہے اور روز بروز نازک ہوتی جا رہی ہے محمود حسن خان نے جب سے معتمد ہوئے ہیں، اب تک انجمن میں قدم رنجہ نہیں فرمایا سارے اختیارات حکیم احسن (احسن اللہ خان) کو دے رکھے ہیں اس نے اودھم مچا رکھی ہے تغیر، تبدل، تعطل و برطرفی کا بازار گرم ہے۔ مجھے طرح طرح کی اذیتیں پہنچائی جاتی ہیں اصل کام معطل ہے، یہ بڑی طویل داستان ہے خط میں سمائی نہیں ہو سکتی۔"

اس قسم کا اظہار انہوں نے ۲۴ فروری ۱۹۵۹ء میں اسلامیہ کالج لاہور کی "بزم

فروغ اردو" کے اجلاس سے خطاب کرتے ہوئے کیا آپ نے فرمایا:

"مجھے تیس سال سے بڈھا بڈھا کہتے آ رہے ہیں۔ میں نے اپنے آپ کو کبھی بوڑھا نہ ہونے دیا۔ لیکن دو سال کے عرصے میں بعض غداروں اور دون فطرت ساتھیوں نے مجھ پر ایسے ایسے مظالم کیے کہ بڈھا ہو گیا ہوں۔"

انہوں نے انجمن کو تباہ کرنے کی، میرے رفیقوں اور ہمدردوں کو مجھ سے الگ کرنے کی کوشش کی تاکہ مجھے ختم کر دیں لیکن مجھے پھر بھی ختم نہ کر سکے انہوں نے سوچا کہ اس کا کام چھین لیا جائے تو یہ مر جائے گا۔ میں پھر بھی نہ مرا۔ میں اپنی جوانی پھر واپس لاؤں گا۔ میں مرنے کے لئے تیار نہیں ہوں اور اس وقت تک نہیں مروں گا جب تک اردو یونی ورسٹی قائم نہ کر لوں۔

دوست احباب مولوی عبدالحق کو چھوڑ کر چلے گئے تھے وہ لوگ جنہیں بچوں کی طرح پالا پوسا ان کی جان کے لاگو تھے اور مولوی عبدالحق صاحب کو محرومی اور احساس تنہائی کا شکار اور اسیر کر دیا تھا۔ نہ اخبار میں مولوی عبدالحق کا کوئی ذکر آتا تھا اور نہ کوئی خبر شائع ہوتی تھی اور وہ گوشہ تنہائی کے ساتھ ساتھ گوشہ گمنامی میں بھی چلے گئے تھے تحسین سروری صاحب کا بیان ہے:

"اب مولوی عبدالحق صاحب کے پاس صرف ابن انشا اور۔۔۔ جایا کرتے تھے میں بھی کبھی کبھی جاتا انجمن کا طباعتی پروگرام اور رسائل تو بند ہو گئے تھے لیکن "قومی زبان" تھا جو مولوی عبدالحق کی نگرانی میں جاری رہا۔ جب حالات انتہا کو پہنچ گئے اور مولوی صاحب کی کسمپرسی دیکھ کر جی اڈنے لگا تو ابن انشاء سے نہ رہا گیا انہوں نے "لیل و نہار" میں ایک مضمون لکھا جس میں مولوی صاحب کی خدمات کا جائزہ لیتے ہوئے مولوی صاحب کی حالت زار کا نقشہ کھینچ دیا۔ اب کیا تھا، قوم چونکی اخبارات میں مولوی صاحب

کی تائید میں بیانات اور اداریئے چھپنے لگے اس کے چند ہی ہفتے بعد ''لیل ونہار'' نے ایک پورا ''عبدالحق نمبر'' نکال دیا جس کے سرورق پر مولوی صاحب کی نہایت دیدہ زیب سہ رنگی تصویر چھپی۔''

عبدالرؤف عروج ''نیاراہی'' میں کام کرتے تھے انہوں نے بھی ایک ''عبدالحق نمبر'' نکال دیا مولوی عبدالحق کا مخالف گروپ یہ پروپیگنڈہ بھی کر رہا تھا کہ بابائے اردو اصل میں اردو اور انجمن ترقی اردو کے حق میں نہایت غیر مخلص ہیں یہ عجیب بے عقلی کی بات تھی۔

عملی طور سے انجمن ترقی اردو اور اردو کالج سے مولوی عبدالحق صاحب کا اخراج ہو چکا تھا، کتب خانہ بند تھا اور انجمن کی ترقی معکوس شروع ہو چکی تھی کہ ۱۸ اکتوبر ۱۹۵۸ء کو فیلڈ مارشل محمد ایوب خان برسر اقتدار آ گئے اور ملک میں مارشل لاء کا نفاذ ہو گیا۔ مولوی عبدالحق صاحب نے مارشل لاء کی حکومت اور مارشل لا ایڈمنسٹریٹر جنرل محمد ایوب خان سے انجمن کے معاملات میں مداخلت کی درخواست کی قدرت اللہ شہاب کے ذریعے مولوی عبدالحق صاحب کی ایوب خان صاحب سے ملاقات کا اہتمام اور انتظام ہو گیا:

''انقلاب کے بعد ایک روز بابائے اردو صدر ایوب خان سے ملنے آئے صدر نے انجمن کی داستان مصائب کو غور سے سنا اور ایک دم چپ ہو گئے اس کے بعد مجھ سے مخاطب ہو کر فرمایا مولوی صاحب تو اردو کے قائد اعظم ہوئے نا؟ انہیں انجمن سے بے دخل کرنا ایسا ہی ہے جیسا کہ پاکستان بن جانے کے بعد قائد اعظم کو دیس نکالا دے کر کسی اور ملک بھیج دیا جائے، چنانچہ دیکھتے ہی دیکھتے ایک مارشل لاء ریگولیشن تیار ہو گیا اور انجمن کا بابا از سر نو انجمن میں آ گیا۔''

سر بمہر کتب خانہ کھل گیا کتابوں کی گرد صاف ہوئی کتب خانے سے مرے ہوئے

پرندے اور بلبلاں چھینکی گئیں اور مارشل لاء ضابطہ ۲۱ کے تحت انجمن اور اس کے ملحقہ مجلس ناظمین توڑ دی گئی حلقہ الف مارشل لاء کی نگرانی میں انجمن کی نئی مجلس ناظمین مولوی عبد الحق کی قیادت اور راہنمائی میں تشکیل دی گئی کالج کی بازیابی ہوئی اور مولوی عبد الحق صاحب نے انجمن اور اردو کالج کے کام کا نئے عزم سے آغاز کیا ایک جامع لغت کے لئے ''ترقی اردو بورڈ'' کا قیام عمل میں آیا جس کا صدر مولوی عبد الحق صاحب کو مقرر کیا گیا۔

۱۹۵۹ء میں مولوی عبد الحق صاحب کو ان کی اعلیٰ خدمات کے صلے میں نشان قائد اعظم سے سرفراز کیا گیا اور دس ہزار روپیہ نقد انعام دیا گیا۔ لیکن مولوی عبد الحق صاحب نے اس موقع پر اپنی روایت کو نہ توڑا اور انعام کی یہ رقم اپنی ذات پر صرف کرنے کے بجائے فوری طور پر اردو یونیورسٹی کے نام منتقل کر دی تاکہ انجمن کی تحریک کو سنبھالا جاسکے اس موقع پر ان کے بہی خواہوں اور دوستوں نے انہیں تہنیت کے پیغامات روانہ کیے لیکن مولوی عبد الحق صاحب ایسی بھٹی سے نکلے تھے کہ خوشی و مسرت ان کے لئے بے معنی چیز ہو کر رہ گئی تھی اس سال مولوی عبد الحق صاحب کو ''آدم جی پرائز کمیٹی'' کا صدر نامزد کیا گیا۔

مولوی عبد الحق عزم کا پیکر تھے۔ لیکن اب وہ زندگی کے تیز و تند ۹۰ سال دیکھ چکے تھے اور انجمن کے المناک معاملات اور احباب کی چشم پوشیوں نے مولوی عبد الحق کو کھوکھلا کر دیا تھا اس لئے مولوی عبد الحق صاحب آئے دن بیمار رہنے لگے مجبوراً انہوں نے ''ترقی اردو بورڈ'' سے استعفیٰ دے دیا۔

مولوی صاحب کا عمر بھر یہ وطیرہ رہا تھا کہ جو کچھ اور جہاں کہیں سے انہیں ملتا یا وہ کماتے انجمن کی نذر کر دیتے۔ اس لئے اس آخری دور میں مولوی عبد الحق کے پاس اتنی

رقم بھی نہ تھی کہ وہ ڈھنگ سے اپنا علاج بھی کرا سکیں۔ انہوں نے اس سلسلے میں یکم جون ۱۹۶۱ء کو محمد علی صاحب کے نام اپنے ایک مکتوب میں (جو غالباً ان کی زندگی کا آخری مکتوب ہے) تحریر کیا:

"میں پچھلے دو تین مہینے سے پیچش اور یرقان میں مبتلا ہو گیا تھا گھر پر بہتیرا علاج معالجہ کیا لیکن حالت روز بروز بگڑتی ہی چلی گئی ۵ مئی ۱۹۶۱ء کو یہاں کے مشہور ہسپتال (جناح ہسپتال) میں داخل ہو گیا اور اب تک یہیں ہوں۔۔۔ یہاں کے مصارف بہت زیادہ ہیں اس لئے اب مجھے روپوں کی ضرورت پڑ گئی ہے۔"

جناح ہسپتال کراچی میں کچھ فائدہ بھی ہوا لیکن بد قسمتی سے ان دنوں کراچی میں شدید گرمی کی لہر آئی جس سے مولوی صاحب کا مرض پھر شدت پکڑ گیا۔ دن رات حکیم اسرار کریوی اور اعظم سواتی خدمت کرتے رہے لیکن مرض میں کمی نہ آئی جب مولوی عبدالحق صاحب کی خبر اخبارات میں شائع ہوئی تو فیلڈ مارشل ایوب خان صاحب نے مولوی عبدالحق صاحب کے نام ایک تار میں انہیں مری آنے کی پیشکش کی جہاں ان کا کمبائنڈ ملٹری ہسپتال میں صدر کے ذاتی معالج بریگیڈیر سرور کی نگرانی میں علاج کرانے کا عزم ظاہر کیا گیا تھا۔

مولوی صاحب نے جنرل ایوب خان کی اس پیشکش کو قبول کر لیا اور ۲۳ جون ۱۹۶۱ء کو تیز گام سے پنڈی روانہ ہو گئے ۲۴ جون ہی کو انہیں ہسپتال میں داخل کر دیا گیا جہاں مختلف معائنوں کے بعد پیچش اور یرقان کی شکایت تجویز ہوئی، لیکن دو ماہ کے مسلسل معائنوں کے بعد معلوم ہوا کہ مولوی عبدالحق صاحب کو جگر کا سرطان ہے۔

حکیم اسرار کریوی مولوی عبدالحق صاحب کے بہی خواہوں کو ان کی کیفیت سے آگاہ کرتے رہتے تھے۔ انہوں نے ۷ جولائی ۱۹۶۱ء کو سید ساجد کو یہ مایوس کن اطلاع دی:

"دو ماہ سے ان کے ساتھ ہوں اور حالات کے گہرے مطالعے اور مشاہدے سے جس نتیجہ پر پہنچا ہوں وہ یہ ہے کہ جہاں تک ظاہر حالات و کیفیات کا تعلق ہے مولوی صاحب قبلہ کی جاں بری کے امکانات، خاکم بدہن ختم ہو چکے ہیں ان کے معالجوں کا بھی کم و بیش یہی خیال ہے دوائیں جاری ہیں اور قسم قسم کی، لیکن شاید دواؤں کا وقت ختم ہو چکا ہے اور صرف مخلص عقیدت مندوں کی دعائیں ہی کچھ کر سکتی ہیں۔"

مولوی عبد الحق صاحب کی طبیعت نہ سنبھل سکی، چنانچہ مولوی صاحب کو دوبارہ کراچی میں پاکستان نیول ہسپتال میں منتقل کر دیا گیا جہاں وہ ڈاکٹر شوکت علی کے زیر علاج رہے۔

۱۵ اگست ۱۹۶۱ء کو ان کی طبیعت اچانک بگڑ گئی اور ۱۶ اگست ۱۹۶۱ء کو صبح آٹھ بج کر پینتالیس منٹ پر وہ اپنے مالک حقیقی سے جا ملے۔

اناللہ وانا علیہ راجعون

کمشنر کراچی جے اے مدنی خود ہسپتال گئے تدفین کا انتظام کیا گیا ان کے خدمت گار اعظم سواتی نے غسل دیا۔ میونسپل کارپوریشن گراؤنڈ میں مولانا احتشام الحق تھانوی نے نماز جنازہ پڑھائی اور ۱۴ ربیع الاول ۱۳۳۸ء بمطابق ۱۶ اگست ۱۹۶۱ء چھ بجے شام ان کی خواہش کے مطابق انجمن ترقی اردو کے صحن اور اس عمارت کے عقب میں سپرد خاک کر دیا گیا۔

حواشی

۱ "تایا ابا" از محمود حسین "قومی زبان" کراچی ۱۵ اگست ۱۹۶۱ء ص ۴۷

۲ "ابدی بھائی" از شیخ احمد حسن سہ ماہی "اردو" کراچی ۱۹۶۲ء ص ۲۰

۳ ''تایا ابا'' از محمود حسین ''قومی زبان'' کراچی اگست ۱۹۶۱ء ص ۲۷

۴ صوفی عبد الرشید از شمیم احمد ماہنامہ ''قومی زبان'' کراچی اگست ۱۹۶۳ء ص ۲۲۶

۵ صوفی عبد الحق (سوانحی خاکہ) از غیور عالم۔۔۔ ''قومی زبان'' کراچی ۱۹۶۷ء ص ۱۰۲-۱۰۳

۶ ''بابائے اردو بمبئی سے بلدیہ کراچی تک'' از فضل احمد صدیقی ''قومی زبان'' کراچی (بابائے اردو نمبر) ص ۶۴

۷ ''بابائے اردو کے بڑے بھائی'' از سراج احمد عثمانی ''قومی زبان'' کراچی اگست ۱۹۶۱ء ص ۱۸۰-۱۸۱

۸ ایضاً۔۔۔۔ص ۱۸۷

۹ ''ابدی بھائی'' از شیخ احمد حسن سہ ماہی ''اردو'' کراچی ۱۹۶۲ء ص ۲۳

۱۰ ''قومی زبان'' کراچی اگست تا دسمبر ۱۹۶۱ص ۱۲۳

۱۱ ''اقبال اور عبد الحق'' از ممتاز حسن مجلس ترقی ادب لاہور دسمبر ۱۹۷۳ص ۱۷

۱۲ ایضاً

۱۳ ''اردو کے دوسرے درویش کی کہانی'' از شاہد عشقی ایم اے'' ماہنامہ ''الشجاع'' کراچی''

ڈاکٹر عبد الحق نمبر اگست ۱۹۵۹ص:۳۱

۱۴ ''ذکر عبد الحق'' از ڈاکٹر سید معین الرحمن سنگ میل پبلی کیشنز لاہور ۱۹۸۵ء ص ۳۵

۱۵ ''ابدی بھائی'' از شیخ احمد حسن سہ ماہی ''اردو'' کراچی ۱۹۶۲ء ص ۲۰

۱۶ ایضاً

۱۷ "ذکر عبدالحق" از ڈاکٹر سید معین الرحمن، سنگ میل پبلی کیشنز لاہور ۱۹۸۵ء ص ۲۲

۱۸ مولوی عبدالحق صاحب نے اسلحہ کے حصول کے لئے جو فارم بھرا اس میں اپنے والد صاحب کا نام علی حسن تحریر کیا

۱۹ "ابدی بھائی" از شیخ احمد حسن سہ ماہی "اردو" کراچی ۱۹۶۲ء ص ۲۰

۲۰ ایضاً

۲۱ "تایا ابا" از محمود حسین قومی زبان کراچی ۱۵ اگست ۱۹۶۱ء ص ۲۷

۲۲ "چراغ انجمن افروز" از نصراللہ خاں "قومی زبان" کراچی ۱۹۶۱ء ص ۹۲

۲۳ "اردو کا معمار اعظم۔۔۔بابائے اردو مولوی عبدالحق" از اقبال خان یوسفی "برگ گل" عبدالحق نمبر ۱۹۶۳ء ص ۳۲۱

۲۴ "اردو کا معمار اعظم" از حکیم اسرار احمد سہ ماہی "مجلس" حیدر آباد دکن ۱۹۶۰ء ص ۵۸

۲۵ "اقبال اور عبدالحق" از ڈاکٹر ممتاز حسن مجلس ترقی ادب لاہور ۱۹۷۳ء ص ۱۷

۲۶ "ابدی بھائی" از شیخ احمد حسن سہ ماہی "اردو" کراچی ۱۹۶۲ء ص ۲۲

۲۷ غیر مطبوعہ خط بنام شیخ اکرام ربانی مرسلہ ڈاکٹر مولوی عبدالحق ۷ افروری ۱۹۵۳

۲۸ "بابائے اردو احوال وافکار" از ڈاکٹر سید معین الرحمن ص ۱۷۱

۲۹ "یادوں کے چراغ" از ڈاکٹر مولوی عبدالحق قومی زبان اگست ۱۹۶۰ء ص ۵

۳۰ ایضاً ص ۷

۳۱ ایضاً

۳۲ذکر عبدالحق از ڈاکٹر سید معین الرحمن ص ۳۲

۳۳ ''بابائے اردو مولوی عبدالحق حیات و علمی خدمات'' از شہاب الدین ثاقب ص ۲۴

۳۴ ''بزم سرسید کی آخری شمع'' از افضل صدیقی کراچی، ''قومی زبان'' ۱۵اگست ۱۹۶۱ص ۱۲۳

۳۵ ''اردو کے دوسرے درویش کی کہانی'' از شاہد عشقی ایم اے ''الشجاع'' کراچی ص ۳۱

۳۶ ''اقبال اور عبدالحق'' ڈاکٹر ممتاز حسن، لاہور، مجلس ترقی ادب ۱۹۷۳ء ص ۱۸

۳۷ ''ذکر عبدالحق'' ڈاکٹر سید معین الرحمن لاہور ۱۹۷۵ء ص ۴۲

۳۸ ''اردو کا معمار اعظم'' از حکیم اسرار احمد، حیدر آباد دکن، سہ ماہی ''مجلس'' ۱۹۶۰ص ۵۸

۳۹ ''بابائے اردو مولوی عبدالحق حیات اور علمی خدمات'' شہاب الدین ثاقب، کراچی، انجمن ترقی اردو، ۱۹۸۵ص ۲۵

۴۰ ''اقبال اور عبدالحق'' ڈاکٹر ممتاز حسن مجلس ترقی ادب لاہور ۱۹۷۳ء ص ۱۷

۴۱ ''ابدی بھائی'' از شیخ احمد حسن سہ ماہی ''اردو'' کراچی بابائے اردو نمبر ۱۹۶۲ء ص ۲۳

۴۲ ''تایاابا'' از محمود حسین ''قومی زبان'' کراچی ۱۹۶۱ء ص ۸۷

۴۳ ''ذکر عبدالحق'' سید معین الرحمن لاہور، سنگ میل پبلی کیشنز ۱۹۸۵ء ص ۳۲

۴۴ ''ابدی بھائی'' از شیخ احمد حسن، سہ ماہی ''اردو'' کراچی ۱۹۶۲ء ص ۳۲

۴۵ ''تایاابا'' از محمود حسین ''قومی زبان'' کراچی ۱۹۶۱ء ص ۷۵-۷۶

۴۶ ''مولوی عبدالحق'' از شاہد احمد دہلوی ''قومی زبان'' کراچی ۱۹۶۴ص ۱۶
۴۷ ''صوفی عبدالرشید'' از شمیم احمد ''قومی زبان'' اگست ۱۹۶۳ء ص ۲۲۶
۴۸ ''بابائے اردو کی کہانی ان کے معتمد کی زبانی'' ۔۔۔۔۔ از بشیر احمد قریشی ہاپوڑی کراچی ''فریڈم انٹرپرائزز'' ۱۹۸۳ء ص ۴۰
۴۹ مولوی عبدالحق (سوانحی خاکہ) از غیور عالم ''قومی زبان'' کراچی ۱۹۶۴ء ص ۱۰۸
۵۰ ''نواب معشوق یار جنگ سے ایک ملاقات'' از ڈاکٹر سید معین الرحمن ''قومی زبان'' کراچی اگست ۱۹۶۴ء ص ۳۲
۵۱ ''بابائے اردو'' از مولانا عبدالماجد دریا بادی ''قومی زبان'' کراچی، اگست ۱۹۶۱ء ص ۲۳۱
۵۲ ''بابائے اردو مولوی عبدالحق۔۔۔۔ حیات و علمی خدمات'' شہاب الدین ثاقب انجمن ترقی اردو کراچی ۱۹۸۵ء ص ۲۸
۵۳ ''یاد ایام عشرت'' از محمد اعظم سہ ماہی ''اردو'' کراچی ۱۹۶۲ء ص ۴۹
۵۴ ''ابدی بھائی'' از شیخ احمد حسن سہ ماہی ''اردو'' کراچی ۱۹۶۲ء ص ۱۳
۵۵ ''بیاد عبدالحق'' از محمد حبیب اللہ رشدی ''قومی زبان'' بابائے اردو نمبر ۱۹۶۷ء ص ۱۶۲
۵۶ ''خطبات عبدالحق'' از ڈاکٹر عبادت بریلوی انجمن ترقی اردو کراچی ۱۹۶۴ ص ۳۳۴
۵۷ ''مولوی عبدالحق اور رسالہ افسر'' از تحسین سروری ''قومی زبان'' کراچی ۱۹۶۶ء ص ۱۶۹

۵۸ ''مولوی عبد الحق اور رسالہ افسر'' از تحسین سروری قومی زبان کراچی ۱۹۶۶ء ص۱۶۹

۵۹ ''نقوش'' لاہور آپ بیتی نمبر ۱۹۶۴ء ص۵۳

۶۰ ''بیسویں صدی کا سر سید'' از پروفیسر سید محمد ''مجلس'' حیدر آباد دکن ۱۹۶۰ء ص۲۶

۶۱ ''سلسلہ روز و شب'' از محمد حبیب اللہ رشدی ''قومی زبان'' کراچی ۱۹۶۸ء ص ۹۱

۶۲ ''مولوی عبد الحق اور تعلیمات'' از محی الدین ''قومی زبان'' کراچی ۱۹۶۶ء ص ۱۹۷

۶۳ ''دکن پر مولوی صاحب کے احسانات'' از محی الدین ''قومی زبان'' کراچی ۱۹۶۶ء ص۷۰

۶۴ ''حیدر آباد میں مولوی ڈاکٹر عبد الحق کی خدمات پر ایک طائرانہ نظر'' از نصیر الدین ہاشمی ''الشجاع'' کراچی عبد الحق نمبر اگست ۱۹۵۹ ص۵۱

۶۵ ''مولوی عبد الحق اور رسالہ افسر'' از تحسین سروری ''قومی زبان'' کراچی ۱۹۶۶ء ص۱۶۹

۶۶ ''رسالہ افسر اور مولانا حالی'' از شیخ محمد اسماعیل پانی پتی ''قومی زبان'' کراچی ستمبر ۱۹۶۸ء ص۸۵

۶۷ ''مولانا ظفر علی خاں احوال و آثار'' از ڈاکٹر نظیر حسنین زیدی مجلس ترقی ادب لاہور جون ۱۹۸۶ء ص:۶۸

۶۸ ''مولوی عبد الحق اور تعلیمات'' از سید ساجد علی سہ ماہی ''اردو'' کراچی بابائے

اردو نمبر ۱۹۶۲ص ۳۰۷

۶۹ ”پنجاہ سالہ تاریخ انجمن ترقی اردو“ از: سید ہاشمی فرید آبادی انجمن ترقی اردو کراچی ۱۹۵۳ء ص ۲۷-۲۸

۷۰ ”بیاد عبدالحق“ از محمد حبیب اللہ رشدی ”قومی زبان“ بابائے اردو نمبر ۱۹۶۷ء ص ۱۹۳

۷۱ ”مجلس“ عبدالحق نمبر حیدر آباد دکن جنوری ۱۹۶۰ء ص ۲۲۲

۷۲ ”دکن پر مولوی صاحب کے احسانات“ از محی الدین احمد ”قومی زبان“ کراچی ۱۹۶۶ء ص ۴۷-۴۳

۷۳ ”عظیم انسان“ از غلام ربانی ”مجلس“ حیدر آباد دکن ۱۹۶۰ء ص ۱۷

۷۴ ”قومی زبان“ کراچی بابائے اردو نمبر ۱۹۷۰ء ص ۷۱

۷۵ ”ڈاکٹر مولوی عبدالحق“ از پروفیسر ہارون خاں شیروانی ”مجلس“ حیدر آباد دکن جنوری ۱۹۶۰ء ص ۳۸

۷۶ ”چند تاثرات“ از محمد احمد سبزواری ”قومی زبان“ کراچی اگست ۱۹۶۴ء ص ۳۲-۳۳

۷۷ ”قومی زبان“ کراچی اگست ۱۹۷۰ص ۱۳۶

۷۸ ”بابائے اردو مولوی عبدالحق حیات و علمی خدمات“ از شہاب الدین ثاقب، انجمن ترقی اردو کراچی ۱۹۸۵ء ص ۳۵

۷۹ پروفیسر محمود احمد خان (انٹرویو) از ڈاکٹر سید معین الرحمن قومی زبان کراچی (بابائے اردو نمبر)۱۹۶۶ء ص ۲۷۶

۸۰ ”مولوی عبدالحق۔۔۔۔۔۔میرے تاثرات“ از پروفیسر عبدالقادر سروری

''مجلس'' حیدر آباد دکن ۱۹۶۰ء ص ۵۵

۸۱ ذکر عبد الحق از: ڈاکٹر سید معین الرحمن ۱۹۸۵ء ص ۵۵

۸۲ ''حیدر آباد میں ڈاکٹر عبد الحق کی خدمات پر طائرانہ نظر'' از نصیر الدین ہاشمی ''الشجاع'' کراچی ص ۵۲

۸۳ ''پنجاہ سالہ تاریخ انجمن اردو'' مرتبہ، سید ہاشمی فرید آبادی انجمن ترقی اردو کراچی ۱۹۵۳ء ص ۷۶

۸۴ ایضاً ص ۱۰۶-۱۰۵

۸۵ ایضاً ص ۴۰

۸۶ ایضاً ص ۵۶

۸۷ ''بیاد عبد الحق'' از محمد حبیب اللہ رشدی ''قومی زبان'' کراچی (بابائے اردو نمبر) ۱۹۶۷ء ص ۱۶۰

۸۸ ذکر عبد الحق از ڈاکٹر سید معین الرحمن لاہور ۱۹۸۵ء ص ۶۰-۵۹

۸۹ ''پنجاہ سالہ تاریخ انجمن ترقی اردو'' مرتبہ سید ہاشمی فرید آبادی انجمن ترقی اردو کراچی ۱۹۵۳ء ص ۶۲

۹۰ ایضاً ص ۶۳

۹۱ ایضاً ص ۹۳

۹۲ ''سید ساجد علی کے نام'' ------ ''قومی زبان'' کراچی اگست ۱۹۷۰ء ص ۱۶۶-۱۶۵

۹۳ ''خطبات عبد الحق'' از ڈاکٹر عبادت بریلوی انجمن ترقی اردو کراچی ۱۹۶۴ء ص ۵۲۵-۵۲۴

۹۴ ایضاً ص ۵۲۲

۹۵ ''اردو کا زخمی سپاہی'' از سجاد مرزا مجلس حیدر آباد دکن ۱۹۶۰ء ص ۲

۹۶ ''نقوش و تاثرات'' حصہ اول از حکیم امامی انجمن ترقی اردو میسور ۱۹۵۸ء ص ۱۹۶-۱۹۷

۹۷ ''بیسویں صدی کا سر سید'' از پروفیسر سید محمد ''مجلس'' حیدر آباد دکن جنوری ۱۹۶۰ء

۹۸ ''عبد الحق۔۔۔۔۔ ہندوستانی ادب کے معمار'' از مختیار الدین احمد ساہتیہ اکیڈمی نئی دہلی ۱۹۸۴ء ص ۴۱

۹۹ ''پنجاہ سالہ تاریخ انجمن ترقی اردو'' مرتبہ سید ہاشمی فرید آبادی، انجمن ترقی اردو کراچی ۱۹۵۳ء ص ۱۷۵

۱۰۰ ''خطوط عبد الحق بنام عبادت بریلوی'' ترتیب و مقدمہ ڈاکٹر عبادت بریلوی ادارہ ادب و تنقید لاہور ۱۹۸۴ء ص ۴۱

۱۰۱ ''پنجاہ سالہ تاریخ انجمن ترقی اردو'' مرتبہ سید ہاشمی فرید آبادی، انجمن ترقی اردو کراچی ۱۹۵۳ء ص ۱۷۹

۱۰۲ ایضاً ص ۱۸۶-۱۸۵

۱۰۳ ایضاً ص ۲۰۳

۱۰۴ ایضاً ص ۲۰۰

۱۰۵ ایضاً ص ۲۰۴-۲۰۳

۱۰۶ ''مکتوب بنام امین زبیری'' قومی زبان کراچی (بابائے اردو نمبر) ۱۹۶۷ء ص ۱۴۴

۱۰۷ ''پنجاہ سالہ تاریخ انجمن ترقی اردو'' مرتبہ سید ہاشمی فرید آبادی انجمن ترقی اردو کراچی ۱۹۵۳ء ص ۲۲۷-۲۲۶

۱۰۸ ایضاً ص ۲۲۷

۱۰۹ ایضاً ص ۲۲۸

۱۱۰ ''اقبال اور عبدالحق'' مرتبہ ڈاکٹر ممتاز حسن مجلس ترقی ادب لاہور ۱۹۷۳ء ص ۴۴-۴۳

۱۱۱ ''ارد و مصفی'' مرتبہ عبدالحق جوبلی کمیٹی لاہور ناشر ابو تمیم فرید آبادی فروری ۱۹۶۱ء ص ۲۵۴

۱۱۲ ''خطوط عبدالحق بنام عبادت بریلوی'' مرتبہ ڈاکٹر عبادت بریلوی ادارہ ادب و تنقید لاہور ۱۹۸۴ء ص ۱۱۵

۱۱۳ ''پنجاہ سالہ تاریخ انجمن ترقی اردو'' مرتبہ سید ہاشمی فرید آبادی انجمن ترقی اردو کراچی ۱۹۵۳

۱۱۴ ایضاً ص ۱۸۵

۱۱۵ ''قومی زبان'' بابائے اردو نمبر اگست ۱۹۶۴ء ص ۲۳۹

۱۱۶ ''ذکر عبدالحق'' از ڈاکٹر سید معین الرحمن ۱۹۸۵ء ص ۸۷

۱۱۷ ''پنجاہ سالہ تاریخ انجمن ترقی اردو'' مرتبہ سید ہاشمی فرید آبادی انجمن ترقی اردو کراچی ۱۹۵۳ء ص ۲۳۲

۱۱۸ ''مکتوبات عبدالحق'' مرتبہ جلیل قدوائی کراچی، مکتبہ اسلوب ۱۹۶۳ء ص ۵۷۴

۱۱۹ ''اردوئے مصفی'' مرتبہ عبدالحق جوبلی کمیٹی لاہور ناشر ابو تمیم فرید آبادی

۱۹۶۱ء ص۳۱۹

۱۲۰ ایضاً ص ۳۲۰-۳۱۹

۱۲۱ "برگ گل" بابائے اردو نمبر کراچی اردو کالج ۱۹۶۳ء ص ۷۷-۷۶

۱۲۲ "مولوی صاحب" از ابن انشاء قومی زبان کراچی ۱۹۷۱ء ص ۶

۱۲۳ "پنجاہ سالہ تاریخ انجمن ترقی اردو" مرتبہ ہاشمی فرید آبادی، انجمن ترقی اردو کراچی ۱۹۵۳ء ص ۲۴۵

۱۲۴ "بزم خوش نفساں" از شاہد احمد دہلوی مرتبہ ڈاکٹر جمیل جالبی کراچی مکتبہ اسلوب ۱۹۸۵ء ص ۴۵-۴۴

۱۲۵ "مکتوبات عبدالحق" مرتب جلیل قدوائی اردو اکیڈمی کراچی ۱۹۶۳ء ص ۲۲۵

۱۲۶ "خطوط عبدالحق بنام عبادت بریلوی" از ڈاکٹر عبادت بریلوی ادارہ ادب و تنقید ۱۹۸۴ء ص ۹۲

۱۲۷ ایضاً ص ۱۴۲

۱۲۸ "مولوی عبدالحق دید و شنید" از محمد حسین خاں زبیری "قومی زبان" کراچی (بابائے اردو نمبر) ۱۹۶۶ء ص ۱۲۰

۱۲۹ "خطوط عبدالحق بنام عبادت بریلوی" از عبادت بریلوی ادارہ ادب و تنقید لاہور ۱۹۸۴ء ص ۱۱۶

۱۳۰ "شیخ عبدالخالق عبدالرزاق" از شمیم احمد "قومی زبان" کراچی بابائے اردو نمبر ۱۹۶۶ء ص ۳۰۵

۱۳۱ "جناب" از محمد طفیل ادارہ فروغ اردو لاہور ۱۹۷۰ء ص ۱۸

۱۳۲ ''خطوط عبد الحق بنام عبادت بریلوی'' از عبادت بریلوی لاہور ادارہ ادب و تنقید ۱۹۸۴ء ص ۲۹۳

۱۳۳ ''بابائے اردو اسلامیہ کالج لاہور میں'' از پروفیسر حمید اللہ خاں سہ ماہی ''اردو'' کراچی ۱۹۶۲ء ص ۳۶

۱۳۴ ''شمع انجمن فروزاں'' از تحسین سروری قومی زبان (بابائے اردو نمبر) کراچی ۱۹۶۳ء ص ۱۱۸

۱۳۵ ''اینٹ کا جواب روپیہ'' از قدرت اللہ شہاب ''قومی زبان'' کراچی ستمبر ۱۹۶۸ء ص ۱۴

۱۳۶ ''قومی زبان'' کراچی اگست ۱۹۷۰ء ص ۲۰۰

۱۳۷ ایضاً ص ۱۷۶

* * *

دوسرا باب

مولوی عبد الحق کا تصنیفی و تالیفی سرمایہ

مولوی عبد الحق صاحب ۱۸۸۸ء میں علی گڑھ آئے علی گڑھ اس زمانے میں بر صغیر کے مسلمان نوجوانوں کا مرکز نگاہ و قلب تھا بر صغیر کے گوشے گوشے سے مسلمان طلباء علی گڑھ میں داخلہ لینا اپنی شان اور عزت تصور کرتے تھے یونین سازی، کھیل کود اور مختلف انجمنیں علی گڑھ کی جان تھیں مولوی عبد الحق صاحب نے بھی علی گڑھ کے ماحول میں اپنے لئے ادبی میدان چن لیا مولوی عبد الحق صاحب تحریر کرتے ہیں:

''میں کالج کا ایک مٹھا طالب علم تھا۔ نہ کبھی کھیلوں میں شریک ہوا نہ یونین میں حصہ لیا اور نہ انتخاب پریذیڈنٹ و سیکرٹری کے ہنگاموں میں شامل ہوا کالج میں کئی انجمنیں تھیں، میں نے نہ ان میں شرکت کی البتہ ''اخوان الصفا'' میں جس کے بانی پروفیسر آرنلڈ تھے دو ایک مضمون پڑھے ایک مضمون میں نے سینٹ پال پڑھا اس دن سے طالب علم مجھے سینٹ پال کہنے لگے۔''

علی گڑھ کے زمانہ طالب علمی میں مولوی عبد الحق صاحب کو مضمون نویسی کے مقابلے میں ایک مضمون پر لارڈ ڈینس ڈاؤن تمغہ ملا۔ گو یہ سب کچھ طالب علمانہ سر گرمیاں اور شوق تھے لیکن سر سید احمد خان صاحب نے انہیں بھانپ لیا اور ''تہذیب الاخلاق'' میں ان سے کام لینا شروع کیا۔ سر سید احمد خان صاحب کی نظر کرم، حالی کا

قرب اور شبلی کی شاگردی نے اس جوہر کو کندن بنا دیا اور علی گڑھ کے زمانہ طالب علمی میں قلم سے جو رشتہ جوڑا وہ بستر مرگ تک قائم رہا اور لکھنا پڑھنا ہی مولوی عبد الحق صاحب کا اوڑھنا بچھونا بن گیا۔ مولوی عبد الحق نے اپنے ابتدائی مضامین کے سلسلے میں اپنے ایک خط مورخہ ۲۱ ستمبر ۱۹۵۱ء میں ڈاکٹر عبادت بریلوی کو تحریر کیا:

"میرے تین مضمون مجلہ عثمانیہ میں چھپے تھے ایک "ایہام" اور دوسرا "چندہ" "چندہ" تو کچھ لوگوں نے الگ بھی چھاپ دیا لیکن "ایہام" مجلہ عثمانیہ سے مل سکتا ہے تیسرا "قدیم اردو میں قرآن مجید کے ترجمے" "اردو" میں بھی چھپا تھا۔ ایک اور مضمون "انسانیت اور درندگی" مولوی ظفر علی خان کے رسالے میں چھپا تھا، جو کسی زمانے میں انہوں نے الہ آباد سے نکالا تھا یہ مضمون نصاب کی کتابوں میں بہت نقل ہوا ہے ایسے ہی مضامین قدیم علی گڑھ میگزین وغیرہ میں ہوں گے مگر وہ قابل ذکر نہیں "دکن ریویو" (ظفر علی خان) میں بھی کچھ مضمون لکھے تھے عالم اسلامی پر ایک مسلسل مضمون تھا جو کم و بیش ۳۰۰ صفحوں پر ختم ہوا مگر اس قابل نہیں کہ مجموعہ میں شامل کیا جائے، زمانہ بہت بدل گیا ہے۔"

مولوی عبد الحق صاحب کا باقاعدہ تصنیف و تالیف کا سلسلہ ۱۹۰۵ء میں مولانا ظفر علی خان کی کتاب "جنگ روس و جاپان" کے مقدمہ سے شروع ہوا اور اس کی آخری کڑی "قاموس الکتب" کا مقدمہ ہے جو انہوں نے بستر مرگ پر ۲۲ جون ۱۹۶۱ء کو جناح ہسپتال کے کمرہ نمبر تیرہ میں مکمل کیا۔

مولوی عبد الحق صاحب کی لوح و قلم کی اس طویل رفاقت نے اردو ادب کو انمول خزانوں سے بھر دیا۔

مولوی عبد الحق صاحب کی تصنیفی و تالیفی خدمات کا دامن بہت وسیع ہے۔ انہوں

نے بہت سی کتابیں تصنیف کیں ان میں اردو کی نشوونما میں صوفیا کرام کا حصہ، مرحوم دلی کالج، سر سید احمد خان (حالات و افکار) افکار حالی، نصرتی ملک الشعراء بیجاپور، سر آغاز خان کی اردو نوازی، اردو زبان میں اصطلاحات کا مسئلہ، مرہٹی زبان پر فارسی کا اثر، انتخاب کلام میر، چند ہم عصر، قواعد اردو اور اردو صرف و نحو جیسی کتب شامل ہیں جب کہ تالیفی سرمایہ میں دی اسٹینڈرڈ اردو ڈکشنری، اسٹوڈنٹس ڈکشنری، جیسی لغات ہیں اور اس کے علاوہ بہت سی ایسی قدیم کتب کی تدوین و ترتیب ہے جو گوشہ گمنامی میں تھیں۔ ان پر معلومات افزا مقدمات تحریر کئے جو اپنی جگہ خود تحقیقی و تخلیقی اور تصنیفی حیثیت رکھتے ہیں۔ سینکڑوں کتب کے دیباچے و تعارف مولوی عبدالحق صاحب کے زور قلم کا نتیجہ ہیں انجمن ترقی اردو کی رودادیں، اردو کی ترویج کی خاطر برصغیر کے گوشے گوشے اور کونے کونے میں دیئے گئے خطبات اور ہزاروں اپنوں اور غیروں کو لکھے گئے مکاتیب، یہ سب کچھ مولوی عبدالحق صاحب کا تصنیفی و تالیفی سرمایہ ہے، جس کی بدولت اردو زبان و ادب کا دامن وسیع ہوا۔

مولوی عبدالحق کے تصنیفی و تالیفی سرمایہ کا ایک کثیر حصہ ان کی زندگی میں ہی منظر شہود پر آچکا تھا لیکن ان کی بعض کاوشیں اور بالخصوص ان کے بکھرے ہوئے خطوط ان کے انتقال کے بعد مرتب ہو کر طباعت کے زیور سے آراستہ ہوئے اور اب بھی ان کے بہت سے مضامین اور خطوط غیر مطبوعہ شکل میں موجود ہوں گے ان کا جو بھی تصنیفی و تالیفی سرمایہ کتابی شکل میں سامنے آیا ہے اس کا عہد بہ عہد اور سال بہ سال جائزہ درج ذیل ہے:

گلشن ہند (مشہور شعرائے اردو کا ایک تذکرہ)

• ۱۹۳۰ء کے سیلاب میں شہر حصار (دکن) کی ندی میں کچھ سامان بہتا ہوا آیا اس میں

مولوی غلام محمد صاحب مدد گار کیبنٹ کونسل دولت عثمانیہ کو ایک تذکرہ شعراء ہاتھ لگا۔ انہوں نے اسے عبداللہ خان کو دیا، عبداللہ خاں نے وہ تذکرہ ۱۹۰۶ء لاہور سے طبع کرایا اور حیدر آباد دکن سے فروخت کیا۔

یہ تذکرہ مشہور مستشرق جان گل کرسٹ کی فرمائش پر میرزا علی لطف نے ۱۸۰۱ء میں علی ابراہیم خاں کے فارسی تذکرہ شعراء ''گلزار ابراہیم'' سے انتخاب کیا ہے انہوں نے تین سو بیس شعراء میں صرف اڑسٹھ شعراء کا حال فارسی سے اردو میں منتقل کیا ہے۔

مشفق خواجہ کی تحقیق ہے:

''فورٹ ولیم کونسل رپورٹ مرتبہ ۴ اپریل ۱۸۰۳ء کے مطابق اس تذکرے کو طباعت کے لئے پریس بھیج دیا گیا تھا (گل گرسٹ ص ۱۹۷) لیکن کسی وجہ سے یہ طبع نہیں ہوا''

اس تذکرے کی اشاعت میں عبداللہ خاں نے طویل اقتباسات، حوالہ جات اور بعض شعراء کے کلام کو حذف کر دیا ہے۔

گارسان و تاسی نے اپنے پانچویں خطبہ (۴ دسمبر ۱۸۵۴ء) میں اس تذکرے کی زبان کو اسلامی ہندوستانی یعنی اردو کا نام دیا ہے۔

عبداللہ خان نے اس تذکرے کی تصحیح شمس العلماء مولوی شبلی نعمانی سے کرائی اور مولوی عبدالحق صاحب نے مقدمہ تحریر کیا چونکہ تذکرہ جان گل کرسٹ کے ایما پر وجود میں آیا ہے، مولوی عبدالحق صاحب نے اپنے مقدمے میں مستشرقین کی اردو نوازی کا ذکر ضروری سمجھا اور فورٹ ولیم کالج کی ادبی خدمات اور تصانیف و تالیفات کا بھی جائزہ لیا۔ مقدمے میں ''انجمن پنجاب'' کا بھی ذکر کیا ہے اور ''نیچرل نگاری'' کی تحریک پر بھی روشنی ڈالی ہے۔

مولوی عبدالحق نے میرزا لطف علی کے حالات زندگی بھی بیان کئے ہیں اور ان کے ترجمہ کئے ہوئے تذکرے کی خوبیاں نمایاں کی ہیں۔ ان کی بعض تحریروں سے اختلاف بھی کیا ہے اور اپنے اختلاف کی دلیل میں دوسرے تذکروں کے مواد سے مدد لی ہے تذکرے کی زبان کے بارے میں مولوی عبدالحق صاحب رقم طراز ہیں:

"سو برس پہلے کی زبان ہے، جس سے زبان کے متعلق بہت کچھ پتہ لگایا جا سکتا ہے اور محقق علم اللسان اور نیز ان لوگوں کو جنہیں زبان کا چسکا ہے، بہت کچھ نئی باتیں معلوم ہو سکتی ہیں"

یہ تذکرہ ۱۹۰۶ء میں رفاہ عام اسٹیم پریس لاہور سے شائع ہوا تھا۔

انتخاب مضامین رسالہ "حسن"

رسالہ "حسن" حیدر آباد نے "تہذیب الاخلاق" کے بعد علمی و ادبی دنیا میں بہت شہرت حاصل کی۔ یہ رسالہ ۱۸۸۷ء میں حیدر آباد دکن سے شائع ہونا شروع ہوا تھا اس رسالے کو ملک کے نامور اہل قلم کا تعاون حاصل تھا اور اس میں ہر قسم کے بلند پایہ مضامین شائع ہوتے تھے تعلیم یافتہ حلقے میں اسے تہذیب الاخلاق کا جانشین اور نعم البدل تصور کیا جاتا تھا۔ مولوی عبدالحق اس کی تحریروں کو بہت اہمیت دیتے تھے اور بقول خود رسالہ کی اس خصوصیت نے انہیں اس کی منتخب تحریروں کو یکجا کر کے محفوظ کرنے پر مائل کیا وہ تحریر کرتے ہیں:

"لائبریوں میں بڑا عیب یہ ہوتا ہے کہ بہت سی علمی تحقیقاتیں جو مدتوں کے مطالعہ اور محنت کے بعد تحریر کی جاتی ہیں ایک دفعہ چھپ کر ایسی گم ہو جاتی ہیں کہ ڈھونڈے سے نہیں ملتیں۔"

مولوی عبد الحق صاحب نے اس انتخاب میں درج ذیل نو مضامین شامل کئے ہیں:

۱ابن رشد اور اس کے ہم عصر از نواب عماد الملک بہادر مولوی سید حسن بی اے

۲علم اللسان از شمس العلما مولوی سید علی

۳طلسم اعضائے انسانی ایضا

۴قبل از اسلام اہل عرب کا حال از مولوی محمد ذکا اللہ

۵تاج محل آگرہ از نواب عماد نواب جنگ بہادر

۶اہرام مصر از مولوی محمد ابو الحسن صاحب

۷قد آدم از محمد الکریم خاں صاحب آزاد

۸نیچرل چیزوں کی تسخیر میں ہزار درجہ

زیادہ فائدہ ملکوں کی تسخیر

۹النظری التاریخ از مولوی غلام الثقلین

اس انتخاب پر کہیں سن اشاعت درج نہیں ہے قومی زبان نے تحریر کیا ہے:

''قیاس ہے کہ ۱۹۱۰ء سے پہلے شائع ہوا''

مولوی عبد الحق کی ابتدائی تحریروں میں سے ایک مضمون ''قاہرہ کی مسجد عمرو'' رسالہ ''حسن'' کے جون ۱۸۹۴ء کے شمارے میں شائع ہوا تھا۔

رقعات اردو

مولوی عبد الحق صاحب نے زمانہ صدر مدرسی مدرسہ آصفیہ، یہ کتاب نواب عماد الملک ڈائریکٹر انسٹرکشن ریاست حیدر آباد کے کہنے پر بک کمیٹی کے واسطے تحریر کی۔ اس کتابچہ میں پرائمری اور چوتھی جماعت کے طالب علموں کے لئے خطوط نویسی کے رہنما

اصول بیان کئے گئے ہیں اور مختلف مراتب کے لوگوں کے لئے خطوں کے نمونوں سے ان کی وضاحت کی گئی ہے۔ یہ رقعات دو حصوں پر مشتمل ہیں۔

یہ کتاب ٹیکسٹ بک کمیٹی نے قاسم پریس حیدر آباد دکن سے شائع کی۔ لیکن کتاب کہیں بھی سن اشاعت نہیں دیا گیا۔

اعظم الکلام فی ارتقاء الاسلام

انگریز مصنف ریورنڈ ملکم میکال نے اپنے مضمون "کیا زیر حکومت اسلام اصلاحات کا ہونا ممکن ہے؟" کم پوری ریویو اگست ۱۸۸۱ء میں تحریر کیا تھا کہ "اسلام ترقی کی راہ میں رکاوٹ ہے"

مولوی چراغ علی نے اس مضمون کے جواب میں انگریزی میں ایک کتاب بعنوان "ریفارمز انڈر مسلم رول" تحریر کی تھی جس میں ملکم کے اعتراضات کا جواب دیا تھا جواب کو وزنی اور مدلل بنانے کے لئے قرآن مجید، احادیث اور تاریخی حوالوں سے ثابت کیا ہے کہ ملکم کا نظریہ درست نہیں ہے جب کہ اسلام روحانی، اخلاقی اور ذہنی ارتقاء میں آج بھی معاون ہے اور تعلیمات اسلامی ہر دور کے تقاضوں کو پورا کرنے کی صلاحیت رکھتی ہیں۔ مولوی چراغ علی نے اپنے خیالات کی تائید میں مغربی مفکرین کی آراء بھی دی ہیں۔

حکیم اسرار احمد کریوی تحریر کرتے ہیں:

"کتاب مولوی چراغ علی مرحوم نے ترکی کے سابق خلیفہ سلطان عبدالحمید مرحوم کے لئے لکھی تھی اور اسے انہیں کے نام معنون کیا تھا۔"

مولوی عبدالحق نے "ریفارمز انڈر مسلم رول" کا "اعظم الکلام فی ارتقاء الاسلام"

کے عنوان سے ترجمہ کیا ہے۔ دراصل ترجمہ کا آغاز خود مولوی چراغ علی نے کیا تھا لیکن یہ ترجمہ ابتدائی اوراق سے آگے نہ بڑھ سکا تھا مولوی عبد الحق نے "اس قدر حصہ اپنے ترجمہ کا خارج کر کے مصنف کا اصل ترجمہ داخل کر دیا۔"

یہ کتاب دو حصوں پر مشتمل ہے پہلا حصہ مسلمانوں کی سیاسی و قانونی اصلاحات سے تعلق رکھتا ہے اس میں بتایا گیا ہے کہ مسلمانوں نے اپنے دور عروج اور اقتدار میں کون کون سی انقلابی اصلاحات نافذ کیں اور کس طرح غیر مسلموں کو سیاسی آزادیاں عطا کیں اور فوائد پہنچائے مولوی عبد الحق فرماتے ہیں:

"مصنف نے اپنی کتاب میں سیاسی، تمدنی اور فقہی اصلاحات کی بنا قرآن پر رکھی ہے اور ان تمام اعتراضات کا جواب دیا ہے جو مخالفین کی جانب سے اسلام پر وارد کئے گئے ہیں نیز ان غلطیوں کو جو مسلمانوں میں رائج ہو گئی ہیں قرآن سے رد کیا ہے۔"

مولوی عبد اللہ خان نے اس حصہ کو ۱۹۱۰ء میں مفید عام پریس آگرہ سے شائع کیا تھا۔

دوسرا حصہ مسلمانوں کی تمدنی اصلاحات کے ذکر پر مشتمل ہے اس حصہ میں اسلام میں عورتوں کی حالت، ازدواج، طلاق، غلامی جیسے مسائل پر روشنی ڈالی گئی ہے۔ مولوی عبد الحق نے نہ صرف اس حصہ کا ترجمہ کیا ہے بلکہ اٹھاسی صفحات کا ایک مقدمہ بھی تحریر کیا ہے یہ مقدمہ دو حصوں پر مشتمل ہے، پہلے میں مولوی چراغ علی کے خاندانی پس منظر، حالات زندگی اور ان کے تصنیفی کارناموں کا ذکر ہے، جس سے معلوم ہوتا ہے کہ مولانا چراغ علی اپنے عہد کے بڑے محقق تھے انہیں کئی زبانوں پر عبور تھا نیز انہوں نے عیسائی مشنریوں اور مغربی مفکرین کے ان اعتراضات کے مدلل جواب تحریر کئے ہیں جو وہ سرکار کائنات حضرت محمد مصطفی صلی اللہ علیہ وسلم پر عائد کرتے رہے ہیں۔

مولوی صاحب نے اس مقدمہ میں مولانا چراغ علی کی کئی کتب کا بھی تعارف کرایا

ہے۔ ان میں تعلیقات (پادری عماد الدین کی کتاب ''تاریخ محمدی'' کا جواب) تحقیق الجہاد، محمد دی ٹروپرافٹ، اسلام کی دینی برکتیں، قدیم قوموں کی مختصر تاریخ اور زیر بحث کتاب ''ریفارمز انڈر مسلم رول'' شامل ہیں۔

مقدمہ کے دوسرے حصے میں مولوی چراغ علی کی کتاب ''ریفارمز انڈر مسلم رول'' کا تفصیلی جائزہ لیا ہے۔

یہ حصہ اس لئے بھی قابل ذکر ہے کہ یہ مولوی عبدالحق کی ہی زیر نگرانی ۱۹۱۱ء میں رفاہ عام اسٹیم پریس لاہور سے شائع ہوا تھا۔ مجموعی اعتبار سے یہ کتاب اسلامی قانون سازی کے لئے بھی اساسی حیثیت رکھتی ہے۔ مولوی عبدالحق نے بستر مرگ پر اپنی عیادت کے لئے آئے ہوئے صدر پاکستان فیلڈ مارشل ایوب خان سے اس کتاب کا تذکرہ کرتے ہوئے کہا تھا:

''اس کتاب میں مولوی چراغ علی مرحوم نے اس سوال پر بڑی مدلل بحث کی ہے کہ فروعی مسائل میں حاکم مجاز کو مفاد ملت کے پیش نظر مناسب ترمیم کا حق حاصل ہے اور خلفائے اسلام کے طرز عمل سے اس کی جابجا تائید ہوتی ہے۔''

قواعد اردو

مولوی عبدالحق صاحب نے یہ کتاب ۱۹۱۴ء میں دار الاشاعت انجمن ترقی اردو لکھنو سے شائع کی تھی اور یہ قواعد کی کتاب مولوی عبدالحق صاحب نے اس زمانے میں لکھی تھی جب وہ اورنگ آباد (دکن) کے صدر مہتمم تعلیمات تھے یہ کتاب انگریزی قواعد نویسی کے اصولوں پر مرتب کی گئی تھی۔

مولوی عبدالحق صاحب نے اس کتاب کے مقدمہ میں قواعد کی تعریف، تاریخ اور

قواعد نگاری بالخصوص مستشرقین کی قواعد نگاری کے ضمن میں ان کی کاوشوں کا جائزہ لیا ہے اور بتایا ہے کہ ان لوگوں نے کتنی کاوش و محنت سے اردو زبان کی اس صنف کے لئے خدمات انجام دی ہیں۔

مقدمہ میں قواعد کی ان کتابوں کا بھی ذکر ہے جو مقامی لوگوں نے تحریر کی ہیں قواعد نگاری کے اس تناظر میں مولوی عبد الحق صاحب نے اپنی قواعد مرتب کرنے کی غرض وغایت بیان کرتے ہوئے تحریر کیا ہے:

"عموماً" اور اکثر کسی زبان کی صرف و نحو اس وقت لکھی گئی ہے جب کہ کسی غیر قوم کو اس زبان کی تحقیق یا اس کے سیکھنے کی ضرورت واقع ہوئی کیوں کہ اہل زبان اس سے مستثنٰی ہوتے ہیں یہی حال اردو زبان کا ہوا اس کے صرف و نحو اور لغت کی طرف اول اول اہل یورپ نے بضرورت توجہ کی۔ اس کے بعد جب اہل ملک نے یہ دیکھا تو ان کے فائدہ کی غرض سے خود بھی کتابیں لکھنی شروع کیں۔۔۔۔۔ زبان اردو ملک کی عام اور مقبول زبان ہو گئی ہے اور ملک میں کثرت سے بولی جاتی ہے اور ہر جگہ سمجھی جاتی ہے۔۔۔ اس زبان کو کچھ ایسے مقامات کے لوگ بھی پڑھتے اور سیکھتے ہیں جن کی مادری زبان اردو نہیں ہے۔ اس لئے یہ ضرورت واقع ہوئی کہ اس زبان کے قواعد منضبط کئے جائیں اور مستند کتابیں لغت پر لکھی جائیں تا کہ زبان بگڑنے سے محفوظ رہے۔ میں نے اس کتاب کو لکھنے میں اس خیال کو مد نظر رکھا ہے اور صرف طلبائے مدارس کی ضرورت کا لحاظ نہیں کیا بلکہ زیادہ تر کتاب ان حضرات کے لئے ہے جو زبان کو نظر تحقیق سے دیکھنا چاہتے ہیں۔

مولوی عبد الحق نے "قواعد اردو" کو چار فصلوں میں تقسیم کیا ہے۔ فصل اول میں ہجا، اعراب اور حروف شمسی وقمری پر بحث ہے اس فصل میں انہوں نے حروف کی تاریخ بیان کی ہے اور حروف تہجی کی موجودہ صورتوں کی وضاحت ہے۔

دوسری فصل میں علم صرف کا بیان ہے اس حصے میں اسم، اسم کی اقسام، صفت، اس کی مختلف صورتوں، ضمائر اور فعل پر روشنی ڈالی ہے۔

تیسری فصل مرکب الفاظ کے بیان پر مشتمل ہے فصل چہارم کا تعلق نحو سے ہے اس حصہ میں نحو تفصیلی اور نحو ترکیبی کا ذکر ہے اس نحوی تراکیب کے بیان میں انہوں نے انگریزی قواعد کے اصولوں کو مدنظر رکھا ہے۔ مولوی عبدالحق لکھتے ہیں:

"انگریزی نحو (Syntax) کے ان عناصر کو جو اردو میں پورے اترتے ہیں اپنی قواعد میں شامل کرلیا ہے۔"

مولوی عبدالحق صاحب نے قواعد کے آغاز میں الفاظ کی تعریف کی ہے اور پھر ان کی اقسام کی بحث کو چھیڑا ہے آخر میں رموز و اوقاف (Punctuations) کے اصول بتائے ہیں۔

قواعد اردو کے بہت سے ایڈیشن شائع ہوئے ہیں ۱۹۳۶ء میں انجمن ترقی اردو اورنگ آباد ۱۹۴۰ء میں انجمن ترقی اردو دہلی نے اس کے ایڈیش شائع کئے ۱۹۵۱ء میں مولوی عبدالحق نے اس پر نظر ثانی کر کے مزید اضافوں کے ساتھ انجمن ترقی اردو پاکستان کے تحت شائع کی ۱۹۷۵ء اور ۱۹۸۱ء میں انجمن ترقی (ہند) نے دہلی سے شائع کی جب کہ عبدالحق اکیڈمی دہلی، ادبی دنیا دہلی اور ناز پبلشنگ ہاؤس دہلی نے بھی اسے طبع کیا لیکن سن اشاعت تحریر نہیں کیا۔ لاہور سے لاہور اکیڈمی نے اس کا ایک نیا ایڈیشن ۱۹۸۷ء میں شائع کیا۔ قواعد اردو سے ماخوذ کچھ حصے الگ الگ ناموں سے بھی شائع ہوتے رہے۔ ۱۹۲۳ء میں "مختصر قواعد اردو" علی گڑھ سے شائع ہوئی جب کہ انجمن ترقی اردو اورنگ آباد نے ۱۹۳۷ء میں اور اردو اکیڈمی سندھ کراچی نے ۱۹۶۹ , ۱۹۶۱ء میں "اردو صرف و نحو" کے عنوان سے مولوی عبدالحق صاحب کی کتابیں شائع کیں۔

دریائے لطافت

"دریائے لطافت" مرزا قتیل اور سید انشا صاحبان کی مشترکہ فارسی تصنیف ہے یہ کتاب ۱۲۲۲ھ مطابق ۱۸۰۲ء میں تالیف ہوئی تھی اور ۱۸۴۸ء مطبع آفتاب عالم مرشد آباد میں بہ تصحیح و اہتمام مسیح الدین خان بہادر کاکوری شائع ہوئی تھی۔ اس مایہ ناز کتاب کو ۱۹۱۶ء میں مولوی عبد الحق صاحب نے مرتب کر کے انجمن ترقی اردو اورنگ آباد کی طرف سے الناظر پریس لکھنو سے شائع کیا تھا۔

مولوی عبد الحق صاحب لکھتے ہیں:

"اس میں اردو صرف و نحو تو سید انشاء اللہ انشا کی تصنیف ہے اور دوسرا حصہ یعنی منطق، عروض و قافیہ و معانی مرزا محمد احسن قتیل کا تالیف کیا ہوا ہے۔ کتاب کی جان پہلا ہی حصہ ہے۔ اگرچہ اس سے قبل بعض اہل یورپ نے متعدد کتابیں اردو قواعد پر لکھی تھیں لیکن یہ پہلی کتاب ہے جو ایک ہندی اہل زبان نے اردو صرف و نحو پر لکھی اور حق یہ ہے کہ عجیب جامع اور بے مثل کتاب ہے۔ اردو زبان کے قواعد، محاورات اور روزمرہ کے متعلق اس سے پہلے کوئی ایسی مستند اور محققانہ کتاب نہیں لکھی گئی تھی۔"

دریائے لطافت مندرجہ ذیل نو ابواب پر مشتمل ہے:

۱ اردو زبان کی کیفیت

۲ دہلی کے مختلف فرقوں اور محلوں کی زبان

۳ دہلی کے روزمرہ اور محاورے (بالخصوص عورتوں کے محاورے)

۴ حرف کا بیان (فعل کے صیغے)

۵ نحو (اسم کا بیان)

۶ فعل

۷ حرکت وسکون

۸ فن بیان

۹ علم بدیع واصناف شعر

مولوی عبد الحق صاحب نے اپنے مقدمہ میں سید انشاء اللہ خان انشا کی اس لسانی خدمت کا بھرپور تجزیہ کیا ہے وہ لکھتے ہیں:

"سید انشاء نے دوسرے صرفیوں اور نحویوں کی طرح (حالانکہ وہ بعد میں ہوئے ہیں) آنکھوں پر پٹی باندھ کر عربی فارسی کی تقلید نہیں کی بلکہ انہوں نے زبان کی فطرت اور ساخت کو سمجھ کر اس کے اصول قائم کئے ہیں ان کی حیثیت مقلد کی نہیں بلکہ مجتہد کی ہے انشا کی یہ آزادی نظر سب سے زیادہ قابل تعریف ہے۔"

دوسری مرتبہ ۱۹۳۶ء میں مولوی عبد الحق نے "دریائے لطافت" کو پنڈت برج موہن دتاتریہ کیفی دہلوی کے ترجمہ اور اپنے مقدمہ کے ساتھ انجمن ترقی اردو (ہند) اورنگ آباد سے شائع کیا جس میں پنڈت کیفی صاحب کا دیباچہ بھی شامل ہے۔ پنڈت صاحب لکھتے ہیں:

"دریائے لطافت کا سن تالیف انیسویں صدی عیسوی کا آٹھواں برس ہے۔ اس زمانہ میں اور یورپ کی زبانوں اور علم وادب سے ناواقف محض ہونے کے باوجود سید انشا کا یہ کتاب تصنیف کرنا اور اس کی یہ پرداز رکھنا، ان کی دقت نظر اور سائنٹیفک تنقید اس روشنی کے زمانے میں محیر العقول ہے۔"

الغرض سید انشاء صاحب وہ پہلے شخص ہیں جنہوں نے اردو زبان کی اصل اور ہیئت پر تحقیق کی اور "دریائے لطافت" جیسی یادگار تالیف چھوڑی۔

انتخاب کلام میر

مولوی عبدالحق نے ۱۹۲۱ء میں میر تقی میر کے کلام کا انتخاب مرتب کیا اور اسے "انتخاب کلام میر" کے نام سے طبع کرایا۔ اس میں ۱۵۲ صفحات پر مشتمل کلام اور ۴۰ صفحات کا مقدمہ ہے مقدمے میں میر کے ذاتی احوال کے علاوہ ادب میں ان کا مرتبہ و مقام متعین کیا ہے۔ مولوی عبدالحق کا خیال ہے:

"کسی شاعر کے کلام پر اس کی طبیعت اور سیرت کا اس قدر اثر نہ پڑا ہو گا جتنا میر کے کلام میں نظر آتا ہے۔"

اور اس نظریہ کی بنیاد پر مولوی عبدالحق نے میر تقی میر کے مخفی اور ظاہر حالات زندگی، ان کے خاندان و وطن، ان کی دلی میں آمد اور خان آرزو سے تعلقات ان کی پریشان حالی، دلی کی بربادی پر لکھنو کی طرف ہجرت اور وہاں کے روز و شب اور میر کی آشفتہ مزاجی وغیرہ کا تفصیل سے ذکر کیا ہے۔

مرتب نے ابتدا غزلیات سے کی ہے اور ان کی ردیف کے اعتبار سے ترتیب دیا ہے اس کے بعد قطعات، رباعیات اور مستزاد ہندی ہیں۔ مخمسات میں مخمس در شہر گاما گفتہ شدہ اور شہر آشوب ہے، اور مثنویات میں جھوٹ، گھر کا حال، در ہجو خانہ خود، جوش عشق دنیا، مناجات در تعریف عشق اور خواب وخیال شامل ہیں۔

مولوی عبدالحق نے میر تقی میر کے بعض اردو اشعار کا شیخ سعدی کے ایسے فارسی اشعار سے موازنہ کیا ہے جو موضوع یا مفہوم کے اعتبار سے مماثلت رکھتے ہیں اور میر تقی میر کے کلام پر مجموعی تنقیدی نگاہ ڈالتے ہوئے لکھا ہے:

"میر صاحب کی رباعیات میں کچھ کم لطف نہیں اور بعض تو بہت اچھی ہیں ان کے علاوہ متفرق مخمس، مستزاد اور فرد وغیرہ ہیں۔ لیکن میر کا اصل رنگ غزل میں ہی پایا جاتا

ہے اور اس میں ان کا کوئی مقابلہ نہیں کر سکتا۔"

یہ کتاب ۱۹۲۱ء میں دائرۃ الافادہ حیدر آباد میں سے انجمن ترقی اردو اورنگ آباد نے شائع کرائی تھی۔

مثنوی خواب وخیال

میر اثر کی یہ مثنوی مولوی عبدالحق صاحب نے پہلی مرتبہ انجمن ترقی اردو اورنگ آباد (دکن) کے زیر اہتمام ۱۹۲۶ء میں مرتب کر کے اپنے مقدمہ کے ساتھ شائع کی تھی۔ اس کا دوسرا ایڈیشن انجمن ترقی اردو (پاکستان) نے ناظر پرنٹنگ پریس کراچی سے نستعلیق میں ۱۹۵۰ء میں شائع کیا گیا۔

میر اثر، خواجہ میر درد کے چھوٹے بھائی تھے۔ مختلف تذکروں میں ان کا ذکر آیا ہے۔ تفصیلی حالات نہیں ملتے تاہم ہر کسی نے یہی لکھا ہے کہ یہ خواجہ میر درد کی طرح درویش صفت تھے اور گوشہ نشینی کی زندگی گزارتے تھے اپنے بھائی میر درد کے مرید تھے اور سخن وری میں ان سے ہی تلمذ حاصل کیا تھا۔

قدرت اللہ شوق نے اپنے تذکرے "طبقات الشعراء" میں ان کا نام "میر محمدی" اور تخلص اثر لکھا ہے لیکن شوق کے علاوہ ہر تذکرہ نگاہ نے ان کا نام میر محمد لکھا ہے۔

صاحب تذکرہ "گلشن ہند" نے ان کا ذکر ذرا تفصیل سے کیا ہے اور نمونہ کلام کے علاوہ ان کی مثنوی کے چند اشعار بھی دیئے ہیں مرزا علی لطف کا بیان ہے:

"اثر تخلص، میر محمد نام، شاہ جہاں آبادی، چھوٹے بھائی تھے خواجہ میر درد مرحوم کے واقف تھے فن تصوف سے اور آگاہ تھے علم معرفت سے بطور درویشاں صاحب معنی کے گوشہ نشینی اختیار کی تھی اور درد اثر کے ساتھ نہایت طبیعت ہموار تھی بھائی اپنے سے

انہوں نے کسب کمال کا کیا ہے۔ سچ تو یہ ہے کلام ان کا چاشنی سے درد اثر کی آشنا ہے۔ ایک مثنوی بہت طولانی بیان عشق میں ان کی تصنیف ہے۔"

میر اثر کی یہ مثنوی کمیاب تھی لیکن مولوی عبد الحق صاحب نے دو نسخوں کی مدد سے مرتب کر کے اپنے مقدمہ کے ساتھ ٹائپ میں شائع کی تھی مثنوی کا متن ۱۳۵ صفحات پر پھیلا ہوا ہے ۱۶ صفحات کا مقدمہ اور ایک صفحہ غلط نامہ اس کے علاوہ ہے۔

مولوی عبد الحق صاحب نے جن دو نسخوں کی مدد سے اس مثنوی کو مرتب کیا ہے اس میں سے ایک ان کے بڑے بھائی شیخ ضیا الحق صاحب نے انہیں فراہم کیا تھا جب کہ دوسرا نسخہ انجمن اصلاح زیسنہ (بہار) کے کتب خانے سے مولوی نجیب اشرف نے روانہ کیا تھا۔

مولوی عبد الحق صاحب نے اپنے مقدمہ میں میر اثر کا تعارف کراتے ہوئے ان کے کلام کی قدر و قیمت پر روشنی ڈالی ہے اور میر اثر کی مثنوی "خواب و خیال" اور مرزا شوق کی مثنوی "بہار عشق" کے اشعار کا مقابلہ و موازنہ کر کے ثابت کیا ہے:

"اگر دونوں مثنویوں کے اس قسم کے اشعار برابر برابر رکھ کر پڑھے جائیں تو صاف معلوم ہو جائے گا کہ مرزا شوق نے "خواب و خیال" ہی کو اپنا نمونہ بنایا ہے۔"

"مثنوی خواب و خیال" ایسی مثنوی ہے جس میں کوئی مسلسل قصہ نہیں مختلف کیفیات و واردات قلبی بیان کی گئی ہیں اور محبوب کا سراپا کھینچا گیا ہے۔ موئے سر سے کف پا تک ہر ہر عضو پر مضمون باندھے گئے ہیں۔

مثنوی کا آغاز حمد و نعت سے ہوتا ہے اور اختتام پر مناجات دی گئی ہے۔ مناجات سے قبل ایک قطعہ اور ترجیع بند ہے جس میں میر اثر نے اپنے کلام پر خواجہ درد کے اثرات و تاثرات بیان کئے ہیں اور درد کو اپنا پیر و خواجہ بتایا ہے۔

چمنستان شعرا

رائے لچھمن نرائن شفیق کا تعلق لاہور کے کھتری خاندان سے تھا ان کے جد عالم گیری لشکر کے ہمراہ دکن آ گئے تھے۔ شفیق کے والد رائے منسا رام، نواب نظام الملک آصف جاہ کے عہد میں پیشکار و صدر نشین دکن تھے۔ وہ خود بھی صاحب تصنیف تھے اور ان سے "ماثر نظامی" اور "قانون دربار آصفی" منسوب ہے۔

شفیق ۱۱۸۵ء میں پیدا ہوئے اور گیارہ سال کی عمر سے شعر کہنے لگے ابتدا میں "صاحب" تخلص کرتے تھے، لیکن بعد میں تبدیل کر دیا وہ لکھتے ہیں:

"اب کہ میری عمر اٹھارہ سال کی ہے، مجھے یہ معلوم ہوا کہ ایک صاحب میر محمد مسیح کا تخلص فارسی میں صاحب ہے، تو میں نے میر صاحب قبلہ (آزاد بلگرامی) سے تخلص کی التجا کی۔ آپ نے از راہ شفقت، شفیق، تخلص عطا فرمایا۔"

شفیق اردو و فارسی کے شاعر ہونے کے علاوہ صاحب تصنیف بھی تھے اور انہوں نے شعراء کے تذکرے اور تاریخی کتب تحریر کی تھیں۔

۱۹۲۸ء میں مولوی عبد الحق نے ان کا تذکرہ "چمنستان شعرا" نسخ میں اورنگ آباد سے شائع کیا تھا۔ تذکرے میں ۲۱۳ شعراء کا بیان ہے۔ شعرا کے نام حروف تہجی کی ترتیب سے دیئے ہیں تذکرے کا آغاز سراج الدین خاں آرزو سے کیا ہے اور خاتمہ پر سید غلام کا حال درج ہے۔

مولوی عبد الحق نے اپنے مقدمے میں رائے لچھمن نرائن شفیق کی دوسری تصانیف کا بھی جائزہ لیا ہے۔ ان میں تاریخی کتب "حقیقت ہائے ہندوستان" "تنبیق شگرف" "ماثر آصفی" "بساط الغنائم" اور "حالات حیدر آباد" شامل ہیں اور تذکرے "شام غریباں" "گل رعنا" اور "چمنستان شعراء" ہیں "چمنستان شعراء" پر تفصیلی بحث کی ہے اور اس کا

مرتبہ و مقام متعین کرتے ہوئے وہ لکھتے ہیں:

"شفیق نے یہ تذکرہ اٹھارہ برس کی عمر میں لکھنا شروع کیا اور بغیر کسی کی مدد کے بہت تھوڑے عرصے میں ختم کر دیا ہے۔ اس عمر میں ایسی اچھی کتاب کا تالیف کرنا اعجاز سے کم نہیں ہے۔ کتاب کا نام "چمنستان شعراء" تاریخی ہے اور اس سے ۱۱۷۵ھ سن تالیف نکلتا ہے۔"

مولوی عبدالحق نے اس نسخے کو کتب خانہ آصفیہ سرکار عالی حیدر آباد (دکن) کے مخطوطے کی مدد سے مرتب کیا تھا انہوں نے اپنے مقدمے میں رائے لچھمن نرائن شفیق کا کچھ کلام مع اپنے تبصرے کے بطور نمونہ بھی شامل کیا ہے۔

یہ کتاب انجمن ترقی اردو نے مطبع انجمن اورنگ آباد سے ۱۹۲۸ء میں شائع کی تھی۔

ذکر میر

مولوی عبدالحق صاحب نے ۱۹۲۸ء میں میر تقی میر کی خود نوشت سوانح عمری انجمن ترقی اردو اورنگ آباد (دکن) سے ٹائپ میں شائع کی تھی جس پر انہوں نے ایک مقدمہ بھی تحریر کیا تھا۔ یہ خود نوشتہ سوانح عمری گوشہ گمنامی میں تھی۔ صرف ڈاکٹر سپونگر کی فہرست میں اس کا ذکر ملتا تھا۔ لیکن اتفاق سے ۱۲۲۲ھ (۱۸۰۸ء) میں مولوی عبدالحق صاحب کو اس کا ایک کتابت شدہ نسخہ مسلم ہائی اسکول اٹاوہ کے بانی مولوی بشیر الدین صاحب سے مل گیا۔

مولوی عبدالحق صاحب نے اسے مرتب کرنے کا منصوبہ بنایا جب پروفیسر محمد شفیع پرنسپل اورئینٹل کالج لاہور کو مولوی عبدالحق صاحب کے منصوبے کا علم ہوا تو انہوں نے بھی اپنی ملک میں ایک دوسرے نسخہ کی اطلاع دی اور مولوی عبدالحق صاحب کو مستعار

روانہ کیا۔ مولوی عبدالحق نے ان دونوں نسخوں کی مدد سے ''ذکر میر'' مرتب کیا ان دونوں نسخوں کا موازنہ کرتے ہوئے وہ تحریر کرتے ہیں:

''پروفیسر صاحب کا نسخہ اچھا لکھا ہوا نہیں ہے جیسا اٹاوے کا ہے اور ناقص بھی ہے یعنی ایک چوتھائی سے زائد کم ہے معلوم ہوتا ہے کہ آخری حصہ میر صاحب نے بعد میں بڑھایا ہے چنانچہ لکھنو جانے کا حال لاہور کے نسخہ میں مطلق نہیں۔ جہاں کہیں ان دونوں نسخوں کی عبارت میں اختلاف تھا، اس اختلاف کو ہم نے حاشیے میں (ن) کا نشان کر کے لکھ دیا ہے۔''

''ذکر میر'' میر تقی میر نے فارسی میں رقم کیا تھا۔ مولوی عبدالحق صاحب نے اس کی زبان فارسی ہی رہنے دی البتہ مضامین کے عنوانات شامل نسخہ نہیں تھے جو مولوی عبدالحق صاحب نے مرتب کرتے وقت تحریر کر دیئے ہیں۔ مشکل الفاظ اور محاورات کے معنی جس انداز سے میر تقی میر نے دیئے تھے، ویسے ہی چھاپ دیئے۔

مولوی عبدالحق نے اپنے اس مقدمہ میں ''ذکر میر'' کی روشنی میں میر تقی میر کے حالات درج کئے ہیں اور بتایا ہے کہ ''ذکر میر'' وہ داخلی شہادت ہے جس کی روشنی میں میر تقی میر کے سلسلے میں مبالغہ، قیاس آرائیوں اور حکایتوں کی دھند صاف ہونے میں مدد ملی ہے۔

''ذکر میر'' سے میر کے خاندانی پس منظر، حالات زندگی، عادات واطوار، آشوب زندگی اور اس کے رد عمل پر روشنی پڑتی ہے۔

مولوی عبدالحق صاحب تحریر کرتے ہیں:

''اس کتاب میں بعض مقامات ایسے آتے ہیں کہ اس کے پڑھنے کے بعد ان کی بعض نظموں کی اصل حقیقت معلوم ہوتی ہے اور لطف دوبالا ہو جاتا ہے۔''

''ذکر میر'' تاریخی نام ہے میر تقی میر نے اپنی اس کتاب کا قطعہ تاریخ خود لکھا تھا جس سے ان کی خود نوشت کا سال اتمام معلوم ہوتا ہے بقول مولوی عبد الحق:

''کتاب کا نام ''ذکر میر'' ہے جس کے عدد ۱۱۷۰ھ ہوتے ہیں اس میں ۲۷ ملایئے تو سن تالیف ۱۱۹۷ھ ہوئے۔''

کتاب کی تالیف کے وقت میر تقی میر نے اپنی عمر ساٹھ سال بتائی ہے۔ جس سے مولوی عبد الحق صاحب نے یہ نتیجہ نکالا ہے کہ میر تقی میر کا سن پیدائش تقریباً ۱۱۳۷ھ ہے۔

مخزن نکات

شیخ محمد قیام الدین قائم قصبہ چاند پور، ضلع بجنور (روہیل کھنڈ) کے رہنے والے تھے اور ملازمت کے سلسلے میں عرصہ دراز تک دلی میں رہے۔ مولوی عبد الحق نے تحریر کیا ہے:

''اگرچہ قائم چاند پور کے رہنے والے تھے لیکن ملازمت کے سلسلے میں ''بدو شعور'' سے ان کا رہنا دلی میں ہوا شاہ عالم بادشاہ کے عہد میں وہ شاہی توپ خانے کے داروغہ ہوگئے۔''

دلی زیر وزبر ہوتی ہی رہتی تھی ان کے عہد میں بھی ایسا ہی ہوا اور وہ دلی چھوڑ کر بجنور، ٹانڈہ اور رام پور میں تلاش معاش کے لئے سرگرداں رہے اور آخر ۱۲۰۸ھ مطابق ۱۷۹۳ء رام پور میں انتقال ہوا سن پیدائش محقق نہیں۔

پروفیسر ڈاکٹر اقتدا حسن کے اندازے کے مطابق ''قائم کی پیدائش ۱۱۳۵ھ اور ۱۱۳۸ھ (۱۷۲۳ء اور ۱۷۲۶ء) کے درمیان ہوئی ہے۔''

قائم نے اپنے قیام دلی کے زمانے میں ایک تذکرہ شعرائے اردو رقم کیا تھا۔ جس کی تاریخ آغاز اور تاریخ اختتام انہوں نے کہیں درج نہیں کی، تاہم خواجہ اکرام کے بیان سے یہ معلوم ہوتا ہے کہ خواجہ اکرام نے ایک قطعہ میں مخزن نکات سے اس تذکرے کی تاریخ ۱۱۲۸ھ نکالی تھی اور یہی نام انہوں نے اپنے تذکرہ شعرائے اردو کے لئے پسند کرلیا۔ ڈاکٹر فرمان فتح پوری تحریر کرتے ہیں:

"تذکرے کے مختلف تراجم کی روشنی میں محققین نے یہ رائے قائم کی ہے کہ مخزن نکات کا آغاز ۱۱۶۸ھ سے بہت پہلے ہوچکا تھا اور مولف نے ۱۱۶۸ھ کے بعد تک اس میں اضافے کئے ہیں۔"

مولوی عبدالحق نے اس تذکرے کے آغاز میں ۲۵ صفحات کا ایک مقدمہ مع ۱۸۰ اشعار ایک رباعی اور ایک قطعہ تحریر کیا ہے مقدمے میں قائم کے حالات زندگی، ان کے اساتذہ اور تذکرہ کی تالیف پر روشنی ڈالی ہے۔ مقدمہ ٹائپ میں ہے باقی صفحات لیتھو پر خط نستعلیق میں شائع ہوئے ہیں، جو اصل متن اور مختصر سے صحت نامے پر مشتمل ہیں قائم نے اس تذکرے میں شعراء کے تین طبقات بنائے ہیں:

طبقہ اول میں شعرائے متقدمین کا بیان اور اشعار ہیں

طبقہ دوم میں شعرائے متوسطین کا ذکر ہے

طبقہ سوم میں شعرائے متاخرین کا تذکرہ ہے

اس تذکرے میں صرف ۶۷ شعرا کو شامل کیا گیا ہے آخری شاعر مولف خود ہیں ہر شاعر کے حالات کے ساتھ اس کے کلام کا انتخاب بھی دیا ہے۔

اس کتاب کو انجمن ترقی اردو اورنگ آباد نے انجمن کے مطبع خانہ سے ۱۹۲۹ء میں شائع کیا۔

دیوان اثر

مولوی عبد الحق نے خواجہ میر اثر کے دیوان کا زیادہ حصہ دو قلمی نسخوں کی مدد سے مرتب کیا ہے۔ ایک نسخہ جامعہ ملیہ اسلامیہ دہلی کے کتب خانے میں تھا جو انہیں ڈاکٹر ذاکر حسین خان نے مستعار دیا تھا اور دوسرا کتب خانہ آصفیہ حیدر آباد دکن سے فرحت اللہ بیگ نے نقل کر کے بھیجا تھا۔ باقی کلام مولوی عبد الحق نے مختلف تذکروں اور دوسرے ذرائع سے جمع کیا تھا۔

اس دیوان میں ۱۰۰ غزلیں، ۶۵ رباعیات اور ۴۴ متفرق مطلعے ہیں سب سے زیادہ غزلیں ردیف ''ی'' کی ہیں جن کی تعداد ٦٦ ہے، ردیف ''الف'' میں ۲۴ اور ردیف ''ک'' میں دو ہیں ب، ت، ث، ج، ح، د اور ''ل'' کی ردیف میں ایک ایک غزل ہے۔ ردیف ''ن'' میں بھی ایک نامکمل غزل ہے دیوان کا آغاز ایک ایسی غزل سے ہوتا ہے، جس میں اثر نے حمد، نعت اور منقبت کو سمو دیا ہے اثر نے چھوٹی بحرین استعمال کی ہیں زبان سلیس ہے اور بیان میں بے ساختگی، مولوی عبد الحق نے اس کے کلام کے اسلوب و انداز کا موازنہ میر تقی میر کے کلام سے کیا ہے۔

مولوی عبد الحق کو تلاش کے باوجود اثر کے حالات زندگی نہ مل سکے۔ اس سلسلے میں وہ لکھتے ہیں:

''افسوس ہے کہ اثر کے حالات کہیں نہیں ملتے اس سے قبل ان کا کلام بھی مفقود تھا۔ بارے غنیمت ہے کہ اب ان کا کلام مل گیا ہے۔ مثنوی پہلے چھپ چکی ہے۔ اب دیوان شائع کیا جاتا ہے۔ دونوں نہایت قابل قدر ہیں۔ اردو کی بڑی بد قسمتی ہوتی اگر یہ گمنامی میں پڑے رہتے اور شائع نہ ہوتے، یہی ان کی کائنات ہے اور اس میں ان کی حیات کا سارا سرمایہ ہے۔ اگر ان کی زندگی کے حالات معلوم نہیں تو نہ ہوں۔ ان کے کلام کامل

جانا بہت بڑی فتح ہے۔ اردو کے دلدادہ کے لئے اس سے بڑی کوئی نعمت نہیں ہو سکتی۔"

انجمن ترقی اردو (ہند) اورنگ آباد نے یہ دیوان مسلم یونی ورسٹی پریس علی گڑھ سے ۱۹۳۰ء میں شائع کیا۔

باغ و بہار

میر امن دہلوی کی "باغ و بہار" اردو ادب کی لافانی تصنیف ہے جس کی ابدیت کے لئے میر امن دہلوی نے دعوے کیا ہے:

خزاں کا نہیں اس میں آسیب کچھ
ہمیشہ ترو تازہ ہے یہ بہار
مرے خون دل سے یہ سیر اب ہے
اور لخت جگر ہیں سب برگ و بار
مجھے بھول جاویں گے سب بعد مرگ
رہے گا مگر یہ سخن یادگار

اس تالیف کو جان گلکرسٹ اور میر امن دہلوی دونوں نے فارسی سے ترجمہ بتایا ہے اور اس کا مصنف امیر خسرو کو قرار دیا ہے۔ ڈاکٹر جان گلکرسٹ نے اپنے مختصر سے مقدمہ میں اس کا تعارف اس طرح کرایا ہے:

"اس کی تصنیف کا سبب یہ ہے کہ ایک دفعہ امیر خسرو کے پیر و مرشد حضرت نظام الدین اولیاء کی طبیعت ناساز ہوئی تب دل بہلانے کے لئے امیر خسرو نے یہ قصہ فارسی زبان میں رقم کیا اور اس کا نام "نو طرز مرصع" رکھا اردو میں اس کا ترجمہ سب سے پہلے میر حسین عطا خان تحسین نے کیا اور اس کا نام نو طرز مرصع رکھا لیکن اردو زبان کے ایک

معیاری نمونے کی حیثیت سے ان کا ترجمہ ناقص قرار پایا کیونکہ اس میں عربی اور فارسی کے فقروں اور محاوروں کی بہتات ہے۔ اس نقص کو دور کرنے کے لئے میر امن عالم و فاضل دلی والے نے جو کہ فورٹ ولیم کالج سے وابستہ ہیں عطا خان تحسین کے ترجمے سے یہ نیا اسلوب (Version) نکالا ہے۔"

میر امن دہلوی نے بھی جان گلکرسٹ کی اس بیان کی تائید اس طرح کی ہے:

"اب خداوند نعمت، صاحب مرو، نجیبوں کے قدر دان جان گلکرسٹ صاحب نے (کہ ہمیشہ اقبال ان کا زیادہ رہے، جب تک گنگا جمنا بہے) لطف سے فرمایا کہ اس قصہ کو ٹھیٹھ ہندوستانی گفتگو میں جو اردو کے لوگ، ہندو مسلمان، عورت مرد، لڑکے بالے، خاص وعام آپس میں بولتے چالتے ہیں ترجمہ کرو موافق حکم حضور کے میں نے بھی اس محاورے سے لکھنا شروع کیا جیسے کوئی باتیں کرتا ہے۔"

مولوی عبدالحق نے میر امن دہلوی کی "باغ و بہار" پر ۱۹۳۰ء میں توجہ دی اور اس پر ایک تفصیلی مضمون رسالہ "اردو" کے جولائی ۱۹۳۰ء کے شمارے میں شائع کیا بعد میں جب مولوی صاحب نے "باغ و بہار" مرتب کی تو اس مضمون کو بطور مقدمہ شامل کتاب کر لیا۔

مولوی عبدالحق نے جان گلکرسٹ کے اس خیال کو غلط ثابت کیا کہ "باغ و بہار" کا قصہ امیر خسرو کی چہار درویش سے ماخوذ ہے اور تحقیق کی ہے اس تالیف کا ماخذ صرف محمد حسین عطا خان تحسین اٹاوے والے کی تصنیف "نوطرز مرصع" ہے

مولوی عبدالحق نے امیر خسرو سے منسوب تصنیف کی تردید جن بنیادوں پر کی ہے ان میں پہلی دلیل یہ دی ہے کہ امیر خسرو کی تصانیف میں کہیں بھی قصہ چہار درویش کا تذکرہ نہیں ملتا، دوسرے آغاز قصہ میں جو "حمد" ہے اس کے مقطع میں "صفی" تخلص

آیا ہے جو خسرو کا نہیں بلکہ کسی غیر معروف شاعر کا ہے مولوی عبدالحق لکھتے ہیں:

"خسرو جیسے زبردست اور پر گو شاعر سے یہ توقع نہیں ہو سکتی کہ وہ کسی غیر معروف شاعر کی نظم حمد سے نقل کرتے، یہ ان کی طبیعت سے بعید معلوم ہوتا ہے اس سے یہ شبہ اور بھی قوی ہو جاتا ہے کہ یہ قصہ امیر خسرو کا لکھا ہوا نہیں تھا۔"

مولوی عبدالحق نے فارسی قصہ، نوطرز مرصع اور میر امن دہلوی کی باغ و بہار کے بعض حصوں سے عبارتوں کا مقابلہ اور موازنہ کیا ہے جس سے ثابت ہوتا ہے کہ میر امن کی باغ و بہار فارسی سے ترجمہ نہیں بلکہ اس کا ماخذ "نوطرز مرصع" ہے اور بعض بعض مقامات پر جملے کے جملے اور الفاظ بھی وہی ملتے ہیں جو نوطرز مرصع کے ہیں مولوی صاحب کا کہنا ہے:

"تعجب اس بات کا ہے میر امن نے فارسی کتاب اور اس کے ترجمے کا تو ذکر کیا مگر نوطرز مرصع کا ذکر صاف اڑا گئے"

مولوی عبدالحق کی یہ بات درست نہیں ہے کیوں کہ میر امن کی باغ و بہار کے سر ورق پر ہی درج ہے:

"باغ و بہار تالیف کیا ہوا میر امن دلی والے کا ماخذ اس کا نوطرز مرصع کہ وہ ترجمہ کیا ہوا عطا حسین خان کا ہے فارسی قصہ چہار درویش سے۔"

مولوی عبدالحق کے پیش نظر غالباً کوئی ایسا نسخہ تھا جس پر یہ سر ورق نہیں ہو گا اس کے باوجود مولوی صاحب موصوف نے جو نتائج اخذ کئے ہیں وہ ان کی تحقیقی صلاحیتوں اور بصیرت کے ترجمان ہیں۔

مقدمات عبدالحق (حصہ اول)

مرزا محمد بیگ نے مولوی عبد الحق صاحب کے تحریر کردہ ۱۴ مقدمات مولانا محمد حبیب الرحمان صاحب کے مقدمہ اور اپنے تحریر کئے ہوئے دیباچہ کے ساتھ بسلسلہ مطبوعات مکتبہ ابراہیمیہ حیدر آباد (دکن) سے ۱۹۳۱ء میں شائع کئے تھے۔

مولانا محمد حبیب شیر وانی صاحب نے ان مقدمات کی تعریف کرتے ہوئے اپنے مقدمہ میں تحریر کیا تھا:

''مولوی صاحب اپنے موضوع پر قلم اس وقت اٹھاتے ہیں جب اس پر پورا عبور حاصل کر لیتے ہیں نہ صرف کتاب پر بلکہ مصنف پر اور موضوع پر، اس لئے ان کے مقدمات میں یہ سہ گانہ پہلو روز روشن کی طرح عیاں نظر آتا ہے۔''

مرزا محمد بیگ صاحب نے اپنے دیباچہ میں مولوی عبد الحق صاحب کے مقدمات کی قدر و منزلت کا ذکر کیا ہے اور بتایا ہے کہ مولوی عبد الحق صاحب کے مقدمات ان کے لئے باعث کشش ہوئے انہوں نے ان مقدموں کو مرتب کرنا چاہا تو مولوی عبد الحق بہ مشکل اس بات پر رضا مند ہوئے پھر ان مقدمات پر مقدمہ لکھنے کے لئے اسی معیار کی شخصیت کی تلاش ہوئی۔ آخر نظر انتخاب مولانا محمد حبیب الرحمان شیر وانی صاحب پر پڑی۔

مرزا محمد بیگ صاحب نے مقدمات عبد الحق پر اظہار خیال کرتے ہوئے لکھا ہے:

''مولوی صاحب کا ہر وہ مقدمہ جو عموماً ہر ٹکسالی کتاب پر مرتب ہوا ہے اپنا مرتبہ آپ حاصل کر چکا ہے بقول مولوی عبد الحق صاحب کے وہ ''مقدمہ باز'' مشہور ہو چکے ہیں یہ لقب علمی معنی میں ایک ایسی خصوصیت رکھتا ہے کہ اردو مقدمہ نویسی کے فن میں مولوی صاحب کو زمانہ ہمیشہ معلم اول سمجھتا رہے گا۔''

مرزا محمد بیگ نے ان چودہ مقدمات کو تین حصوں میں تقسیم کیا ہے:

الف اسلامیات

ب سائنس و فلسفہ

ج تاریخ و تذکرہ

"مقدمات عبدالحق" میں مندرجہ ذیل مقدمات شامل ہیں:

۱ اعظم الکلام فن ارتقاء الاسلام مصنف: مولوی چراغ علی

مترجم: مولوی عبدالحق ناشر: مولوی عبداللہ خان کتب خانہ آصفیہ حیدر آباد (دکن)

مولوی چراغ علی صاحب نے یہ کتاب انگریز مصنف ریورنڈ ملکم کے اس مضمون کے جواب میں جو "ریفارمز انڈر مسلم رول" کے عنوان سے کتابی شکل میں شائع ہوا تھا، لکھی تھی جس میں اس نے تحریر کیا تھا کہ اسلام دور جدید کی اصلاحات کی راہ میں رکاوٹ ہے مولوی عبدالحق صاحب نے نہ صرف مولوی چراغ علی صاحب کی اس کتاب کا ترجمہ کیا بلکہ دو حصوں پر مشتمل ایک مقدمہ بھی لکھا مقدمہ کے پہلے حصہ میں مولوی چراغ علی صاحب اور ان کی دیگر تصانیف کا تعارف ہے اور دوسرے میں متذکرہ کتاب کے نفس مضمون کو زیر بحث لائے ہیں۔ کتاب کے حصہ دوم میں بھی یہی مقدمہ جوں کا توں شامل ہے اس کتاب کا یہ پہلو بھی قابل ذکر ہے کہ یہ مولوی عبدالحق صاحب ہی کی نگرانی میں رفاہ عام اسٹیم پریس لاہور سے ۱۹۱۱ میں شائع ہوئی۔

۲ تحقیق الجہاد

مصنف: مولوی چراغ علی مترجم: مولوی غلام الحسنین

ناشر: مولوی عبداللہ خان طابع: رفاہ عام اسٹیم پریس، لاہور

سن اشاعت: ۱۹۱۳ء

۳معراج العاشقین

مصنف: سید محمد حسینی بندہ نواز گیسو درازؒ

مرتب: مولوی عبدالحق ناشر: غلام محمد انصاری وفا مدیر ''تاج'' حیدر آباد

طابع: تاج پریس حیدر آباد دکن سن اشاعت: ۱۳۴۳ھ ۱۹۴۳ء

۱ یہ کتاب امریکی مصنف واشنگٹن اورنگ کی اس کتاب کے جواب میں ہے جس میں اس نے تحریر کا ے تھا کہ اسلام بزور شمشیر پھیلا کتاب میں ثابت کیا ہے کہ حضور کریمؐ کے تمام غزوات دفاعی تھے اور صحابہ نے مدافعت میں جہاد کئے ضمیمہ کا ترجمہ مولوی عبد الغفور صاحب نے کیا ہے۔

۲ ڈاکٹر جمیل جالبی صاحب کا دعوی ہے کہ خواجہ گیسو دراز ''معراج العاشقین'' کے مصنف نہیں ہے وہ لکھتے ہیں'' اب یہ بات بھی پایہ ثبوت کو پہنچ گئی ہے کہ گیارھویں صدی ہجری کے اواخر یا بارھویں صدی ہجری کے اوائل کی تصنیف ہے اور اس کے مصنف مخدوم شاہ حسینی بیجاپوری ہیں۔''

۴معرکہ مذہب وسائنس

مصنف: ڈاکٹر جان ولیم ڈربیر مترجم: مولوی ظفر علی خان

طابع: رفاہ عام پریس لاہور سن اشاعت ۱۹۱۰ء

۵مبادی سائنس

مترجم: مولوی معشوق حسین خان ناشر: انجمن ترقی اردو حیدر آباد (دکن)

طابع: مطبع اختر حیدر آباد (دکن) سن اشاعت ۱۹۱۰ء

۶مشاہیر یونان وروما

مصنف: پلوٹارک مترجم: سید ہاشمی فرید آبادی

ناشر: انجمن ترقی ہند، دہلی طابع: مفید عام پریس لاہور

سن اشاعت ۱۹۴۳ء

۷ جنگ روس و جاپان

مصنف: مولوی ظفر علی خان ناشر: مطبع اختر حیدر آباد دکن

طابع: مطبع اختر حیدر آباد (دکن) سن اشاعت ۱۹۰۵ء

۸ حیات النذیر

تالیف: مولوی سید افتخار عالم مارہروی طابع: شمسی پریس دہلی

سن اشاعت ۱۹۱۲ء

۹ تذکرہ گلشن ہند

مصنف: مرزا علی لطف مرتبہ: مولوی شبلی نعمانی

ناشر: عبد اللہ خان، کتب خانہ آصفیہ حیدر آباد (دکن)

طابع: رفاہ عام اسٹیم پریس لاہور سن اشاعت ۱۹۰۶ء

۱۰ ماثر الکرام

مصنف: مولانا غلام علی آزاد بلگرامی

ناشر: کتب خانہ آصفیہ حیدر آباد (دکن) طابع: مفید عام پریس آگرہ

سن اشاعت ۱۹۱۰ء ۱۳۲۸ء

۱۱ تذکرہ مخزن نکات

مصنف: محمد قیام الدین قائم چاند پوری مرتبہ: ملوی عبدالحق

ناشر: انجمن ترقی اردو اورنگ آباد طابع: مطبع انجمن ترقی اردو اورنگ آباد

سن اشاعت ۱۹۲۹ء

۱۲اچمنستان شعراء

مصنف: لچھمن نرائن شفیق اورنگ آبادی مرتبہ: مولوی عبد الحق

ناشر: انجمن ترقی اردو اورنگ آباد طابع: مطبع انجمن ترقی اردو اورنگ آباد

سن اشاعت ۱۹۲۸

۱۳اذکر میر

مصنف: میر تقی میر مرتبہ: مولوی عبد الحق

ناشر: انجمن ترقی اردو اورنگ آباد (دکن) طابع: انجمن اردو پریس اورنگ آباد (دکن)

۱۴اتمدن ہند

مصنف: موسیو گستالیبان مترجم: مولوی سید علی بلگرامی

ناشر: شمسی پریس آگرہ طابع: مطبع شمسی آگرہ

سن اشاعت ۱۹۱۳ء

مقدمات عبد الحق (حصہ دوم)

یہ حصہ اول سے پیوستہ ہے، اس لئے اس میں کوئی مقدمہ یا دیباچہ نہیں ہے یہاں تک کی فہرست کا سلسلہ بھی حصہ اول کی ترتیب سے آگے بڑھا ہے۔ مثلاً حصہ اول کی فہرست میں مقدمات کی تقسیم الف، ب، ج ہے تو اس میں د، ھ، و وغیرہ

یہ حصہ بھی سلسلہ مطبوعات ابراہیمیہ حیدر آباد (دکن) ۲۲۰ کے تحت شائع ہوا تھا متن ۲۱۲ صفحات پر پھیلا ہوا ہے کتاب کے آخر میں ۸ صفحات کا غلط نامہ ہے

کتاب مندرجہ ذیل مقدمات پر مشتمل ہے:

ا انتخاب کلام میر

مولفہ: میر تقی میر مرتبہ مولوی عبد الحق

ناشر: انجمن ترقی اردو اورنگ آباد طابع: ادارہ الافادہ حیدر آباد (دکن)

سن اشاعت ۱۹۲۱ء

۲ مسدس حالی

مصنف: الطاف حسین حالی مقدمہ و تنقید: مولوی عبد الحق

ناشر: دار الاشاعت کانپور طابع: نامی پریس کانپور

سن اشاعت ۱۹۲۹ء

۳ دیوان اثر

مولفہ، محمد میر اثر مرتبہ: مولوی عبد الحق

ناشر: انجمن ترقی اردو اورنگ آباد طابع: مسلم یونی ورسٹی پریس علی گڑھ

سن اشاعت ۱۹۳۰ء

۴ مثنوی خواب و خیال

مولفہ: محمد میر اثر مرتبہ: مولوی عبد الحق

ناشر: انجمن ترقی اردو اورنگ آباد طابع: انجمن اردو پریس اورنگ آباد

سن اشاعت ۱۹۳۶

۵ سی پارہ دل

مصنف: خواجہ حسن نظامی ناشر: خواجہ بک ڈپو دہلی

طابع: دلی پرنٹنگ پریس دہلی سن اشاعت ۱۹۲۱ء

۶ خطوط عطیہ بیگم

مرتبہ: محمد امین زبیری (و) سید محمد یوسف قیصر

ناشر: ظل السلطان بک ایجنسی بھوپال طابع: شمسی مشین پریس آگرہ

سن اشاعت (س ن)

۷ باغ و بہار

مصنف: میر امن دہلوی مرتبہ: مولوی عبد الحق

ناشر: انجمن ترقی اردو طابع یونیورسٹی پریس علی گڑھ

سن اشاعت ۱۹۴۴ء

۸ قواعد اردو

مولفہ: مولوی عبد الحق ناشر: دار الاشاعت انجمن ترقی اردو لکھنو

طابع: الناظر پریس لکھنو سن اشاعت ۱۹۱۴ء

۹ دریائے لطافت

مولفہ: سید انشا اللہ خان انشا مترجم: برج موہن دتاتریہ کیفی

ناشر: انجمن ترقی اردو اورنگ آباد (دکن) سن اشاعت ۱۹۱۶ء

۱۰ فرہنگ اصطلاحات علمیہ

مرتبہ: انجمن ترقی اردو اورنگ آباد طابع: انجمن ترقی اردو اورنگ آباد

ناشر: انجمن پریس اورنگ آباد سن اشاعت ۱۹۲۵ء

۱۱ تجر دو ازدواج

مصنف: سید محمد تقی طابع: مطبع فیض عام علی گڑھ

ناشر: مطبع فیض عام علی گڑھ سن اشاعت ۱۹۰۷ء

۱۲ مطبوعات دار الترجمہ عثمانیہ

مرتبہ: سررشتہ تالیف وترجمہ جامعہ عثمانیہ حیدر آباد دکن
طابع: عثمانیہ یونیورسٹی پریس ناشر: دار المطبع جامعہ عثمانیہ
اشاعت ۱۹۴۸ء

سب رس

مولوی عبد الحق کسی کتاب کو مرتب کرنے سے پہلے عموماً اس کا تعارف رسالہ ''اردو'' میں کراتے تھے ملا وجہی کی ''سب رس'' پر بھی انہوں نے اکتوبر ۱۹۲۴ء میں ایک مضمون بعنوان اردو نثر کی ایک قدیم کتاب: سب رس لکھا جس میں کتاب کی قدامت کا ذکر انہوں نے ان الفاظ میں کیا ہے:

''اب تک اردو نثر کی پہلی کتاب فضلی سے منسوب کی جاتی تھی اور اس کی کربل کتھا اردو نثر کی پہلی کتاب سمجھی جاتی تھی لیکن حال ہی میں معلوم ہوا کہ فضلی سے کہیں پہلے نثر میں بہت سی کتابیں لکھی گئی تھیں مگر پردہ اخفا میں تھیں تحقیق و جستجو نے اب انہیں گمنامی سے نکالا ہے انہی میں ایک قابل قدر کتاب ''سب رس'' ہے''

سب رس کا مصنف ملا وجہی تھا جو عبد اللہ قلی قطب شاہ (۱۰۳۵ھ ۱۰۸۲ / ۱۶۲۵ء ۱۶۷۲ / ئ) کا درباری شاعر تھا۔ ملا وجہی نے یہ قصہ عبد اللہ قلی قطب شاہ کی فرمائش پر ہی قلم بند کیا تھا۔

مولوی عبد الحق کا خیال ہے کہ یہ قصہ ملا وجہی کا طبع زاد نہیں ہے بلکہ اس کا ماخذ مثنوی ''دستور عشق'' ہے جو محمد یحیی ابن سیک فتاحی نیشاپوری کی تحریر ہے جسے اس نے ''شبستان خیال'' اور ''حسن و دل'' کے ناموں سے الگ الگ بھی تحریر کیا ہے مولوی عبد الحق تحریر کرتے ہیں:

”میرا تو قیاس یہ ہے کہ وجہی کو فتاحی کی حسن و دل جو نثر میں ہے ہاتھ لگ گئی تھی۔“

مولوی عبدالحق کی تحقیق ہے کہ ملا وجہی سے قبل بھی یورپ اور برصغیر کے بعض مصنفین و شعرا نے اس قصے کا فارسی، ترکی اور انگریزی وغیرہ میں ترجمہ کیا ہے۔ البتہ ملا وجہی کو اردو میں یہ قصہ تمثیل کرنے کی اولیت حاصل ہے اور ماخوذ ہونے کے باوجود وجہی نے اسے طبع زاد کے قریب تر کر دیا ہے۔ یہ قصہ تمثیلی انداز سے پند و نصائح کا مرقع بھی ہے اور حسن و عشق کی داستان بھی۔

مولوی عبدالحق نے وجہی کی ”سب رس“ کا خلاصہ اپنے مقدمہ میں مروجہ اردو میں کیا ہے۔ وہ لکھتے ہیں:

”سب رس کی زبان تین سو برس پہلے کی ہے اور وہ بھی دکن کی بہت سے لفظ اور محاورات ایسے ہیں جو اب بالکل متروک ہیں اور خود اہل دکن میں بھی نہیں سمجھے جاتے اس لئے کتاب کے آخر میں ایک فرہنگ بھی لگا دی ہے۔“

”سب رس“ کا نسخہ مولوی عبدالحق نے دو قدیم نسخوں کی مدد سے مرتب کیا ہے جس میں سے ایک نسخہ انہیں حیدر آباد دکن اور دوسرا بیجاپور سے ملا تھا یہ دونوں نسخے ۱۱۷۱ھ اور ۱۱۷۷ھ کے کتابت شدہ ہیں۔

ملا وجہی نے کہیں بھی قصہ کے آغاز کا سن نہیں دیا ہے لیکن قصہ کے اختتام پر نغلی کرتے ہوئے تحریر کرتے ہیں:

”بارے جس وقت تھا ایک ہزار و چہل و پنج اس وقت ظہور پکڑیا یو گنج جو کوئی صاحب اچھے گا، جو کوئی صاحب فن اچھے گا اسے یو سخن اثر کرے گا مست بے خبر کرے گا اپنا کرے گا اپنی ادھر کرے گا“

وجہی کے اس بیان سے یہ ظاہر ہوتا ہے کہ یہ کتاب ۱۰۴۵ھ میں اختتام پذیر ہوئی یہ کتاب ۱۹۳۲ء میں انجمن اردو اورنگ آباد نے شائع کی تھی۔

جنگ نامہ عالم علی خان

مولوی عبدالحق صاحب نے ۱۹۳۳ء میں انجمن ترقی اردو اورنگ آباد (دکن) سے غضنفر حسین مرحوم کا لکھا ہوا ایک مضمون "جنگ نامہ عالم علی خان" مرتب کر کے اپنے مقدمہ کے ساتھ شائع کیا تھا اس جنگ نامہ کو ترتیب دیتے ہوئے مولوی عبدالحق صاحب کے پیش نظر تین نسخے تھے ایک نسخہ مولوی عبدالحمید صاحب وکیل کنٹر نے عنایت کیا تھا جب کہ دوسرا نسخہ مسٹر ولیم آرون کا وہ نسخہ تھا جو مسٹر ولیم نے مہاراجہ بنارس کے کتب خانہ سے حاصل کیا تھا مسٹر ولیم اردون اس نسخہ کو انگریزی ترجمہ کے ساتھ رسالہ انڈین اینٹی کیوری (INDIAN ANTIQUARY) مارچ ۱۹۰۴ء کے شمارے میں شائع کرا چکے تھے اور تیسرا نسخہ مولوی عبدالحق صاحب کا ذاتی نسخہ تھا۔

مولوی عبدالحق صاحب نے "جنگ نامہ عالم خان" مرتب کرنے کے لئے اپنے نسخے کو بنیاد بنایا تھا اس سلسلے میں وہ لکھتے ہیں:

"مسٹر اروِن کا نسخہ اول و آخر سے ناقص ہے۔ عبدالحمید صاحب کے نسخہ میں شروع کے کچھ اشعار غائب ہیں میرا نسخہ مکمل ہے اور اس کی ترتیب اور تحریر دوسرے نسخوں سے بہتر ہے۔"

مولوی عبدالحق صاحب نے حاشیوں میں اپنے نسخے کا دوسرے نسخوں سے اختلاف تحریر کر دیا ہے اور جن دوسرے نسخوں کی مدد سے اشعار کا اضافہ کیا ہے اس پر بھی علامتیں ظاہر کر دی ہیں۔

اس جنگ نامہ میں نواب آصف جاہ نظام الملک مرحوم اور عالم علی خان صوبے دار دکن کی جنگ کا حال درج ہے اس میں بتایا گیا ہے کہ دسمبر ۱۷۱۸ء میں سادات بارہ کے بیس سالہ سید عالم علی خان نے آصف جاہ نظام الملک کے لشکر سے بڑی مردانگی اور شجاعت سے لڑتے ہوئے اپنی جان قربان کر دی۔ مولوی عبد الحق صاحب نے اسے تاریخی نظم قرار دیا ہے اور بتایا ہے:

”اس میں جو نام اور سنین آئے ہیں وہ تاریخ کی رو سے بالکل صحیح ہیں۔“

مجموعی اعتبار سے اس جنگ نامہ میں ۴۹۱ اشعار ہیں اختتامی اشعار سے معلوم ہوتا ہے کہ یہ جنگ نامہ ربیع الاول ۱۱۳۲ھ میں تکمیل پذیر ہوا۔

اس جنگ نامہ کے مصنف کے سلسلے میں اختلاف رائے ہے مسٹر ولیم ارون نے اس کا مصنف ”سودشت“ نامی دکنی شاعر بتایا ہے جب کہ مسٹر ولیم کے منشی نے اس کا وطن پنجاب قرار دیا ہے مولوی عبد الحق صاحب کے خیال میں اس کا مصنف دکنی ضرور تھا لیکن وہ ”سودشت“ نہیں بلکہ ”دلی“ تھا مولوی عبد الحق صاحب لکھتے ہیں:

”دلی اس زمانے میں زندہ تھا اور سنہ ۱۱۳۲ھ میں دہلی میں تھا اور یہ واقعات بھی اس سن میں واقع ہوئے ہیں اس لئے غالباً اس کا مصنف ولی ہے۔“

مرحوم دہلی کالج

”مرحوم دہلی کالج“ کے نام سے مولوی عبد الحق نے ”دہلی کالج“ کی تاریخ تحریر کی ہے اور مطبوعات انجمن ترقی اردو نمبر ۷۵ کے تخت نسخہ ٹائپ میں شائع کیا ہے۔

اس کالج نے تقریباً ایک صدی تک اردو زبان اور علم و ادب کی گراں قدر خدمات انجام دی ہیں مولوی عبد الحق نے اس نادر روزگار تعلیمی ادارے کی داستان میں بتایا ہے کہ

۱۷۹۲ء میں غازی الدین کے مدرسے کی عمارت میں اس کی داغ بیل ڈالی گئی جب مشرقی اور انگریزی شعبے یک جا ہوئے تو کالج کتب خانہ دار شکوہ میں اٹھ آیا اور ۱۸۵۷ء کی جنگ آزادی تک وہیں رہا۔

۱۸۲۵ء میں سرکاری درسگاہوں کے قیام کی تحریک ہوئی تو اسے بھی پانچ سو روپیہ ماہانہ کی امداد ملی مسٹر جے ایچ ٹیلر مقامی مجلس کے سیکرٹری اور اس کے پرنسپل مقرر ہوئے ۱۸۲۸ء میں سر چارلس منکاف برٹش ریزیڈنٹ کمشنر کی سفارش پر انگریزی جماعت کا اضافہ ہوا لیکن اس کلاس کے اجراء سے بے چینی پھیلی اور اسے اس کالج کی زیر نگرانی علیحدہ شعبہ بنا دیا گیا۔ ۱۹۳۱ء تک انگریزی پڑھنے والوں کی تعداد تین سو تک پہنچ گئی اس طرح یہ ادارہ مشرقی وانگریزی جدا جدا شعبوں پر مشتمل تھا۔

۱۸۳۵ء میں ایک حکم نامہ کے تحت دیسی علوم کی حوصلہ شکنی کی گئی مشرقی حصے کی امداد میں تخفیف ہوئی وظائف بند کر دیئے گئے حکومت نے اپنی اس پالیسی کی وضاحت کرتے ہوئے بتایا:

”حکومت برطانیہ کا بڑا مقصد اہل ہند میں یورپین لٹریچر اور سائنس اشاعت کرنا ہے اور جس قدر رقوم مقصد تعلیم کے لئے مخصوص ہیں وہ صرف انگریزی تعلیم پر صرف ہونی چاہیں۔“

ان حوصلہ شکن سرکاری پالیسیوں کے باوجود مشرقی شعبہ، مغربی شعبے سے سائنس میں کہیں بڑھا ہوا تھا اور اس شعبہ میں تمام علوم بڑی کامیابی سے اردو میں پڑھائے جاتے تھے۔

۱۸۵۷ء کی جنگ آزادی کے ہنگاموں نے اس کالج کو بھی اپنی لپیٹ میں لے لیا ۱۱ مئی ۱۸۵۷ء بروز پیر دلی میں ہنگامہ ہوا تو کالج کے انگریز عملہ نے ”میگزین“ میں پناہ لی

لیکن جب اس پر بھی حملہ ہوا تو دہلی کالج کے پرنسپل مسٹر ٹیلر کو مولوی محمد باقر نے پناہ دی لیکن ٹیلر ان کے پاس سے بھی فرار ہوئے اور مجاہدین آزادی کے ہاتھوں ہلاک ہو گئے انگریزوں نے ٹیلر کے قتل میں مولوی باقر کو مورد الزام ٹھہرا کر بر سر عام "باڑ" مار کر ہلاک کر دیا۔

اس جنگ آزادی میں دہلی کالج پر بھی حملہ ہوا انگریزی کتابیں پھاڑ کر جلا دی گئیں باقی ذخیرہ تباہ ہو گیا سائنسی آلات ٹوٹ پھوٹ گئے اور "دہلی کالج" غیر معینہ مدت کے لئے بند ہو گیا مئی ۱۸۶۳ء میں پروفیسر ہٹن کی زیر نگرانی یہ ادارہ دوبارہ منظم کیا گیا ۱۸۷۱ ۱۸۷۰-۷۱ء میں ایم اے کلاسوں کا اجراء ہوا لیکن اپریل ۱۸۷۷ء میں اس کالج کو توڑ دیا گیا اور یہاں صرف اسکول رہ گیا "دہلی کالج" کی جگہ "مشن کالج" نے لے لی، یہ پہلے صرف ہائی اسکول تھا اس واقعہ کا تذکرہ کرتے ہوئے مولوی عبدالحق نے لکھا ہے:

"کالج سن ۱۸۷۷ء تک اچھا خاصا چل رہا تھا کہ نہ معلوم گورنمنٹ کے جی میں کیا آئی کہ اسے اپریل ۱۸۷۷ء میں توڑ دیا اور اس کا سارا اسٹاف لاہور کالج بھیج دیا یعنی اس کالج کو لاہور کالج میں مدغم کر دیا۔۔۔ اس کا نتیجہ یہ ہوا کہ دلی اپنے عزیز کالج سے محروم ہو گئی اور اب سب اساتذہ و طلبہ لاہور چلے گئے۔"

مولوی عبدالحق نے اس کتاب میں انگریزی اور مشرقی شعبے کے نصاب کا بھی جائزہ لیا اور لکھا ہے کہ ۱۸۴۳ء تک شعبہ مشرقی اور انگریزی کا نصاب علیحدہ علیحدہ تھا لیکن ۱۸۵۴ء میں یکسانیت قائم کرنے کی کوشش کی گئی کتاب کے اس حصہ میں مولوی عبدالحق نے ۱۸۵۴ء تک کے دونوں نصابوں کے خاکے دیئے ہیں انہوں نے یہ بھی لکھا ہے کہ اس کالج میں دینی تعلیم پر بھی زور دیا جاتا تھا مسلمانوں کے فقہی مسائل کو بھی پیش نظر رکھا جاتا تھا وہ لکھتے ہیں:

"کالج میں سنی اور شیعوں کی تعلیم کا الگ الگ انتظام تھا یعنی صرف تعلیم میں فرق تھا باقی نصاب ایک ہی تھا۔"

مولوی عبدالحق نے اس کتاب میں طلباء کی تعداد، وظائف اور فیسوں کا ذکر بھی کیا ہے لیکن اس ضمن میں انہوں نے سرکاری ذریعوں پر اعتبار نہیں کیا بلکہ ذاتی طور سے ریکارڈ جمع کیا ہے۔ مولوی عبدالحق تحریر کرتے ہیں:

"ان اعداد کے بہم پہنچانے میں بڑی دقت پیش آئی سرکاری مطبوعہ رپورٹوں میں اعداد کے متعلق بہت ہی بے احتیاطی کی گئی ہے اس لئے مختلف کاغذوں کو دیکھ کر ان کی تصحیح کی گئی۔"

مولوی عبدالحق نے اس کتاب میں "دہلی کالج" کی "دہلی ورنیکولر سوسائٹی" کا تفصیلی ذکر کیا ہے یہ سوسائٹی تالیف و ترجمہ کے لئے بنائی گئی تھی اور اس نے انگریزی کتب کے تراجم میں نمایاں خدمات انجام دیں ترجمہ کے اصول اور اصطلاحات طے کی گئیں جس کے نتیجہ میں دہلی کالج میں ۱۷ کتب کی تدوین ہوئی۔

مولوی عبدالحق نے آخری حصے میں کالج کے عملہ کا بھی تعارف کرایا ہے جن میں ۱۱۶ انگریز اور ۷ دیسی اساتذہ کا ذکر کیا ہے اس طرح "دہلی کالج" کے ۲۴ قدیم طلباء کا بھی ذکر ہے جس میں ڈپٹی نذیر احمد، مولانا محمد حسین آزاد، ماسٹر تاراچند اور منشی ذکا اللہ جیسے نامور لوگ شامل ہیں

یہ کتاب انجمن ترقی اردو اورنگ آباد نے انجمن کے مطبع خانے سے ۱۹۳۳ء میں شائع کی تھی۔

مخزن شعراء

مولوی عبدالحق نے قاضی نور الدین خان رضوی فائق کا تذکرہ "مخزن شعرائ"

مرتب کر کے نستعلیق میں سلسلہ مطبوعات انجمن ترقی اردو اے کے تحت ۱۹۳۳ء میں شائع کیا تھا۔

یہ تذکرہ بارھویں اور تیرھویں صدی ہجری کے ۱۱۱ گجرات کے شعراء اردو کے حالات و نمونہ کلام پر مشتمل ہے۔

فائق اسد اللہ خان غالب کے ہم عصر تھے اور غالب سے تعلق خاص بھی رکھتے تھے۔ فائق نے اس تذکرہ پر غالب سے نظر ثانی و تصیح کرائی تھی جس کا ذکر غالب نے اپنے مکتوب میں اس طرح کیا ہے:

"مخدوم و مکرم حضرت قاضی نور الدین حسین خان بہادر کی خدمت میں عرض ہے کہ برخوردار مرزا شہاب الدین خاں بہادر نے یہ اجزاء مجھ کو دیئے نظم سے میں نے بالکل قطع نظر کی۔ کامل صاحب کی نثر جو آغاز میں ہے اس کو بھی نہیں دیکھا۔ صرف آپ کی نثر کو دیکھا اور اس کو موافق حکم آپ کے بعض موقع پر منشائے اصلاح بھی لکھ دی ہے مجھ کو یہ پایہ نہیں کہ آپ کی نثر میں دخل کروں بضحوائے الادب الامر فوق حکم بجالایا ہوں مرحبا آفرین بخدا خوب نثر لکھی ہے اللہ سبحانہ آپ کو مدارج اعلیٰ تک پہنچادے اور سلامت رکھے"

مرقومہ دوشنبہ ۱۴ جولائی ۱۸۶۳ء

خوشنودی احباب کا طالب

غالب

اس تذکرہ کی دوسری اہم خصوصیت یہ ہے کہ اس میں دلی کے گجراتی ہونے پر بحث کو چھیڑا گیا ہے اور یہ ثابت کیا گیا ہے کہ ولی کا تعلق سرزمین گجرات سے تھا۔

مصنف کا تعلق بھی سرزمین گجرات (بھروچ) کے علمی و ادبی خاندان سے تھا فائق

کے والد سید احمد حسین رضوی شیرازی علمی و ادبی ذوق رکھتے اور اردو اور فارسی میں شاعری کرتے تھے ڈاکٹر فرمان فتح پوری صاحب نے تحریر کیا ہے:

"فائق کا انتقال ۱۲۸۶ء میں ہوا"

مولوی عبدالحق نے اپنے مقدمہ میں اہل گجرات کی علمی و ادبی خدمات کا ذکر کرتے ہوئے بتایا ہے کہ گجرات حکومت دہلی کا ایک ممتاز صوبہ تھا جس کے نتیجہ میں گجرات کی معاشرت اور زبان پر دہلی کے گہرے اثراب مرتب ہوئے۔ مولوی عبدالحق لکھتے ہیں:

"اردو کی نشوونما دکن کی طرح گجرات میں بھی پہلے سے شروع ہوگئی۔"

اس ضمن میں مولوی عبدالحق نے حضرت قطب عالم (ولادت ۷۹۰ھ وفات ۸۵۰ھ) حضرت شاہ عالم (ولادت ۸۱۷ھ وفات ۸۸۰ھ) سلطان شاہ غزنی (وفات ۹۲۲ھ) شاہ علی جیو گام دھنی (وفات ۹۷۲ھ) اور میاں محمد چشتی (وفات ۱۰۲۳ھ) کی لسانی و ادبی خدمات کا ذکر کیا ہے۔

مولوی عبدالحق نے یہ تذکرہ دو نسخوں کی مدد سے مرتب کیا تھا جس میں سے ایک بمبئی یونی ورسٹی کی ملکیت تھا جب کہ دوسرا بھڑوچ سے فائق کے ایک پوتے اور ہم نام قاضی نور الدین نے انہیں عنایت کیا تھا۔

"مخزن شعراء" کتاب کا تاریخی نام ہے مولف نے "مخزن شعراء" سے اس کا سن تکمیل ۱۲۶۸ھ نکالا ہے فائق کے علاوہ شیخ نجم الدین مشتاق میاں سمجھو اور میر عباس علی شوق کے قطعات سے بھی ۱۲۶۸ھ ہی سن تالیف قرار پاتی ہے قاضی نور الدین فائق نے تذکرہ کی اختتامی سطور میں کتاب کی تکمیل شانزدہم ماہ شوال یوم جمعہ ۱۲۶۸ھ تحریر کی ہے کتاب کے آغاز میں میر کمال الدین حسین کامل نے کتاب کی تقریظ قلم بند کی ہے جب کہ دیباچہ خود مصنف کا لکھا ہوا ہے۔

مرہٹی زبان پر فارسی کا اثر

مولوی عبدالحق نے اپریل ۱۹۲۱ء کے سہ ماہی رسالہ "اردو" اورنگ آباد میں "مرہٹی زبان پر فارسی ادب کا اثر" کے عنوان سے ایک مقالہ قلم بند کیا تھا یہی مقالہ ۱۹۳۳ء میں مطبوعات انجمن ترقی اردو نمبر ۳۷ کے تحت شیخ ٹائپ میں مرہٹی اقتباسوں کی درستی و تصحیح کے بعد کتابی شکل میں شائع ہوا۔

مولوی عبدالحق نے اس کتاب میں مرہٹی زبان پر فارسی کے اثرات کا جائزہ لیا ہے اور بتایا ہے کہ ۱۳۱۸ء سے ۱۷۲۸ء تک مرہٹی پر فارسی کے گہرے اثرات مرتب ہوئے چنانچہ وہ لکھتے ہیں:

"فارسی کا اثر محض اسماء و صفات تک محدود نہیں رہا بلکہ زبان کے بنیادی عصر تک پہنچ گیا"

اس کتاب کے آغاز تک مہاراشٹر میں مسلمانوں کی آمد اور اس کے تاریخی سماجی اور معاشرتی اثرات اور ہندو مسلم روابط کا تذکرہ کرتے ہوئے بتایا ہے:

ا سرکاری دفاتر میں فارسی رائج تھی رفتہ رفتہ مرہٹی زبان میں فارسی الفاظ گھل مل گئے اور جزو زبان بن گئے

۲ سرکاری دفاتر میں آنے والے اور عدالتوں میں حاضر ہونے والے لوگوں کی زبان غیر ارادی طور پر بھی فارسی زبان کے اثرات مرتب ہوئے

۳ فقیر فقراء کے ذریعہ فارسی عربی الفاظ کی دلکشی اور صداؤں کی موزونیت کی وجہ سے عام لوگوں کے خیال اور حافظے میں رہ گئے۔

۴ درویشوں، صوفیوں، واعظوں کی گفتگو اور درس میں فارسی اثرات سے مرہٹی زبان متاثر ہوئی

۵ جو ہندو دائرہ اسلام میں آئے ان کے مسلمانوں سے ارتباط کی وجہ سے مرہٹی زبان میں فارسی اثر آیا۔

۶ سرکاری ملازمتوں کے حصول کے لئے لوگوں نے فارسی زبان پڑھی

۷ ہندو عورتوں نے مسلمانوں سے شادی کے باعث اپنے شوہروں کی زبان اپنانے کی کوشش کی جس کی وجہ سے فارسی نے مرہٹی پر اثرات ڈالے

۸ مسلمانوں کی ایجادات عام ہونے سے بہت سے الفاظ بطور اصطلاحات مرہٹی میں آئے

۹ فنون جنگ اور آلات حرب کے ناموں کے طفیل مرہٹی میں بہت سے الفاظ داخل ہوئے۔

ان تمام عوامل اور وجوہ کے اثرات سے فارسی کا مرہٹی پر گہرا اثر پڑا بقول مولوی عبدالحق:

"ساڑھے تین سو سال کی یک جائی سے سینکڑوں فارسی الفاظ کا مرہٹی زبان میں آ جانا کوئی تعجب کی بات نہیں لیکن تعجب اس امر کا ہے کہ مرہٹی پر فارسی کا ایسا گہرا اثر چڑھا کہ یہ اثر الفاظ ہی تک محدود نہ رہا بلکہ فارسی ترکیبیں تک اس میں داخل ہو گئیں۔"

مولوی عبدالحق نے اپنے لسانی جائزہ میں اس دور کی بہت سی تحریریں بطور نمونہ پیش کی ہیں اس میں مرہٹی زبان کے مشہور شعراء مثلاً دتاتیشور وغیرہ کے کلام سے اقتباسات دیئے ہیں۔

مولوی عبدالحق نے اس ضمن میں کتبے، فرمان اور عرض داشتوں کے نمونے بھی دیئے ہیں انہوں نے ان اثرات کا بھی جائزہ لیا ہے جو مرہٹی زبان کی قواعد وتراکیب الفاظ پر پڑ رہے تھے ضرب الامثال کی ایک فہرست بھی دی گئی ہے جس سے یہ اندازہ لگایا جا

سکتا ہے کہ مرہٹی ضرب الامثال میں فارسی الفاظ بے تکلفی سے استعمال ہونے لگے تھے۔

مولوی عبد الحق نے مرہٹی کی موڑی طرز کتابت سے بحث کرتے ہوئے بتایا ہے:

"چوں کہ فارسی کا شکستہ خط موجود تھا لہٰذا اس طرز اور نمونے پر موری کی کتابت ایجاد کرلی گئی"

کتاب کے آخری حصہ میں چند مرہٹی شاعروں کا ذکر ہے اور ان کے کلام پر بحث کرتے ہوئے ان کے کلام پر فارسی کے اثرات کی نشان دہی کی ہے کتاب کے خاتمہ پر مولوی عبد الحق نے تحریر کیا ہے:

"مرہٹی اور ہندوستانی (اردو) بہنیں بہنیں ہیں دونوں ہندی نژاد ہیں اور دونوں آریائی خاندان سے تعلق رکھتی ہیں کم و بیش دونوں نے فارسی کا دودھ پیا ہے اور آج کل دونوں پہلو بہ پہلو آباد ہیں۔"

یہ کتاب انجمن ترقی اردو اورنگ آباد نے انجمن کے طبع خانے سے ۱۹۳۳ء میں شائع کی تھی۔

کہانی رانی کیتکی اور کنور اودے بھان کی

سید انشا اللہ خان انشا دہلوی معروف انشا پرداز ہیں انہوں نے جہاں "دریائے لطافت" جیسی خالص تحقیقی و علمی تالیفات کیں وہاں انہوں نے کہانی نویسی کے میدان میں بھی شہرت حاصل کی اس سلسلے کی ایک کڑی "کہانی رانی کیتکی اور کنور اودے بھان کی" ہے اس کہانی کی سب سے بڑی خصوصیت یہ ہے کہ اس میں فارسی اور عربی کا ایک لفظ بھی استعمال نہیں کیا گیا اور نہ ہی خالص ہندی و سنسکرت کی چھاپ ہے بلکہ اردو اور ہندی ہر دو طبقہ کے لوگ اسے اپنی زبان تصور کرتے ہیں۔

اس کہانی کو مولوی عبدالحق صاحب نے اپریل ۱۹۲۶ء میں مرتب کر کے رسالہ ''اردو'' اورنگ آباد میں شائع کیا تھا پھر اسے کتابی شکل دی گئی مولوی عبدالحق صاحب تحریر کرتے ہیں:

''اس داستان کا ذکر مدت سے سنتے آتے تھے لیکن ملتی کہیں نہ تھی آخر ایشیاٹک سوسائٹی آف بنگال کی پرانی جلدوں میں اس کا پتا لگا مسٹر کلنٹ پرنسپل لامارٹن کالج لکھنو کو اس کا ایک نسخہ دستیاب ہوا تھا جسے انہوں نے سوسائٹی کے رسالے میں طبع کرادیا۔ سنہ ۱۸۵۲ء میں ایک حصہ طبع ہوا اور دوسرا حصہ ۱۸۵۵ء میں لیکن بہت غلط چھپی تھی مجبوراً اس کی ایک نقل میں نے رسالہ اردو جلد ششم ماہ اپریل ۱۹۲۶ء میں شائع کی اور جہاں تک ممکن ہوا اس کی تصحیح بھی کی۔''

رسالہ ''اردو'' میں چھاپنے کے بعد مولوی عبدالحق صاحب کو اس کہانی کا ایک نسخہ ناگری حروف میں مطبع لکھنو پنڈت منوہر لال زتشی سے ملا۔ جس کی مدد سے مزید تصحیح کر کے مولوی عبدالحق صاحب نے ۱۹۳۳ء میں انجمن کے مطبع اورنگ آباد سے نستعلیق ٹائپ میں شائع کیا۔

۱۹۵۵ء میں اس کا ایک نیا ایڈیشن شائع ہوا جس کے متن کو مولانا امتیاز علی عرشی صاحب نے رضا لائبریری رام پور کے دو نسخوں کی مدد سے درست کر کے اپنے حاشیوں کے ساتھ مرتب کیا اور اسے انجمن ترقی اردو (پاکستان) کراچی نے شائع کیا لیکن اس ایڈیشن پر مولانا عرشی صاحب کا نام تو ایک طرف کہیں حوالہ تک نہ آیا اور یہ ایڈیشن بھی مولوی عبدالحق صاحب کے تحریر کئے ہوئے ''دیباچہ'' کے ساتھ شائع ہوا جس سے قارئین کو یہ تاثر ملا کہ یہ ایڈیشن بھی مولوی عبدالحق صاحب کا مرتب کیا ہوا ہے جب مولوی عبدالحق صاحب کو اس بات کا احساس ہوا تو بقول شہاب الدین ثاقب صاحب:

"بابائے اردو نے اس کی معذرت کر لی اور اس غلطی کا ازالہ اس کے تیسرے ایڈیشن میں کر دیا جو سید قدرت نقوی کی نظر ثانی اور فرہنگ الفاظ و مقدمہ کے ساتھ انجمن ترقی اردو کراچی سے ۱۹۷۵ء میں شائع ہوا۔"

تذکرہ ہندی

بابائے اردو مولوی عبدالحق نے غلام ہمدانی مصحفی کی تالیف "تذکرہ ہندی" کو ۱۹۳۳ء میں سلسلہ مطبوعات انجمن ترقی اردو دکن سے نمبر ۵۴ کے تحت شائع کیا تھا اور اس پر چودہ صفحات کا مقدمہ بھی قلمبند کیا ہے جس میں مصحفی کے تذکرہ "ریاض الفصحا" کو بنیاد بنا کر مصحفی کے حالات زندگی، تعلیم و تربیت اور خاندانی پس منظر پر روشنی ڈالی ہے۔

مصحفی کا پہلا تذکرہ "عقد ثریا" ہے اس کی تکمیل (۱۱۹۹ھ) کے بعد "تذکرہ ہندی" کی تالیف شروع ہوئی گارساں وتاسی نے اپنے ۴ دسمبر ۱۸۵۴ء کے خطبہ میں اس کا ذکر اس طرح کیا ہے:

"مصحفی نے اپنا اردو شعراء کا تذکرہ میر مستحسن خلیق کی فرمائش سے لکھا جس میں محمد شاہ کے عہد سے لے کر اپنے وقت تک کے شعراء کا حال ہے جن کی تعداد تقریباً ایک سو پچاس ہے۔ مولف نے خاص کر اپنے ہم عصروں کے حالات بیان کرنے میں تفصیل سے کام لیا ہے۔"

گارساں دتاسی کے بیان کا دوسرا حصہ درست نہیں اس کتاب میں تقریباً ایک سو پچاس نہیں بلکہ ۱۹۳ شعراء کا ذکر ملتا ہے جس میں خود مصحفی کی ذات اور پانچ شاعرات (دلہن بیگم، گنا بیگم، زینت، جینا بیگم اور موتی) بھی شامل ہیں۔

مصحفی نے اس تذکرے کی ترتیب میں حروف تہجی کا طریقہ اختیار کیا ہے البتہ شاعرات کا ذکر تذکرے کے آخر میں ''تذکرہ شاعرات'' کے عنوان سے کیا ہے۔ اس حصہ میں حروف تہجی کی ترتیب نہیں برتی گئی۔

مولوی عبد الحق کے بقول مصحفی کے تذکروں میں:

''سب سے پہلا تذکرہ، فارسی گو شعراء کا ہے جس کا نام ''عقد ثریا'' ہے۔۔۔۔ دوسرا تذکرہ اردو شاعروں کا ہے تیسرے تذکرہ کا نام ''ریاض الصفحا'' ہے اس تذکرہ کی ضرورت یوں پیش آئی کہ جن لوگوں کے نام پہلے تذکرے میں لکھنے سے رہ گئے تھے ان کا ذکر اس میں کیا گیا ہے۔''

ان تینوں میں تذکرہ نمبر ۲ یعنی تذکرہ ہندی اصل ہے باقی کو اس کا تکملہ سمجھنا چاہئے۔

مصحفی نے ''تذکرہ ہندی'' کی تالیف کے آغاز کے سلسلے میں صرف یہ تحریر کیا ہے کہ ''عقد ثریا'' کی تکمیل کے بعد آغاز کیا ''عقد ثریا'' کی تکمیل ۱۱۹۹ھ میں ہوئی تھی گویا یہ تذکرہ ۱۱۹۹ھ میں یا اس کے بعد شروع کیا البتہ تذکرہ ہندی کے اختتام کی تاریخ قطعہ میں ''جلد بے نظیر'' سے ۱۲۰۹ھ نکلتی ہے۔

مولوی عبد الحق نے مصحفی کے تذکرے کا یہ نسخہ مختلف نسخوں کی مدد سے مرتب کیا تھا ان کا بیان ہے:

''ہندی گویاں کا پہلا تذکرہ ایشیاٹک سوسائٹی بنگال کے نسخے پر مبنی ہے البتہ اس کا مقابلہ خدا بخش خان کے کتب خانے کے نسخے سے کیا گیا بعض مشتبہ مقامات کا مقابلہ کتب خانہ مدرسہ ندوۃ العلما سے بھی کیا گیا باقی دو تذکرے خدا بخش خاں کے کتب خانے کے نسخوں کی نقل ہیں۔ بعد ازاں تینوں تذکروں کے بیاضوں کا مقابلہ کتب خانہ ریاست رام

پور کے نسخوں سے ہوا۔ افسوس ہے کہ کتب خانہ خدا بخش خان اور رام پور کے نسخے بہت غلط اور بد خط نکلے تاہم مقابلے سے بعض مقامات کی کچھ نہ کچھ تصحیح ہو گئی۔"

مولوی عبد الحق نے "تذکرہ ہندی" کے مرتب کرنے میں جن جن نسخوں سے استفادہ کیا ہے ان کا حاشیوں میں اندراج کر دیا ہے۔

ڈاکٹر فرمان فتح پوری کا قول ہے:

"اس تذکرے کے ذریعہ اس زمانے کے مذاق ادبی، انداز سخن گوئی، شعراء کے حالات زندگی اور طرز فکر کے بارے میں بہت سی نئی باتیں معلوم ہوتی ہیں"

انجمن ترقی اردو (ہند) اورنگ آباد نے ۱۹۳۳ء میں جامع برقی پریس دہلی سے شائع کرایا تھا۔

عقد ثریا (تذکرہ فارسی گویاں)

"عقد ثریا" غلام ہمدانی مصحفی کا "تذکرہ فارسی گویاں" ہے مجموعی اعتبار سے ۸۵ شعراء کے تذکرے پر مشتمل ہے یہ تذکرہ مصحفی نے فارسی زبان میں رقم کیا تھا جس میں تین قبیل کے شعراء کا ذکر ہے:

اول: وہ فارسی گو شعراء جنہوں نے کبھی بی سرزمین ہند پر قدم نہیں رکھا

دوم: وہ شعرائے ایران جو ہندوستان آئے

سوم: ہندوستانی فارسی گو شاعر

مصحفی نے تذکرے کی تمہید میں "زہے باغ باصفا" سے اس کی تاریخ اختتام ۱۱۹۹ھ نکالی ہے۔

یہ نسخہ مولوی عبد الحق نے "عقد ثریا" کے تین مختلف نسخوں کی مدد و موازنہ سے

جس میں دو نسخے کتب خانہ خدابخش اور تیسرا ریاست رام پور کی ملکیت تھا، مرتب کر کے پہلی بار ۱۹۳۴ء میں شائع کیا۔

مولوی عبدالحق نے ''تذکرہ'' کر کے ابتدائی ۱۴ صفحات میں ایک مقدمہ بھی درج کیا ہے جس میں ''عقد ثریا'' کے موفل ہمدانی مصحفی کے حالت زندگی اور ان کے ادبی کارناموں کا جائزہ لیا ہے۔

مولف نے اس تذکرہ میں جن شعراء کا ذکر کیا ہے اس کی ترتیب زبانی اعتبار سے نہیں کی ہے بلکہ حروف تہجی کا طریقہ اختیار کیا ہے اور اپنا ذکر بھی ردیف ''میم'' میں کیا ہے۔

مولوی عبدالحق نے غلام ہمدانی مصحفی کے اس انداز کو بڑا سراہا ہے کہ مصحفی نے اپنے ہم عصر شعراء یہاں تک کہ ان لوگوں کے ذکر میں بھی بڑے حوصلے سے کام لیا ہے جن سے مصحفی کی آویزش اور چشمک رہتی تھی یہ کتاب ۱۹۳۴ء میں انجمن ترقی اردو نے شائع کی تھی۔

ریاض الفصحا (تذکرہ ہندی گویاں)

انجمن ترقی اردو نے سلسلہ مطبوعات نمبر ۷۷ کے تحت مصحفی کا تذکرہ ریاض الفصحا ۱۹۳۴ء جامع برقی پریس دہلی سے شائع کیا تھا جسے مولوی عبدالحق نے خدابخش لائبریری پٹنہ کے اس قلمی نسخے سے مرتب کیا جسے رمضان بیگ طپاں نے ۱۲۳۷ء میں کتابت کیا تھا۔

ضخامت کے اعتبار سے مصحفی کا یہ تذکرہ اس کے مولفہ دونوں تذکروں (عقد ثریا اور تذکرہ ہندی) سے بڑا ہے مولوی عبدالحق نے تذکرہ ہندی میں اس کی وجہ تالیف اس

طرح بیان کی ہے:

”اس تذکرے کی ضرورت یوں پیش آئی کہ جن لوگوں کے نام پہلے تذکرے میں لکھنے سے رہ گئے تھے ان کا ذکر اس میں کیا گیا ہے۔“

اس تذکرے میں ۳۲۱ شعراء کا ذکر حروف تہجی کے اعتبار سے کیا گیا ہے مصحفی نے اس تذکرے میں اپنا ذکر بھی تفصیل سے کیا ہے ریاض الفصحا کی تصنیف کے وقت اپنی عمر ۸۰ برس بتائی ہے۔

”ریاض الفصحا“ تذکرے کا تاریخی نام ہے اس سے اس کا سال تصنیف ۱۲۲۱ھ نکلتا ہے۔۔۔اس کا تمکلہ ۱۲۳۶ھ میں ہوا۔

”ریاض الفصحا“ کا مقدمہ مولوی عبد الحق کا تحریر کردہ وہی مقدمہ ہے جو اس سے قبل ”تذکرہ ہندی“ اور ”عقد ثریا“ میں شامل تھا۔

تذکرہ ریختہ گویاں

مولوی عبد الحق نے فتح علی گردیزی کی تالیف ”تذکرہ ریختہ گویاں“ کو تین مختلف قلمی نسخوں کی مدد سے مرتب کر کے ”مطبوعات انجمن ترقی اردو نمبر ۶۷ کے تحت اورنگ آباد (دکن) سے انجمن کے پریس سے ۱۹۳۴ء میں ٹائپ میں شائع کیا۔“

تذکرے کے آغاز میں ۱۷ صفحات کا مقدمہ ہے مولوی عبد الحق کی فہرست کے مطابق ۹۸ شعراء کا ذکر ہے جب کہ فرمان فتح پوری صاحب لکھتے ہیں:

”اس میں صرف ۹۷ شاعروں کا ذکر بلحاظ حروف تہجی آیا ہے۔ مولوی صاحب کے مرتبہ نسخے میں ۹۸ شعراء کی فہرست اور ترجمہ شامل ہے یہ درست نہیں ہے۔“

ابتداء میں مولف کا ایک مختصر دیباچہ بھی ہے جس میں گردیزی نے اپنے تذکرے

کی وجہ تالیف بیان کرتے ہوئے لکھا ہے۔

”جن لوگوں نے اس سے قبل شعرائے ریختہ کے تذکرے لکھے ہیں، انہوں نے محض حسد سے ان پر نکتہ چینیاں کی ہیں، جس سے میں نے احتراز کیا ہے اور انصاف کو مد نظر رکھا ہے“

یہ تذکرہ ۵ محرم الحرام ۱۱۶۶ھ کو مکمل ہوا تھا اور شعبان ۱۱۷۲ھ میں سید عبوالوالی صاحب عزلت کی فرمائش پر سید عبد النبی ابن سید محمود نے نقل کیا تھا۔

مولوی عبد الحق نے اپنے مقدمہ میں مولف کے خاندانی پس منظر پر روشنی ڈالتے ہوئے بتایا ہے:

”سید فتح علی حسینی اپنے وقت کے مشائخ اور صوفیا میں شمار کئے جاتے تھے اور جو شجرہ ان کا تحریر کیا ہوا مجھے ملا ہے اس سے معلوم ہوتا ہے کہ وہ مخدوم میر جہاں (خلیفہ مخدوم شاہ عالم محمدی خلیفہ میر سید محمد کبیر خلیفہ شیخ عبد اللہ الہ آبادی) سے بیعت اور ان کے خلفا میں سے تھے۔“

مولوی عبد الحق نے اپنے مقدمہ میں سید فتح علی حسینی کی دیگر تصانیف (کشف الستار فی معرفتہ الاسرار، مراۃ العرفان، ابطال الباطل، نور ہدایت معرفتہ الفقر) پر بھی روشنی ڈالی ہے۔

تنقیدات عبد الحق

۱۹۳۴ء میں محمد تراب علی خان باز نے ان ۲۳ تبصروں کو جو رسالہ ”اردو“ میں ۱۹۲۲ء سے ۱۹۳۳ء تک مولوی عبد الحق کے قلم سے نکلے تھے کتابی شکل میں ”تنقیدات عبد الحق“ کے عنوان سے شمس الاسلام پریس حیدر آباد دکن سے شائع کیا۔

مرتب نے سنت دیرینہ کے عنوان سے ۲ صفحات کا دیباچہ تحریر کیا ہے غلطی سے انہوں نے اس مجموعہ میں تنقیدات کی تعداد ۲۴ بتائی ہے جب کہ ان کی مجموعی تعداد ۲۳ ہے جن کی تفصیل کچھ یوں ہے:

۱دیوان ولی رسالہ ''اردو'' اورنگ آباد جنوری ۱۹۲۴ء

۲مکاتیب نواب محسن الملک ونواب وقار الملک اپریل ۱۹۲۴ء

۳سرگذشت الفاظ اپریل ۱۹۲۴ء

۴شرح دیوان غالب اپریل ۱۹۲۴ء

۵تذکرہ اعجاز سخن اپریل ۱۹۲۴ء

۶تلخیص عروض وقافیہ اپریل ۱۹۲۴ء

۷زبان اردو پر سرسری نظر جولائی ۱۹۲۴ء

۸خطوط غالب جولائی ۱۹۲۴ء

۹بانگ درا اکتوبر ۱۹۲۴ء

۱۰مکاتیب امیر مینائی اکتوبر ۱۹۲۴ء

۱۱شعر الہند جنوری ۱۹۲۶ء

۱۲روح تنقید اپریل ۱۹۲۶ء

۱۳اصلاح سخن اکتوبر ۱۹۲۶ء

۱۴اردو شہ پارے اکتوبر ۱۹۲۶ء

۱۵گنجینہ تحقیق اکتوبر ۱۹۲۶ء

۱۶ارباب نثر جولائی ۱۹۳۰ء

۱۷اکبر الہ آبادی اکتوبر ۱۹۲۸ء

۱۸ پنجاب میں اردو جولائی ۱۹۲۸ء

۱۹ فیضان شوق جولائی ۱۹۲۹ء

۲۰ اردو لٹریچر جولائی ۱۹۳۳ء

۲۱ نور اللغات اکتوبر ۱۹۲۳ء

۲۲ جامع الغات اپریل ۱۹۳۳ء

۲۳ مجموعہ نقد اکتوبر ۱۹۳۳ء

معراج العاشقین

اخلاق و تصوف کے موضوع پر بابائے اردو مولوی عبدالحق صاحب نے ۱۹۳۴ء میں بندہ نواز خواجہ گیسو درواز کی ''معراج العاشقین'' تاج پریس حیدر آباد (دکن) سے طبع کرا کے انجمن ترقی اردو اورنگ آباد (دکن) سے اپنے مقدمہ کے ساتھ شائع کی تھی مولوی عبدالحق صاحب نے خواجہ صاحب کا تعارف کراتے ہوئے تحریر کیا تھا:

''حضرت سید محمد حسینہ بندہ نواز گیسو دراز قدس سرہ، کا فیض زمین دکن پر عام ہے ان کا مزار مرجع خلائق ہے اور ان کی تصنیف اب تک لوگ تلاش کر کے شوق سے پڑھتے ہیں حضرت ان بزرگان دین میں ہیں جن کی تصانیف و تالیفات کثرت سے ہیں اور تقریباً سب کی سب فارسی میں ہیں لیکن تحقیق سے یہ بھی معلوم ہوا ہے کہ آپ نے بعض رسالے ہندی یعنی دکنیاردو میں بھی تصنیف فرمائے ہیں۔'' (۸۱)

مولوی عبدالحق صاحب کو حضرت سید محمد حسینی بندہ نواز کی ''معراج العاشقین'' کا ایک نسخہ تصوف و اخلاق کے موضوع پر میسر آچکا تھا لیکن وہ اس خدشہ سے کہ بعض دفعہ عقیدت مند اپنی بعض تصانیف و تالیفات اپنے مرشد کے نام منسوب کر دیتے ہیں

اور کہیں یہ کتاب بھی اس قبیل کی نہ ہو، چپ سادھ لی۔ مولوی عبد الحق صاحب لکھتے ہیں:

"مولوی غلام محمد صاحب انصاری وفا مدیر "تاج" نے ایک رسالے "معراج العاشقین" کا پتا ڈاکٹر قاسم صاحب کے کتب خانے سے لگایا اور جب انہوں نے مجھے یہ نسخہ دکھایا تو چند سطریں پڑھنے کے بعد ہی مجھے خیال آیا کہ اس کا ایک نسخہ میرے پاس بھی موجود ہے نکال کر دیکھا تو ایک ہی کتاب کی دو نقلیں تھیں۔"

مولوی عبد الحق صاحب کو جب یہ یقین ہوا کہ یہ تصنیف سید محمد حسینی بندہ نواز کی ہے تو انہوں نے اسے مرتب کیا مولوی صاحب کو ان دونوں نسخوں کی مدد سے ایک نیا نسخہ مرتب کرنے میں بہت دقت ہوئی یوں کہ ان کے پیش نظر جو دو مختلف نسخے تھے وہ دونوں ہی بہت غلط، بد خط اور مسخ شدہ تھے۔ مولوی عبد الحق کا دل پھر نہیں ٹھکا ان کا خیال تھا:

"اگر یہ حضرت کی نہیں تو ان کے کسی ہم عصر یا اس سے قریب کی تصنیف ضرور ہے۔"

مولوی عبد الحق صاحب کا شک بعد کی تحقیق نے سچ ثابت کیا کہ یہ کتاب بندہ نواز گیسو دراز کے بجائے مخدوم شاہ حسینی بیجاپوری کی تصنیف ہے لیکن اس کے باوجود اس نسخہ کو مرتب کرنا مولوی عبد الحق صاحب کے کارناموں میں سے ایک بڑا کارنامہ ہے۔

نکات الشعرا

مولوی عبد الحق نے میر تقی میر کی تالیف نکات الشعراء کو انجمن ترقی اردو کے سلسلہ مطبوعات کے نمبر ۲۶ کے تحت ۱۹۳۵ء انجمن پریس سے ٹائپ میں طبع کرایا تھا۔

یہ تذکرہ ۱۰۳ شعراء کے تذکرے پر مشتمل ہے جس میں میر تقی میر کی اپنی ذات

بھی شامل ہے۔

میر نے اپنے اس تذکرے کے سن تالیف کا کوئی واضح ذکر نہیں کیا ہے صرف ضمناً رائے آنند رام مخلص کے ذکر سے یہ اشارہ ملتا ہے کہ تذکرہ کی تالیف سے ایک سال قبل مخلص کا انتقال ہوا تھا۔

مخلص کی تاریخ وفات کے سلسلے میں مولوی عبد الحق نے خزانہ عامرہ مولفہ آزاد بلگرامی مطبوعہ نولکشور پریس کے صفحہ ۴۲۵ کے حوالے سے مخلص کا سن وفات ۱۱۶۴ھ تحریر کیا ہے۔

مشہور مستشرق موسیو گارساں دتاسی نے بھی اپنے ۴ دسمبر ۱۸۵۴ء کے خطبے میں کہا تھا:

"مخلص کی وفات ۱۱۶۴ھ (۱۷۵۰-۵۱ء) میں ہوئی"

مولوی عبد الحق نے تالیف کو اس قلمی نسخے کے مدد سے مرتب کیا جو سید عبد الولی عزلت کے لئے سید عبد الغنی ابن سید محمود نے ۱۱۷۲ھ میں کتابت کیا تھا۔

مولوی عبد الحق نے اس تذکرے کے آغاز میں چار صفحات پر مشتمل ایک مقدمہ بھی تحریر کیا ہے جس میں اس تذکرے کی تقدیم کے سلسلے میں تاریخی اور علمی شواہد پیش کئے ہیں اور اس کا ادبی مرتبہ قائم کرتے ہوئے تحریر کیا ہے:

"اگر چہ یہ تذکرہ مختصر ہے لیکن اس میں عموماً اور اکثر شعراء کے کلام پر منصفانہ اور بے باکانہ تنقید پائی جاتی ہے یہ بات دوسرے تذکروں میں نظر نہیں آئے گی دوسرے ایجاز کے ساتھ اس کی عبارت میں شگفتگی اور پختگی بھی ہے۔۔۔۔۔۔ بعض باتیں پہلے پہل اس تذکرے سے معلوم ہوئیں مثلاً جو ریختہ شیخ سعدی شیرازی سے منسوب چلا آرہا تھا سب سے پہلے اس کی تردید میر صاحب ہی نے کی اور یہ بتایا ہے کہ یہ شاعر سعدی دکنی

تھا یا مرزا جان جاناں کا نام جو عام طور پر مشہور ہے وہ اصل میں جان جاں ہے اس طرح ولی کو سب سے پہلے اورنگ آبادی میر صاحب ہی نے لکھا۔"

دیوان تاباں

مولوی عبد الحق نے یہ نسخہ تین مختلف نسخوں کی مدد سے مرتب کیا تھا جس میں سے ایک پنڈت برج موہن دتاتریہ کیفی دہلوی کا عطیہ، دوسرا ریسرچ انسٹی ٹیوٹ مدارس یونی ورسٹی کی ملکیت اور تیسرا انجمن ترقی اردو کی ملکیت تھا۔

مولوی عبد الحق نے میر عبد الحئ تاباں کا ان الفاظ میں تعارف کرایا ہے:

"میر عبد الحئ تاباں شاہ جہاں آباد کے رہنے والے اور دور محمد شاہی کے شعراء میں تھے عین عالم شباب میں کثرت مے نوشی کے باعث انتقال کیا۔"

"دیوان تاباں" میں غزلوں کے علاوہ دیگر اصناف شعر بھی موجود ہیں۔ جن میں ایک مثلث ۶ مخمس، ۲ مسدس، ا ترکیب بند، ا مستزاد، ا قصیدہ، در مدح بادشاہ، ا مثنوی اپنے استاد حشمت نواب عمدۃ الملک کی مدح میں، چند تضمین حافظ اور مظہر جان جاں کے مصرعوں پر اور آخر میں چھ قطعات تاریخ شامل ہیں۔ یہ قطعات جن حضرات کی وفات پر لکھے گئے ہیں ان کے نام یہ ہیں:

سیدی احمد، شرف الدین، پیام، مضمون، روشن رائے، نواب امیر خان اور حشمت، آخری قطع تاریخ حشمت کا ہے جس سے حشمت کی تاریخ وفات ۱۱۶۱ھ نکلتی ہے اور اسی سے مولوی عبد الحق نے یہ قیاس کیا ہے:

"ان کا انتقال ۱۱۶۱ھ اور ۱۱۶۵ھ کے درمیان ہوا"

کتاب ٹائپ میں ۱۹۳۵ء میں انجمن ترقی اردو اورنگ آباد نے انجمن پریس سے شائع کی۔

میٹریکولیشن کا نصاب اردو

مولوی عبدالحق نے مجلس نصاب اردو جامعہ عثمانیہ کی ہدایت کے مطابق ''میٹریکولیشن کا نصاب اردو'' مرتب کیا تھا جو محمد صدیق حسن کے زیر اہتمام انجمن پریس اورنگ آباد سے ۱۹۳۵ء میں شائع ہوا۔

اس نصاب کے مشمولات درج ذیل ہیں:

سر سید احمد خان (امید کی خوشی، تعصب) مولانا الطاف حسین حالی (میرزا غالب کے اخلاق، سر سید کی طرز تحریر) شمس العلما مولوی محمد حسین آزاد (اورنگ زیب کی چڑھائی دکن پر، عبدالرحیم خان خاناں کی فیاضی و دریا دلی، سید انشا کا انجام اور ایران کا موسم) شمس العلماء مولانا نذیر احمد مرحوم (ایک ہندوستانی ڈپٹی کلکٹر کی ملاقات انگریز کلکٹر سے، کلیم کا باپ سے روٹھ کر مرزا ظاہر دار بیگ کے پاس جانا) مولانا عبدالحلیم شرر لکھنوی (ایثار نفس، ادبی تفریح) پنڈت رتن ناتھ سرشار (بچوں کو زیور پہنانے کے مضمرات، ایک فقیر کا جل) وحید الدین سلیم مرحوم (خطاب بہ طلبہ) مولوی محمد عنایت اللہ بی اے (مترجمہ: پیرک نیز کی مشہور تقریب تعزیت) ڈپٹی لال نگم (اخلاقی جرات)

خطوط

سر سید احمد خان (بنام الطاف حسین حالی و مشتاق حسین) اسد اللہ خان غالب (بنام میر مہدی مجروح تین خطوط) میر مہدی مجروح (بنام اسد اللہ خاں غالب تین خطوط) الطاف حسین حالی (بنام مولوی عبدالحق، مولانا شبلی نعمانی (بنام ایم اے مہدی ۳ خطوط، شیروانی ۳ خطوط عطیہ بیگم فیضی ۳ خطوط)

حصہ نظم

الطاف حسین حالی (انتخاب از مسدس) محمد اقبال (نیا شوالہ، ہمالہ، ایک پرندے کی فریاد، کنج عزلت) پنڈت برج نرائن چکبست (غزل ا، رامائن کا سین) علی حیدر طباطبائی (گورستان) میر ببر علی انیس (مناجات، گھوڑا، گرمی کی شدت) انشا اللہ خان انشا (غزل) حضرت جوش ملیح آبادی (نغمہ سحری) مولانا ظفر علی خان (ندی کا راگ، شور محشر) احمد علی شوق قدوائی (بلبل کا ذوق آزادی) مولوی سید ہاشمی (کالی ناگن) سید اکبر حسین اکبر الہ آبادی (۲ غزلیں، نظم بہاریہ، ایک شعر) میر حسن (مثنوی سے دو انتخابات) میر تقی میر (۳ غزلیں) محمد رفیع سودا (قصیدہ، شہر آشوب، ا غزل) شیخ ابراہیم ذوق (۳ غزلیں) خواجہ حیدر علی آتش (۳ غزلیں) حسرت موہانی (۵ غزلیں) سرور جہاں آبادی (گنگا جی) اسمعیل میرٹھی (مثنوی آب زلال) ابو الاثر حفیظ جالندھری (فردوس ہمالیہ) نظیر اکبر آبادی (ہولی) اصغر گونڈوی (۲ غزلیں) فانی (۲ غزلیں) پنڈت برجموہن وتاتریہ صاحب کیفی (طلوع سحر، حسن) امجد حیدر آبادی (۳ رباعیات)

گل عجائب

مولوی عبدالحق نے اسد علی خان تمنا اورنگ آبادی کا تذکرہ شاعراں (گل عجائب) سلسلہ مطبوعات انجمن ترقی اردو نمبر ۸۶ کے تحت انجمن کے پریس سے نستعلیق لیتھو میں اورنگ آباد سے ۱۹۳۶ء میں شائع کیا تھا۔

مولف نے تذکرہ کی تاریخ آغاز قطعہ تاریخ میں ''آغاز صفحہ بگو'' سے ۱۱۹۲ ھجری اور اختتام ''شکر خدائے جہاں'' سے ۱۱۹۴ ھجری نکالی ہے جس سے معلوم ہوتا ہے کہ یہ تذکرہ ۱۱۹۲ھ تا ۱۱۹۴ھ کی درمیانی مدت میں تالیف کیا گیا۔

"اس میں بارھویں صدی ہجری کے اواخر کے اکثر ان شعراء کا حال اور کلام ملتا ہے جو قلمرو آصفیہ میں تھے۔۔۔۔ اس تذکرے میں ایسے شاعروں کا حال ہے جو مولف کے ہم عصر تھے اور اکثر ان کے دوست اور ملاقاتی۔"

مولوی عبدالحق نے یہ تذکرہ کتب خانہ آصفیہ کے نسخہ سے مرتب کیا ہے:

"جس نسخہ سے یہ تذکرہ مرتب کیا گیا ہے اکثر جگہ سے بوسیدہ اور مسخ و مجروح ہے اس لئے اس کی ترتیب میں بہت دقت اٹھانی پڑی۔ اس کے بعض حصوں کا کاتب بہت غلط نویس ہے، اکثر املا کی غلطیاں موجود ہیں اور اشعار غلط نویسی کی وجہ سے وزن اور بحر سے خارج ہو گئے ہیں اور ان کو دوسرے تذکروں اور دیوانوں سے یا سیاق و سباق سے درست کرنا پڑا بعض اشعار جو بالکل مہمل ہو گئے تھے مجبوراً خارج کرنے پڑے۔"

اس تذکرے میں ۵۱ شعراء کا ذکر ہے تذکرے کا آغاز میں قطعہ تاریخ آغاز اور خاتمہ پر دو قطعات تاریخ اختتام کے درج ہیں یہ تینوں قطعات مولف کے اپنے کہے ہوئے ہیں۔

"تراجم نہ بہت مختصر ہیں نہ طویل، منتخبات البتہ خاصے طویل ہیں تراجم یوں قابل اعتبار ہیں کہ اس تذکرے کے مذکورہ شعرا سے تمنا ذاتی ور پر واقف تھے۔"

اسد علی تمنا کے حالات زندگی گوشہ گمنامی میں ہیں تاہم مولوی عبدالحق نے مختلف تذکروں اور شاعروں کے احوال سے جو کھوج لگایا ہے اس کے مطابق تمنا کا پورا نام اسد علی خان اور تخلص تمنا تھا، وطن اورنگ آباد تھا یہیں ان کی ابتدائی تعلیم ہوئی:

"آزاد بلگرامی اورنگ آباد میں کئی سال مقیم رہے اور اکثر لوگوں نے ان کی صحبت سے فیض حاصل کیا۔ تمنا کو بھی شعر و سخن میں انہیں سے تلمذ تھا۔"

تمنا صاحب دیوان تھے اور اپنے وقت میں استاد کا درجہ رکھتے تھے اور اورنگ آباد کے

محمد علی شوق نے تمنا کا اس طرح ذکر کیا ہے:

ہوا شاعری کا جو مرغوب فن
کیا میں تمنا سے شوق سخن

تمنا اورنگ آبادی کا انتقال ۱۲۰۴ ہجری میں ہوا محمد علی شوق نے "وفات بہشتی کر اے دل رقم" سے تاریخ وفات نکالی۔

دی اسٹینڈرڈ انگلش اردو ڈکشنری

مولوی عبدالحق صاحب کے تالیفی سرمایہ میں "دی اسٹینڈرڈ انگلش اردو ڈکشنری" بہت اہمیت رکھتی ہے اس تالیف کی مختلف منزلوں میں مولوی وحید الدین سلیم، مولوی غلام یزدانی صاحب، مولوی سید ہاشمی صاحب، ڈاکٹر یوسف حسین خان صاحب، ڈاکٹر عابد حسین صاحب اور شیخ چاند صاحب شریک کار رہے اور کئی سال کی لگاتار مشقت کے بعد یہ لغت پایہ تکمیل کو پہنچی۔

۱۹۳۷ء میں انجمن ترقی اردو اورنگ آباد نے مولوی عبدالحق صاحب کے دیباچہ کے ساتھ بائبل کاغذ پر شائع کی۔

اس ڈکشنری میں تخمیناً ۲ لاکھ الفاظ اور محاورات کی تشریح کی گئی ہے اور ایسے الفاظ شامل کئے گئے ہیں جو انگریزی زبان میں نو وارد تھے۔ ادبی، مقامی اور بول چال کے الفاظ کے ان الفاظ کے معنی بھی شامل ہیں جن کا تعلق علوم وفنون کی اصطلاحات سے ہے۔ ہر لفظ کے مختلف معانی اور فرق الگ الگ لکھے گئے ہیں اور ان الفاظ کی وضاحت بھی کی گئی ہے جن کا مفہوم آسانی سے سمجھ میں نہیں آتا۔ اگر کوئی لفظ انگریزی کا مفہوم ادا کرنے سے قاصر ہو تو اس کے لئے مرکب اور مفرد الفاظ اور محاورات کی چھان بین میں تحقیق

سے کام لیا گیا ہے اور ان متروکات کے بھی معنی دیئے ہیں جن کا خال خال استعمال ہوتا ہے۔ اس ڈکشنری کے اصول ترتیب میں کنسائزڈ آکسفورڈ کو نمونہ بنایا گیا ہے۔

مولوی عبد الحق صاحب نے اپنے دیباچہ میں جہاں اپنے رفقاء کار کی کاوشوں کا تذکرہ کیا ہے وہاں لغت نویسی کی تاریخ بیان کرتے ہوئے ان مستشرقین کو بھی خراج عقیدت پیش کیا ہے جنہوں نے انگریزی اردو لغت نویسی کی داغ بیل ڈالی۔

مولوی عبد الحق صاحب کی سرکردگی میں تالیف ہونے والی یہ لغت ۱۹۳۷ء کے بعد بالترتیب ۱۹۶۸ء، ۱۹۸۱ء اور ۱۹۸۵ء میں بھی شائع ہوئی۔

اسٹوڈنٹس انگلش اردو ڈکشنری

مولوی عبد الحق صاحب نے اسٹوڈنٹس اردو ڈکشنری ۱۹۳۸ء میں تالیف کر کے انجمن ترقی اردو (ہند) سے بسلسلہ مطبوعات ۱۰۷ اورنگ آباد (دکن) سے شائع کی تھی۔

یہ لغت "دی اسٹینڈرڈ انگلش اردو ڈکشنری" مطبوعہ ۱۹۳۷ء کی اختصاری شکل ہے۔ جس میں متروک اور غریب الفاظ، ایسی اصطلاحیں جو خاص فنون سے تعلق رکھتی ہیں اور اب ادب میں شاذو نادر استعمال ہوتی ہیں خارج کر دی گئی ہیں اس کے باوجود مولوی عبد الحق صاحب کے بقول:

"بہمہ وجوہ مکمل اور جامع ہے۔۔۔۔۔۔ ایک اعتبار سے یہ لغت زیادہ صحیح اور مکمل ہے کیوں کہ یہ بڑی کتاب کے بعد تیار ہوئی اور اس میں جو کہیں کہیں خامیاں رہ گئیں اور بعض الفاظ کے خاص معنی جو بعد میں معلوم ہوئے وہ اضافہ کر دیئے گئے۔"

اس کے بہت سے اڈیشن شائع ہو چکے تھے۔

چند تنقیدات عبد الحق

"چند تنقیدات عبد الحق" انجمن ترقی اردو (ہند) نے دلی سے اپنے سلسلہ مطبوعات ۱۱۸ کے تحت ۱۹۳۹ء میں شائع کی تھی کتاب پر کسی مرتب کا نام ہے نہ دیباچہ و مقدمہ، سرورق پر کتاب کے نیچے یہ عبارت درج ہے:

"یعنی اردو کے محسن اعظم مولانا عبد الحق پروفیسر اردو (ھند) کی چند اہم تنقیدات کا مجموعہ"

یہ تنقیدات مجموعی اعتبار سے دس ہیں یہ وہ تبصرے ہیں جو ۱۹۲۴ء تا ۱۹۳۳ء رسالہ "اردو" اورنگ آباد میں مختلف کتابوں کے متعلق شائع ہوتے رہے جن کی فہرست درج ذیل ہے:

۱سرگزشت الفاظ مولوی احمد دین

رسالہ "اردو" اورنگ آباد

اپریل ۱۹۲۴ء

۲زبان اردو پر سرسری نظر رشید احمد صدیقی

ایضاً

جولائی ۱۹۲۴ء

۳مکاتیب امیر مینائی مرتبہ مولوی احسن اللہ خان

ایضاً

جولائی ۱۹۲۴ء

۴اصلاح سخن عبد العلی شوق

ایضاً

اکتوبر۱۹۲۶ء

۵اردو شہ پارے سید محی الدین قادری

ایضاً

اکتوبر۱۹۲۶ء

۶اکبر آلہ آبادی طالب آلہ آبادی

ایضاً

اکتوبر۱۹۳۰ء

۷فیضان شوق منشی احمد علی شوق

ایضاً

جولائی۱۹۳۰ء

۸اردو لٹریچر ڈاکٹر گراہم بیلی

ایضاً

جولائی۱۹۳۳ء

۹نور اللغات نور الحسن نیر

ایضاً

اکتوبر۱۹۲۳

۱۰مجموعہ نغز تالیف میر قدرت اللہ قاسم مرتب حافظ محمود شیرانی

ایضاً

اکتوبر۱۹۳۳ء

قطب مشتری

مولوی عبدالحق نے عہد قطب شاہی کے ملک الشعراء ملا اسد اللہ وجہی کی تصنیف مثنوی ''قطب مشتری'' کو دو مختلف نسخوں سے مقابلہ کر کے مرتب کیا جس میں سے ایک برٹش میوزیم لائبریری کے نسخہ کا عکس اور دوسرا خود مولوی عبدالحق کے پاس تھا۔

یہ مثنوی ملا وجہی نے ۱۰۱۸ھ میں تمام کی تھی۔ مثنوی کے آخر میں وجہی نے اس کا سن تالیف اس طرح دیا ہے:

''تمام اس کیا دیس بارا میں نے

سنہ ایک ہزار ہور اٹھارہ بنے''

یہ مثنوی روایتی عشقیہ انداز سے تحریر کی گئی ہے جس میں سلطان محمد قلی قطب شاہ بادشاہ گولکنڈہ کے عشق کا حال بیان کیا گیا ہے۔

''معلوم ہوتا ہے کہ مشتری وہی ہے جو بھاگ متی کے نام سے مشہور تھی اور اپنے رقص و موسیقی اور حسن و جمال کی وجہ سے شہرت رکھتی تھی۔ محمد قلی زمانہ شہزادگی میں اس پر عاشق ہوا۔''

نصرتی

یہ کتاب ملک الشعراء ''ملا نصرتی'' کے حالات زندگی اور کلام پر مشتمل ہے جس کا تعلق دکن کے عادل شاہی عہد سے تھا جس نے عادل شاہی عہد کے تین حکمرانوں (محمد عادل شاہ، علی عادل شاہ اور سکندر عادل شاہ) کا زمانہ دیکھا اور اورنگ زیب عالم گیر کے فتح بیجاپور (۱۰۹۷ھ مطابق ۱۶۸۶-۸۸ء) تک بقید حیات تھے۔

مولوی عبدالحق نے تذکرہ ''ریاض حسنی'' کے حوالے سے تحریر کیا ہے:

"جب شاہ اورنگ زیب عالم گیر نے دکن فتح کیا تو وہاں کے شعراء کو حاضر کرنے کا حکم دیا ان میں نصرتی بھی تھے اور ان کے کلام کو سب سے افضل تسلیم کیا اور خطاب ملک الشعراء ہند سے سرفراز فرمایا۔"

مولوی عبد الحق نے اس کتاب میں نصرتی کے حالات زندگی کا کھوج لگا کر بہت سے گمنام گوشوں سے پردہ اٹھایا ہے اور بہت سی غلط روایات کی بیخ کنی کی ہے جو نصرتی کے حالات کو مسخ کر رہی تھیں۔

گارساں دتاسی نے تاریخ ادب ہندوستانی میں نصرتی کو برہمن تحریر کیا تھا چنانچہ گارساں دتاسی سے اس روایت نے آگے بڑھنا شروع کیا۔ مولوی عبد الحق نے دتاسی کی اس غلطی کی تردید میں نصرتی کے بہت سے ایسے اشعار پیش کئے جس سے ثابت ہوتا ہے کہ نصرتی برہمن نہیں بلکہ مسلمان تھا، عبد الحق لکھتے ہیں۔

"گارساں دتاسی نے گلشن عشق کے ایک قلمی نسخے کی سند پر اسے برہمن بتایا ہے سر چارلس نے انسائیکلوپیڈیا برٹینکا میں اپنے مضمون ہندوستانی میں اسے برہمن لکھا ہے یہ بالکل غلط ہے خود اس کے کلام سے تردید ہوتی ہے نیز میں نے ذاتی ور پر اس کے خاندانی حالات کی جو تحقیق کی ہے اس سے ثابت ہوتا ہے کہ وہ نسلاً بعد نسلاً مسلمان تھا۔"

مولوی عبد الحق نے اس کتاب کے آغاز میں نصرتی کے حالات زندگی، عادل شاہی حکمرانوں کی علم پروری، نصرتی کے خاندان، اس کی ابتدائی تعلیم و تربیت اور دربار سے وابستگی کا ذکر کیا ہے۔ پھر اس کی تصانیف کا ذکر ہے جس میں گلشن عشق، علی نامہ اور تاریخ سکندری شامل ہیں۔

مولوی عبد الحق نے نصرتی کے قصائد، غزلیات اور کلام پر رائے دیتے ہوئے تحریر کیا ہے:

''اس سے پہلے جو شاعر گذرے ہیں ان کی تقلید نہیں کی بلکہ فارسی شعراء کے رنگ میں بھی لکھا ہے اس کی زبان بھی ٹھیٹ دکھنی ہے لیکن دوسرے شعراء کے مقابلے میں مشکل ہے اس لئے کہ اس نے رزم و بزم کے دونوں میدانوں میں یکہ تازی کی ہے۔۔۔۔ نصرتی خود اپنے کلام کی قدر سمجھتا تھا اور اسے اس بات پر بجا فخر تھا کہ اس نے دکھنی زبان کو سنوارا ہے اور اس میں نیا رنگ پیدا کیا ہے اور وہ چیزیں لکھی ہیں جو اس سے پہلے ناپید تھیں دکھنی ایک بے مایہ اور بے حقیقت زبان تھی اس میں جان ڈالی اور سزاوار تحسین بنایا۔''

مولوی عبدالحق نے نصرتی کے دکھنی اشعار کا اردو مفہوم اشعار کے نیچے ہی دے دیا تھا تاہم کتاب کے آخر میں تقریباً سوا چار سو دکھنی الفاظ کی اردو فرہنگ بھی دی ہے۔

یہ کتاب ۱۹۴۴ء میں انجمن ترقی اردو نے دہلی سے شائع کی۔

بچوں کے خطوط

مولوی عبدالحق صاحب کو درس و تدریس سے بہت لگاؤ تھا اور عملی زندگی کے آغاز میں ان کا واسطہ بھی تعلیم کے شعبہ سے رہا تھا۔ مدرسہ وسطانیہ حیدر آباد دکن کے صدر مدرس، اورنگ آباد انٹر کالج کے پرنسپل اور نائب مہتمم و صدر مہتمم مدارس بھی رہے۔ اسی دوران انہیں نصابی معیار کی کمیابی کا احساس ہوا اور انہوں نے ذاتی دل چسپی سے نہ صرف نصابی کتب مرتب کرائیں بلکہ خود بھی نصابی کتب کی تدویب و تالیف کی ''بچوں کے خطوط'' بھی ان کے تعلیمی منصوبہ کی کڑی ہے جو وسطانیہ (مڈل) کے لئے تیار کی تھی۔ علی بشر حاتمی صاحب نے اس کتاب کی ضرورت اور اہمیت پر روشنی ڈالتے ہوئے ''چند باتیں'' میں لکھا ہے:

"ایک کمی جو ارتقائی دور میں شدت سے محسوس ہوتی ہے وہ یہ ہے کہ ابھی تک بچوں کے املا اور انشاء کی طرف بہت کم توجہ دی گئی ہے جس کا نتیجہ یہ ہے کہ آج بڑے بڑے طالب علموں کے خطوط میں بھی ایسی غلطیاں نظر آتی ہیں جو پڑھنے والے کو بہت ہی ناپسند ہوتی ہیں۔۔۔ ان خطوط کے متعلق صرف اس قدر لکھ دینا ہی کافی ہے کہ یہ خطوط میرے محترم بزرگ جناب مولوی عبد الحق صاحب سیکرٹری انجمن ترقی اردو (ہند) نے لکھے ہیں جن کا نام اس دور کے تاریخ ادب اردو میں سب سے زیادہ روشن نظر آتا ہے۔"

مولوی عبد الحق صاحب نے کتاب کے آغاز میں تفصیل سے "خط لکھنے کے متعلق چند ضروری ہدایتیں" تحریر کی ہیں اور اس کے بعد خطوط کے نمونے ہیں ان نمونوں میں چھوٹوں، بڑوں اور ہم رتبہ دوستوں کے نام خطوط، دعوت ناموں اور عرضیوں کے نمونے شامل ہیں۔ خطوط کے یہ مجموعے عبد الحق اکیڈمی حیدر آباد (دکن) ۱۹۴۴ء میں شائع کئے تھے۔

انتخاب داغ

مولوی عبد الحق صاحب نے ۱۹۴۶ء میں انجمن اردو دہلی سے فصیح الملک نواب مرزا خان داغ دہلوی کے کلام کا انتخاب مرتب کر کے اپنے مقدمہ کے ساتھ شائع کیا۔

مولوی عبد الحق صاحب کا یہ مختصر سا مقدمہ دو حصوں میں منقسم ہے۔ پہلے حصہ میں داغ کے خاندان پس منظر اور سوانحی حالات کا ذکر کیا ہے جس سے معلوم ہوتا ہے کہ داغ کی زندگی عیش و عشرت میں بسر ہوئی اور فارغ البالی سے گزر اوقات ہوتی رہی۔ بالخصوص ۱۸۸۸ء حیدر آباد طلبی اور میر محبوب علی کی استادی کے شرف نے انہیں مالامال

کر دیا۔ مولوی عبد الحق صاحب تحریر کرتے ہیں:

"ابتداء میں تنخواہ ساڑھے چار سو روپے ماہوار مقرر ہوئی اور اسی حساب سے تین برس کی امیدواری کی بھی پوری تنخواہ مل گئی تین برس بعد ایک ہزار ہو گئی اس ایک ہزار کا حساب بھی امیدواری کے زمانے سے کیا گیا اور چالیس اکتالیس ہزار روپے یک مشت ملے۔۔۔ علاوہ تنخواہ اور خطابات کے جاگیر بھی مرحمت فرمائی۔ حیدر آباد کا زمانہ بڑی خوش حالی بے فکری اور فارغ البالی سے گذرا۔"

مولوی عبد الحق صاحب نے مقدمہ کے دوسرے حصے میں داغ کے فن پر روشنی ڈالی ہے اور بتایا ہے کہ انہیں زبان پر قدرت حاصل تھی فصاحت، سادگی، شوخی اور ظرافت ان کے کلام کے جوہر تھے انہوں نے چار دیوان اور ایک مثنوی "فریاد داغ" یاد گار چھوڑی ہیں۔ مولوی عبد الحق صاحب لکھتے ہیں:

"بہت سے ایسے محاورے اور روز مرہ کے جملے جو اب تک تحریر میں نہیں آئے تھے ان کے کلام کی وجہ سے محفوظ ہو گئے ہیں۔۔۔۔ ان کے کلام کی مقبولیت کی وجہ زبان کی صفائی اور سلاست بیان کا بانکپن اور بے ساختہ پن، ظرافت اور شوخی، بول چال کا لطف اور خاص انداز بیان ہے۔"

ادبی تبصرے

"دانش محل" لکھنو نے ۸۸ صفحات پر مشتمل مولوی عبد الحق کے ان ۱۵ تبصروں کا مجموعہ ۱۹۴۷ء میں شائع کیا ہے جو ۱۹۲۱ء تا ۱۹۴۲ء رسالہ "اردو" اورنگ آباد / دلی میں شائع ہوئے تھے اس مجموعہ پر کسی مرتب کا نام نہیں ہے البتہ سر ورق پر "نوشتہ ڈاکٹر عبد الحق" تحریر ہے نہ ہی کوئی دیباچہ، تقریظ یا مقدمہ ہے ایک صفحہ کی فہرست اور پھر

باقی صفحات پر متن ہے۔ جن کی فہرست درج ذیل ہے:

اروح ادب

ماخوذ: رسالہ "اردو" اورنگ آباد

جولائی ۱۹۲۱ء

۲مرہٹی وناکوش

ماخوذ: رسالہ "اردو" اورنگ آباد

اکتوبر ۱۹۲۱ء

۳رسائل عمادالملک

ماخوذ: رسالہ "اردو" اورنگ آباد

اپریل ۱۹۲۲ء

۴روح سیاست

ماخوذ: رسالہ "اردو" اورنگ آباد

اپریل ۱۹۲۲ء

۵حزن اختر

ماخوذ: رسالہ "اردو" اورنگ آباد

جولائی ۱۹۲۲ء

۶جواہرات حالی

ماخوذ: رسالہ "اردو" اورنگ آباد

جنوری ۱۹۲۳ء

۷افادات مہدی

ماخوذ: رسالہ "اردو" اورنگ آباد

جنوری ۱۹۲۳ء

۸ انجام زندگی

ماخوذ: رسالہ "اردو" اورنگ آباد

اپریل ۱۹۲۴ء

۹ دیوان جان صاحب

ماخوذ: رسالہ "اردو" اورنگ آباد

اپریل ۱۹۳۵ء

۱۰ ناٹک ساگر

ماخوذ: رسالہ "اردو" اورنگ آباد

جولائی ۱۹۲۹ء

۱۱ ہندو عہد اورنگ زیب میں

ماخوذ: رسالہ "اردو" اورنگ آباد

جنوری ۱۹۲۵ء

۱۲ مکتوبات حالی (مقدمہ)

"مکتوبات حالی" حالی پریس پانی پت

۱۹۲۵ء

۱۳ الناظر کا انعامی مضمون

ماخوذ: رسالہ اردو دہلی

اپریل ۱۹۴۲ء

۱۴ اما ورا

ماخوذ: رسالہ اردو دہلی

اپریل ۱۹۴۲ء

۱۵ آیات و نغمات

ماخوذ: رسالہ اردو دہلی

اپریل ۱۹۴۲ء

مولوی عبدالحق کے بعض ''ادبی تبصرے'' تنقیدات عبدالحق اور چند تنقیدات عبدالحق کے عنوان سے بالترتیب ۱۹۳۴ء اور ۱۹۳۹ء میں شائع ہو چکے ہیں لیکن بہت سے ادبی تبصرے ایسے ہیں جو مذکورہ بالا کتابوں میں شامل نہیں یہ تبصرے رسالہ ''اردو'' کے اورنگ آباد، دہلی اور کراچی کے ادوار میں مختلف شماروں میں شائع ہوئے تھے ان میں قابل ذکر مندرجہ ذیل ہیں۔

مولوی عبدالحق کی مرتبہ یہ کتاب خان عبداللطیف خان نے سلسلہ مطبوعات انجمن ترقی اردو نمبر ۱۱۰ کے تحت ۱۹۳۹ء میں انجمن ترقی اردو کے لئے انجمن کے پریس سے چھاپی مقدمہ کے آغاز میں مولوی عبدالحق نے قصہ کا خلاصہ تحریر کیا پھر مختلف حوالوں سے ''قطب مشتری'' اور ملا وجہی کی شاعری کا جائزہ لیتے ہوئے تحریر کیا:

''وجہی کا کلام بہت سلیس، صاف ستھرا ہے البتہ زبان قدیم ہے اور وہ اس کی اپنی اور اپنے زمانے کی زبان ہے اس لئے متروک اور قدیم الفاظ اور محاوروں کی وجہ سے مشکل معلوم ہوتی ہے۔ بعض بعض مقامات پر اس نے بعض خیالات بڑی خوبی سے بیان کئے ہیں۔''

مثنوی میں بعض موقعوں پر غزلیں بھی دی گئی ہیں جو خود ملا وجہی کی لکھی ہوئی ہیں

کتاب میں ایک باب ملا وجہی نے شعر کی خوبیوں پر "در شرح شعر" کے عنوان سے دیا ہے۔

اپنے مرتب کردہ اس نسخے کے آخر میں مولوی عبدالحق نے ایک ضمیمہ بھی دیا ہے جس میں وہ مختلف مواد ہے جو زیر موازنہ نسخوں سے حاصل ہوا ہے (یعنی انہوں نے اپنے نسخے کا اصل متن دو نسخوں کے ایک جیسے مواد کو قرار دیا ہے اور مختلف کلام کو ضمیمے میں ڈال دیا ہے)

مولوی عبدالحق نے حاشیے میں ان الفاظ کی بھی نشان دھی کی ہے جو نسخوں میں ایک دوسرے سے مختلف ہیں۔ کتاب کے آخر میں نامانوس اور غریب الفاظ بالخصوص ٹھیٹھ دکنی الفاظ کی فرہنگ بھی دی گئی ہے۔

یہ کتاب انجمن ترقی اردو نے انجمن کے مطبع دہلی سے ۱۹۳۹ء میں شائع کی۔

خطبات عبدالحق

مولوی عبدالحق صاحب کی ساری زندگی اردو کے لئے جہاد میں گذری اس کے لئے انہوں نے اپنوں پرایوں سے لڑائیاں مول لیں۔ دور دراز کے سفر اختیار کئے اور جگہ جگہ اردو کی ترویج کے لئے خطبات دیئے۔ مولوی عبدالحق صاحب کے یہ خطبات پہلی مرتبہ انجمن ترقی اردو نے اپنے سلسلہ مطبوعات نمبر ۱۲۴ کے تحت ۱۹۳۹ء میں لطیفی پریس دہلی سے خان صاحب عبداللطیف صاحب نے شائع کئے تھے۔ اس کتاب میں دسمبر ۱۹۳۳ء سے جولائی ۱۹۳۹ء کی درمیانی مدت کے خطبات شامل ہیں۔

"خطبات عبدالحق" پر کسی مرتب کا نام درج نہیں ہے تاہم مرتب نے ۱۴ اکتوبر ۱۹۳۹ء کو مختصر سا پیش لفظ تحریر کیا ہے اس میں انہوں نے لکھا ہے:

"ڈاکٹر مولانا عبدالحق صاحب مدظلہ' لائف آنریری سیکرٹری انجمن ترقی اردو (ہند) کے خطبات جو انہوں نے مختلف موقعوں پر دیئے، خاص اہمیت رکھتے ہیں ان میں سے بعض خطبات رسالہ "اردو" میں شائع ہو چکے ہیں اور کچھ دوسرے بلند پایہ رسائل میں لیکن بعض خطبے جو الگ شائع ہوئے ان کی مانگ اس قدر تھی کہ دفتر سے فرمائشوں کی تعمیل محال ہوگئی۔ ارباب شوق کا یہ اصرار دیکھ کر ہم نے فیصلہ کیا کہ جس قدر خطبات فی الوقت مل سکیں انہیں جمع کر کے کتابی شکل میں شائع کر دیا جائے۔"

چنانچہ یہ مجموعہ پیش ہے ہمیں امید ہے کہ بہی خواہاں اردو کے لئے یہ خطبے مفید اور بصارت افروز ثابت ہوں گے اور تاریخ ادب اردو کے طلبہ خصوصیت کے ساتھ ان سے استفادہ کریں گے۔

۱۹۴۴ء میں اس ادارے کی جانب سے جلد دوم شائع ہوئی جس میں دس خطبات اور تین مضامین و مقالات کا اضافہ کیا گیا۔

۱۹۳۹ء کے مجموعہ "خطبات عبدالحق" میں مندرجہ ذیل خطبات شامل ہیں:

۱خطبہ صدارت اردو کانفرنس ناگپور بڑودہ دسمبر ۱۹۳۳ء

۲خطبہ صدارت شعبہ اردو ہندوستانی اکیڈمی الہ آباد ۱۲ جنوری ۱۹۳۶ء

۳خطبہ صدارت انجمن حمایت اسلام لاہور ۱۲ اپریل ۱۹۳۶ء

۴خطبہ صدارت انجمن ترقی پسند مصنفین لکھنو اپریل ۱۹۳۶ء

۵خطبہ صدارت بہار اردو کانفرنس پٹنہ ۱۹۳۶ء

۶خطبہ صدارت آل انڈیا اردو کانفرنس علی گڑھ ۲۸ اپریل ۱۹۳۷ء

۷خطبہ صدارت سندھ پروانشل اردو کانفرنس کراچی ۳۱ دسمبر ۱۹۳۷

۸خطبہ صدارت اردو کانفرنس صوبہ متوسط ناگپور ۲۳-۱۲ اکتوبر ۱۹۳۸ءء

۹خطبہ صدارت مسلم یونیورسٹی علی گڑھ دسمبر ۱۹۳۸ء

۱۰تقریر ہندوستانی کیا ہے (ریڈیو اسٹیشن) دہلی ۲۱فروری ۱۹۳۹ء

جلد دوم ۱۹۴۴ء

۱خطبہ صدارت اردو کانفرنس ناگپور ۴مارچ ۱۹۴۰ء

۲ خطبہ صدارت شعبہ صحافت اورئینٹل کانفرنس تروپتی (جنوبی ہند) ۲۸مارچ ۱۹۴۰ء

۳خطبہ صدارت اردو کانفرنس لاہور ۸دسمبر ۱۹۴۰ء

۴خطبہ صدارت اردو کانفرنس گوالیار ۲۷جنوری ۱۹۴۱

۵خطبہ صدارت کل پنجاب اردو کانفرنس لائل پور (فیصل آباد) ۲۳فروری ۱۹۴۱ء

۶ خطبہ صدارت یوم اردو انجمن حمایت اسلام لاہور ۱۲اپریل ۱۹۴۱ء

۷خطبہ صدارت شعبہ اردو آل انڈیا مسلم ایجوکیشن کانفرنس علی گڑھ ۱۴فروری ۱۹۴۳ء

۸خطبہ صدارت شمالی بنگال اردو کانفرنس دیناج پور ۷مارچ ۱۹۴۳ء

۹خطبہ صدارت اردو کانفرنس کالی کٹ ۷نومبر ۱۹۴۳ء

۱۰مخلوط زبان (مقالہ) الہ آباد ۲۱دسمبر ۱۹۴۱

۱۱ہندی اردو جھگڑا ۱۶جولائی ۱۹۴۱ء

۱۲حامیان اردو (مضمون) دہلی ۱۴اپریل ۱۹۴۴ء

۱۳تقریر سندھ پروانشل اردو کانفرنس کراچی ۱۸اپریل ۱۹۴۴ء

نوٹ: خطبات کی درج بالا ترتیب ''خطبات عبد الحق'' کی فہرست کے مطابق ہے

نصاب اردو (انٹر میڈیٹ کے لئے)

۱۹۴۰ء میں مولوی عبدالحق صاحب نے مدراس یونیورسٹی سے ملحق کالجوں کے لئے انٹر میڈیٹ کی سطح کا نصاب مرتب کیا اور اسے انجمن ترقی اردو (ہند) دہلی نے ۱۹۴۰ء میں حیدر آباد پریس سے طبع کرا کے اپنے سلسلہ نمبر ۱۳۷ کے تحت شائع کیا اس "نصاب اردو" کی فہرست مضامین درج ذیل ہے:

حصہ نثر

۱امید کی خوشی: سر سید احمد خان

۲دنیا کی کل علم سے چلتی ہے یا عمل سے: مولانا الطاف حسین حالی مرحوم

۳اورنگ زیب کی چڑھائی دکن پر: مولوی محمد حسین آزاد دہلوی مرحوم

۴عبدالرحیم خان خاناں کی فیاضی اور دریادلی: ایضاً

۵اچھی کتاب کا مطالعہ: مولوی عبدالحق صاحب بی اے علیگ

۶مرزا غالب کے اخلاق: شمس العلما مولوی الطاف حسین حالی

۷ایک ہندوستانی ڈپٹی کلکٹر کی ملاقات انگریز کلکٹر سے: شمس العلما نذیر احمد مرحوم

۸سر سید کی طرز تحریر: مولانا الطاف حسین حالی مرحوم

۹علماء کی صحبت: مولوی غلام یزدانی صاحب ایم اے

۱۰سید انشا کا انجام: شمس العلما مولوی محمد حسین آزاد مرحوم

۱۱ایران کے بہار نوروز: ایضاً

۱۲پشاور: از خالدہ ادیب خانم مترجم: مولوی سید حاشمی صاحب

۱۳تعصب: سر سید احمد خان مرحوم

۱۴کلیم کا باپ سے روٹھ کر مرزا ظاہر دار بیگ کے پاس جانا: شمس العلماء مولانا نذیر

احمد

۱۵ایثار نفس: مولانا محمد عبد الحلیم شرر لکھنوی مرحوم

۱۶ادبی تفریح: ایضاً

۱۷بچوں کو زیور پہنانے کی مضرت: پنڈت رتن ناتھ سرشار

۱۸ایک فقیر کا جل: ایضاً

۱۹خطاب بہ طلبہ: مولانا وحید الدین سلیم مرحوم

۲۰ پیرک لیڈ کی مشہور تقریب تعزیت: مترجمہ مولوی محمد عنایت اللہ صاحب

۲۱اخلاقی جرات: ڈپٹی لال نگم

خطوط

۲۲خواجہ الطاف حسین حالی کے نام: سر سید احمد خاں

۲۳بنام مشتاق حسین صاحب: سر سید احمد خان مرحوم

۲۴ (۱)نامہ غالب (بنام میر مہدی مجروح): مرزا اسد اللہ خان غالب مرحوم

۲۵ (۲)جواب مجروح: میر مہدی مجروح

۲۶(۳)نامہ غالب (بنام میر مہدی مجروح): مرزا اسد اللہ خان غالب مرحوم

۲۷(۴)جواب مجروح: میر مہدی مجروح

۲۸(۵)نامہ غالب: مرزا اسد اللہ خان غالب

۲۹(۶)جواب مجروح: میر مہدی مجروح

۳۰(۷)نامہ مجروح: ایضاً

۳۱(۸)جواب غالب: مرزا اسد اللہ خان غالب

۳۲بنام مولوی عبد الحق صاحب بی اے: پودینہ الطاف حسین حالی مرحوم

۳۳بنام ایم مہدی: مولانا شبلی مرحوم

۳۴بنام ایم مہدی: مولانا شبلی مرحوم

۳۵بنام ایم مہدی: مولانا شبلی مرحوم

۳۶بنام مولانا حبیب الرحمن خان شیروانی: مولانا شبلی مرحوم

۳۷بنام عطیہ بیگم فیضی: مولانا شبلی مرحوم

۳۸بنام عطیہ بیگم فیضی: مولانا شبلی مرحوم

حصہ نظم

۱انتخاب از مسدس حالی: مولانا حالی مرحوم

۲مرشیہ عارف: مرزا اسد اللہ خان غالب مرحوم

۳غزل: ایضاً

۴نیا شوالہ: ڈاکٹر سر محمد اقبال مرحوم

۵ہمالہ: ایضاً

۶ ایک پرندے کی فریاد: ڈاکٹر سر محمد اقبال مرحوم

۷کنج عزلت: ایضاً

۸غزل: پنڈت برج نرائن چکبست

۹رامائن کا ایک سین: ایضاً

۱۰گور غریباں: مولوی علی حیدر نظم طباطبائی مرحوم

۱۱مناجات: میر ببر علی انیس

۱۲گھوڑا: ایضاً

۱۳گرمی کی شدت: ایضاً

۱۴ غزل: انشااللہ خان انشا

۱۵ اندی کا راگ: مولانا ظفر علی خان

۱۶ شور محشر: ایضاً

۱۷ بلبل اسیر: احمد علی صاحب شوق قدوائی

۱۸ ماتم بلبل: ایک مسلمان خاتون

۱۹ بلبل کا ذوق آزادی: مولوی غلام علی بھیک صاحب نیرنگ

۲۰ کالی ناگن: مولوی سید ہاشمی صاحب

۲۱ غزل (۱): سید اکبر حسین الہ آبادی مرحوم

۲۲ غزل بہاریہ (۲): ایضاً

۲۳ رباعی (۳) ایضاً

۲۴ نظم بہاریہ (۴): ایضاً

۲۵ شعر (۵): ایضاً

۲۶ وزیر زادی کا جوگن بننا: میر حسن

۲۷ شادی کے وقت بدر منیر کی سواری: ایضاً

۲۸ غزلیات (۳، ۲، ۱): میر تقی میر

۲۹ قصیدہ شہر آشوب: میر زا رفیع سودا

۳۰ غزل: میر زا رفیع سودا

۳۱ غزلیات (۳، ۲، ۱): شیخ ابراہیم ذوق

۳۲ غزلیات (۳، ۲، ۱): خواجہ حیدر علی آتش

۳۳ غزلیات (۳، ۲، ۱): حضرت صفی لکھنوی

۳۴غزلیات (۴، ۳، ۲، ۱): حسرت موہانی

۳۵گنگا جی: سرور جہاں آبادی

۳۶مثنوی آب زلال: اسمعیل میر ٹھی

۳۷فردوس ہمالہ: ابو الاثر حفیظ جالندھری

۳۸ہولی: نظیر اکبر آبادی

۳۹غزلیات (۳، ۲، ۱): اصغر گونڈوی

غزلیات (۳، ۲، ۱): فانی

۴۱طلوع سحر: پنڈت برج موہن دتاتریہ کیفی

۴۲حسن: ایضاً

۴۳رباعیات (۳، ۲، ۱)، کہن: امجد حیدر آبادی

۴۴قطعہ: اکبر الہ آبادی

۴۵دل بے قرار سو جا: سرور جہاں آبادی

۴۶نیم کے پتے: مولانا وحید الدین سلیم

چند ہم عصر

مولوی عبد الحق صاحب نے ۹۰ سال سے زیادہ عمر پائی اور ہزاروں لوگوں کو دیکھا اور ملاقات کی ان میں سے بعض سے وہ متاثر بھی ہوئے اور ان کی یادوں کو قلمی خاکوں میں محفوظ بھی کر لیا۔ ان ہم عصروں میں ادیب، شاعر، سیاست دان اور مصلحین قوم سے لے کر معمولی سپاہی اور مالی تک شامل ہیں کیوں کہ مولوی عبد الحق کے خیال میں:

"بڑے لوگوں ہی کے حالات لکھنے اور پڑھنے کے قابل نہیں ہوتے بلکہ غریبوں

میں بھی بہت سے ایسے ہوتے ہیں کہ ان کی زندگی ہمارے لئے سبق آموز ہو سکتی ہے انسان کا بہترین مطالعہ انسان ہے۔"

مولوی عبد الحق صاحب کے ۱۹۰۰ء سے ۱۹۳۷ء تک کی درمیانی مدت کے خاکے شیخ چاند صاحب نے مرتب کئے لیکن ان کی زندگی نے وفا نہ کی اور وہ مولوی عبد الحق صاحب کے لکھے ہوئے خاکوں کو اپنی زندگی میں طبع نہ کرا سکے شیخ چاند مرحوم کا دسمبر ۱۹۳۶ء میں انتقال ہو گیا۔ ان کے انتقال کے تین سال بعد یہ خاکے ۱۹۴۰ء میں انجمن ترقی اردو (ہند) کے سلسلہ اشاعت ۱۹۲ کے تحت زیور طباعت سے آراستہ ہوئے اس کے بعد بھی "چند ہم عصر" کے بہت سے ایڈیشن شائع ہوئے جن میں خاکوں کے اضافے بھی ہوئے اور چند حذف بھی کئے گئے۔

یہ خاکے دراصل مولوی عبد الحق صاحب کی بعض تقاریر ہیں جو تعزیتی مجلسوں میں کی گئیں، بعض خطوط ہیں بعض کتب پر تبصرے، مقدمات اور چند مضامین ہیں۔

"چند ہم عصر" میں مندرجہ ذیل خاکے و مضامین شامل رہے ہیں۔

جن کی ترتیب فہرست کے مطابق ہے

پہلا ایڈیشن (مطبوعہ: انجمن ترقی اردو ہند، دہلی ۱۹۴۰ء)

۱منشی امیر احمد مینائی رسالہ "افسر" حیدر آباد دکن

۱۹۰۰ء

۲پروفیسر مرزا حیات مضمون رسالہ "افسر" حیدر آباد دکن ۱۹۰۰ء

۳سید محمود تقریر جلسہ تعزیت منعقدہ حیدر آباد دکن ۱۹۰۳ء

۴مولوی چراغ علی مقدمہ کتاب اعظم الکلام فی ارتقاء اسلام از مولوی چراغ علی

۱۹۱۱ء

۵ مولوی محمد عزیز مرزا ۱۹۱۲ء

۶ شمس العلماء ڈاکٹر مولوی سید علی بلگرامی مقدمہ کتاب ''تمدن ہند'' از ڈاکٹر بان مترجم مولوی سید علی بلگرامی ۱۹۱۳ء

۷ خواجہ غلام الثقلین ۱۹۱۵ء

۸ حکیم امتیاز الدین مکتوب بنام ہاشمی فرید آبادی محررہ اگست ۱۹۵۱ء

۹ وحید الدین سلیم مضمون رسالہ ''اردو'' اورنگ آباد (دکن) ۱۹۲۹ء

۱۰ اگدڑی کالال، نور خان ۱۹۳۰

۱۱ محسن الملک مقدمہ تذکرہ محسن از محمد امین ۱۹۳۱ء

۱۲ مولانا محمد علی مرحوم تبصرہ سیرت محمد علی رسالہ ''اردو'' اورنگ آباد (دکن) ۱۹۳۳ء

۱۳ شیخ غلام قادر گرامی تبصرہ سیرت دیوان گرامی رسالہ ''اردو'' اورنگ آباد (دکن) ۱۹۳۳ء

۱۴ حالی مضمون مرحوم چاند کی فرمائش پر لکھا گیا ۱۹۳۷ء

چوتھا ایڈیشن (اضافے) مطبوعہ انجمن ترقی اردو کراچی

۱ ڈاکٹر محمد اقبال مضمون ۱۹۵۳ء

۲ مولانا حسرت موہانی مضمون روزنامہ ''امروز'' ۱۹۵۳ء

۳ آہ عبدالرحمان صدیقی مضمون ''قومی زبان'' کراچی ۱۹۵۳ء

۴ درویش پروفیسری ہٹ سک مضمون رسالہ ''افسر'' حیدر آباد (دکن) ۱۹۰۱ء

۵ ڈاکٹر عبدالرحمان بجنوری مضمون یادگار بجنوری ۱۹۵۱ء

پانچواں ایڈیشن (اضافے)

(مطبوعہ: انجمن ترقی اردو کراچی ۱۹۵۹ء، اردو اکیڈمی سندھ سے پہلا ایڈیشن)

انواب عماد الملک حسین بلگرامی مضمون رسالہ ''اردو'' ۱۹۵۶ء

۲پروفیسر مرزا حیرت مضمون رسالہ ''افسر'' حیدر آباد (دکن) ۱۹۰۰ء

چھٹا ایڈیشن

(مطبوعہ: اردو اکیڈمی سندھ، کراچی سے دوسرا ایڈیشن ۱۹۶۱ء)

اخالدہ ادیب خانم مضمون ہفت روزہ ''لیل و نہار'' لاہور ۱۲ اپریل ۱۹۵۹ء رسالہ ''اردو اورنگ آباد''

احیات تبسم رمضان تبسم جنوری ۱۹۲۱ء

۲نکات غالب نظام الدین حسین نظامی اکتوبر ۱۹۲۱ء

۳کلیات ولی مرتبہ محمد اسلم سیفی جنوری ۱۹۲۲ء

۴ (۱)مقالات زرین از جوش ملیح آبادی جنوری ۱۹۲۲ء

(۲)اوراق سحر

(۳)جذبات فطرت

(۴) آواز حق اپریل ۱۹۲۲ء

۵(۱)خوں نابہ عشق مترجم فیروز الدین اپریل ۱۹۲۲ء

(۲)حکائت شرلک ھومز

۶جوہر منظوم (اردو ترجمہ رباعیات سرمد) جولائی ۱۹۲۲ء

۷(۱) صبح وطن از سدرشن اکتوبر ۱۹۲۲
(۲) آنریری مجسٹریٹ
۸ حشمت النساء سید حسین بلگرامی اکتوبر ۱۹۲۲ء
۹ جان ظرافت نور الٰہی و محمد عمر
۱۰ تہذیب کے تازیانے بنکم چندر چٹرجی
۱۱ شہزادہ یوسف و حکیم بلوہر صفدر علی جنوری ۱۹۲۳ء
۱۲ تذکرہ میر حسن دہلوی
۱۳ داغ جگر از جگر مراد آبادی
۱۴ مثنوی مشہور عالم از سلطانہ رضیہ بیگم
۱۵ روح نظیر نظیر اکبر آبادی
۱۶ اردو معلیٰ اسد اللہ خان غالب
۱۷ مکاتیب اکبر اکبر حسین اکبر آبادی اپریل ۱۹۲۳ء
۱۸ دیوان صدر صدر قصوری
۱۹ مجموعہ کلام جوہر محمد علی جوہر
۲۰ چندن (افسانے وڈرامے) سدرشن
۲۱ قزاق مترجمہ و مولفہ محمد عمر و نور الٰہی جولائی ۱۹۲۳ء
۲۲ نیرنگ ایس آر کے اکتوبر ۱۹۲۳ء
۲۳ رباعیات عمر خیام مترجمہ جلال الدین جنوری ۱۹۲۴ء
۲۴(۱) ظفر کی موت مولیر مترجمہ نور الٰہی و محمد عمر
(۲) بگڑے دل

۲۵ جولیس سیزر مترجمہ تفضل حسین اپریل ۱۹۲۴ء

۲۶ حیات طیران مرزا یحیٰ دولت آبادی

۲۷ (ا) قوم پرست مترجمہ سدرشن اپریل ۱۹۲۴ء

(۲) کنج عافیت

۲۸ محبت کا انتقام مترجمہ نور الٰہی و محمد عمر

۲۹ انتخاب میر انور الرحمن جولائی ۱۹۲۴ء

۳۰ دیوان حسرت (حصہ پنجم تا نہم) حسرت موہانی اکتوبر ۱۹۲۴ء

۳۱ خمخانہ کیفی برج موہن دتاتریہ کیفی جنوری ۱۹۲۴

۳۲ تذکرہ شعراء اردو (موسوم بہ گل رعنا) سید عبد الحئ جولائی ۱۹۲۵ء

۳۳ دکن میں اردو مولوی نصیر الدین ہاشمی

۳۴ اردو زبان پر انگریزی زبان کا اثر سید عبد الطیف جولائی ۱۹۲۵ء

۳۵ فوائد رضیہ غلام محمد جنوری ۱۹۲۶ء

۳۶ کلیات اقبال مرتبہ عبد الرزاق اپریل ۱۹۲۶ء

۳۷ نشاط روح اصغر گونڈوی

۳۸ شمیم فیاض علی

۳۹ التحفہ اعجاز ریاض الدین بریلوی

۴۰ ذیقہ امجد ابو الاعظم احمد حسین

۴۱ پردہ غفلت عابد حسین

۴۲ اردو قدیم شمس اللہ قادری جولائی ۱۹۲۶ء

۴۳ نقش ارژنگ جلال الدین اکبر

۴۴ مجموعہ قصائد مومن مرتبہ ضیاء احمد

۴۵ مطلع انوار امیر خسرو

۴۶ عقوبت گناہ نظر حسین حسین فاروقی اکتوبر ۱۹۲۶ء

۴۷ محاکمہ قطعات ابن یمنی و سعدی علی بشیر اکتوبر ۱۹۲۶ء

۴۸ اقبال احمد دین

۴۹ صبح وطن برج برائن چکبست

۵۰ بزم ایران محمد رضا طباطبائی جنوری ۱۹۲۷ء

۵۱ مثنوی سحر اقبال ورما

۵۲ یورپین شعراء اردو محمد سردار علی

۵۳ یورپین شعراء اردو محمد سردار علی

۵۴ غزال ایم اسلم

۵۵ خم خانہ عشق مولانا بخش ہمدرد اپریل ۱۹۲۷ء

۵۶ بیوہ کی کہانی بیوہ کی زبانی محمد شمس الدین

۵۷ مضامین شرر (جلد ششم و ہفتم) عبد الحلیم شرر اپریل ۱۹۲۷ء

۵۸ سبد گل اولاد حسین اپریل ۱۹۲۷ء

۵۹ چار سہیلیاں ایم اسلم

۶۰ حکایات واحتساسات مترجم سجاد حیدر جولائی ۱۹۲۷ء

۶۱ مرقع ادب صفدر مرزا پوری

۶۲ شعراء اورنگ آباد محمد سردار علی

۶۳ (۱) خطوط محب مرتبہ افضل النساء

(۲) افکار محب

۶۴ عروس غربت ایم اسلم اکتوبر ۱۹۲۷ء

۶۵ شاما کشن پرشاد جنوری ۱۹۲۸ء

۶۶ جمال ہم نشیں اکرام خاتون

۶۷ پھول کی ڈالی محمد اسمعیل

۶۸ چندن سدرشن

۶۹ مصنوعی بیوی پول ایچ مترجمہ عباس حسین

۷۰ میرے پھول (ہندی) بنسی دھر

۷۱ شیریں خسرو (فارسی) امیر خسرو

۷۲ قصائد حسان (شرح شادمانی) نقی شادماں جنوری ۱۹۲۸ء

۷۳ انتخاب کلام سودا مرتبہ مطلب حسین

۷۴ سیر گل احمد قدوائی

۷۵ خیابان خیل شعراء ٹونک

۷۶ طفل اشک مترجم محمد حسن اپریل ۱۹۲۸ء

۷۷ مضامین فرحت اللہ بیگ

۷۸ مثنوی گلزار نسیم (شرح) منظور علی

۷۹ مثنوی میر حسن مرتبہ و مقدمہ حامد اللہ

۸۰ حکیم قاآنی محمد حسن

۸۱ پسند خاطر شیکسپیئر مترجمہ ولایت حسین

۸۲ پیغام درابرکت علی

۸۳ تصویر افکار کیفی رضی مرتبہ سرفراز علی

۸۴ درد دل ابو ظفر سیحی اپریل ۱۹۲۸ء

۸۵ (۱) حسین ناصر نذیر فراق

(۲) مے خانہ درد ناصر نذیر فراق

۸۶ لمحات اختر احمد میاں اختر اپریل ۱۹۲۶ء

۸۷ سیلاب حوادث مترجم قمر احمد

۸۸ ابن یمن عبد السلام ندوی جولائی ۱۹۲۸ء

۸۹ جذبات یاور محمد بہادر خیر آبادی

۹۰ تذکرہ سلف (اسلامی قطعات) ضیا احمد

۹۱ خیالات اورنگ واشنگٹن ارونگ مترجم محمد یحیٰ

۹۲ یاد وطن اعجاز حسین علوی

۹۳ مثنوی بحر المحبت شیخ مصحفی

۹۴ پیکر وفا اکرام خاتون

۹۵ جام صہبائی عبد السمیع صہبائی

۹۶ اندر سبھا نور الٰہی و محمد عمر

۹۷ (۱) دیوان شاہ حاتم مرتبہ حسرت موہانی اکتوبر ۱۹۲۸ء

(۲) انتخاب دیوان مصحفی

(۳) انتخاب سخن

۹۸ پیغام سروش ایم اسلام

۹۹ جواب شکوہ محب الحق

۱۰۰(۱)ڈالی کا جوگ حامد اللہ افسر اپریل ۱۹۲۹ء

(۲) پیام روح

۱۰۱ آنند مٹھ بنکم چندر چٹرجی

۱۰۲ ماہ نو (مجموعہ نظم و نثر) محمد اکبر منیر جولائی ۱۹۲۹ء

۱۰۳ عناصر اربعہ (رباعی) مسعود علی

۱۰۴ سادھو اور بیسوا کشن شاد کول

۱۰۵ اردو معلیٰ حسرت موہانی

۱۰۶ دنیائے افسانہ عبدالقادر سروری جولائی ۱۹۲۹ء

۱۰۷ پرتو خیال حمید الدین حمید

۱۰۸ غالب اور اس کی شاعری احمد الدین

۱۰۹ تاریخ ادبیات اردو سکسینہ مترجمہ مرزا محمد عسکری اکتوبر ۱۹۲۹ء

۱۱۰(۱) منتخب عود ہندی مرتبہ احسن مارہروی

(۲) آل انڈیا مشاعرہ

۱۱۱ ادبی خطوط غالب مرتبہ محمد عسکری

۱۱۲ فغان درد عطا محمد درد درانی

۱۱۳ سیر المصنفین (جلد دوم) محمد یحیٰ تنہا

۱۱۴ تابش خیال افسر صدیقی امروہوی جنوری ۱۹۳۰ء

۱۱۵ کردار اور افسانے عبدالقادر سروری

۱۱۶ نوائے رضا سید آل رضا

۱۱۷ کائنات ادب حمید ایم اے اپریل ۱۹۳۰ء

۱۱۸ سلیس نظمیں محمد یوسف جولائی ۱۹۳۰ء

۱۱۹ مضامین فرحت (حصہ دوم) فرحت اللہ بیگ

۱۲۰ عالم حسیات نجی الحسن

۱۲۱ تجلیات سخن نظام الدین نظامی مرتبہ احمد فرشوری

۱۲۲ دیوان مرزا کامران مرزا ابن بابر مرتبہ محفوظ الحق

۱۲۳ تذکرہ ریختی تمکین کاظمی

۱۲۴ کلیات نظم حالی (جلد اول) حالی مرتبہ محمد اسمعیل

۱۲۵ مراثی انیس (جلد سوم) مرتبہ حیدر یار جنگ جنوری ۱۹۳۱ء

۱۲۶ پطرس کے مضامین اے ایس بخاری

۱۲۷ سرگزشت وزیر خان مرتبہ عبد القوی فانی

۱۲۸ منتخبات کلام ہندی مرتبہ جعفر حسن

۱۲۹ (ا) رباعیات کامل (حصہ دوم) غلام علی کامل اپریل ۱۹۳۱ء

۱۳۰ صبح مثالی مرزا دبیر مرتبہ سرفراز حسین

۱۳۱ دو رنگی تحفہ محی الدین

۱۳۲ ہدیہ نسواں امۃ الروف جولائی ۱۹۳۱ء

۱۳۳ دختر فرعون (جلد اول) مترجم لطافت حسین

۱۳۴ روح جذبات اکبر حیدری

۱۳۵ اردو گلستان مترجمہ خلیل الرحمن اکتوبر ۱۹۳۱ء

۱۳۶ ہنسانے فسانے ابو تمیم فرید آبادی

۱۳۷ بہار گلشن کشمیر تذکرہ شعراء کشمیری پنڈت برج کشن کول بے خبر اپریل

۱۹۳۲ء

۱۳۸ہندی اردو مالا ہری ہر شاستری اپریل ۱۹۳۲

۱۳۹شیطان سبھا (پیراڈئس لوسٹ) کیٹس مترجمہ آحنیف

۱۴۰رفیق تنہائی (افسانے) علی عباس حسینی جولائی ۱۹۳۲ء

۱۴۱دختر فرعون (جلد دوم) مترجمہ لطافت حسین

۱۴۲گلزار عثمانی عبدالقوی فانی

۱۴۳گنج معانی تلوک چند محروم جولائی ۱۹۳۲ء

۱۴۴شاعر کی راتیں جوش ملیح آبادی

۱۴۵نقش و نگار جلیل قدوائی

۱۴۶فاؤسٹ مترجمہ عابد حسین

۱۴۷دیوان شمس تبریز مرتبہ عبدالمالک آروی

۱۴۸شمیم فیاض علی اکتوبر ۱۹۳۲ء

۱۴۹نیرنگ ایس آر کے اکتوبر ۱۹۳۲ء

۱۵۰مفلح انوار مہاراج بہادر برق

۱۵۱دیوان گرامی غلام قادر گرامی جنوری ۱۹۳۳ء

۱۵۲غالب عبداللطیف مترجم: معین الدین چشتی

۱۵۳رباعیات حالی الطاف حسین حالی

۱۵۴انگریزی ترجمہ ٹیوٹ

۱۵۵مشاہیر اردو کے خطوط مرتبہ مہیش پرشاد

۱۵۶حقیقی شاعر (نظم) نصیر الدین نصیر

۱۵۷ورڈز ورتھ اور اس کی شاعری میر حسن

۱۵۸سر گزشت ادب ترکی ریاست علی ندوی جولائی ۱۹۳۳ء

۱۵۹طلسم زندگی بشیر احمد جولائی ۱۹۳۳ء

۱۶۰محشرستان محشر عابدی

۱۶۱موناوانامارنگ مترجمہ جلیل احمد قدوائی جولائی ۱۹۳۳ء

۱۶۲حدیث ادب احسان بن دانش جولائی ۱۹۳۳ء

۱۶۳زخم اولین (کلام اخگر) مرتبہ محمد عبد اللہ

۱۶۴بہار گلشن (جلد دوم)

۱۶۵پھول کماری موہن دتہ پیارے اکتوبر ۱۹۳۳ء

۱۶۶مجموعہ تاریخ (آئینہ جمال) محمد ہاشم مرتبہ مجتبیٰ حسین

۱۶۷نغمہ حیات (مضامین) ایم اسلم

۱۶۸(۱) بارہ پھلجھڑیاں ابو تمیم فریدی آبادی

(۲) فلم ایکٹریس نرغے میں

۱۶۹خاقانی ہند (ذوق کی شاعری) محمد رفیق خاور جنوری ۱۹۳۴ء

۱۷۰روح ادب حیدر عباس

۱۷۱نقد الادب حامد اللہ افسر

۱۷۲انوادر محمد عسکری

۱۷۳(۱) میری ناتمام محبت (افسانے) حجاب اسمعیل اپریل ۱۹۳۴ء

(۲) لاش (قصے)

۱۷۴افسانے نہائے عشق مترجم حامد علی

۱۷۶اشریک اخلاص (مرثیہ محمد علی) احسان احمد

۱۷۷اچراغ ایمن صیانت الزمان فکری

۱۷۸اگلزار معنی دینا ناتھ مدن

۱۷۹اصغر کے سو شعر اصغر گونڈوی

۱۸۰اگنج پنہاں (مرثیہ) میر انیس

۱۸۱انغمہ روح اختر انصاری اکتوبر ۱۹۳۴ء

۱۸۲اقربانی پنڈت کشن پرشاد کول جنوری ۱۹۳۵ء

۱۸۳اردو کا پہلا ناول نگار اویس احمد ادیب اپریل ۱۹۳۵ء

۱۸۴ادیوان مومن (مع شرح) مرتبہ ضیاء احمد ضیاء

۱۸۵ادیوان غالب اسد اللہ غالب اپریل ۱۹۳۵ء

۱۸۶انذیر احمد کی کہانی محمود خان

۱۸۷ابال جبریل محمد اقبال

۱۸۸امنشورات برج موہن دتاتریہ کیفی

۱۸۹اسرور زندگی اصغر گونڈوی اپریل ۱۹۳۵ء

۱۹۰اتذکرہ محسن محمد امین زبیری جولائی ۱۹۳۵ء

۱۹۱ادیوان معروف الٰہی بخش معروف مرتبہ عبد الحامد قادری اکتوبر ۱۹۳۵ء

۱۹۲امختصر تاریخ اردو اعجاز اپریل ۱۹۳۶ء

۱۹۳امثنویات امیر احمد علوی

۱۹۴اانتخاب کلام مظہر مرتبہ عبد الغفور احسن جولائی ۱۹۳۶ء

۱۹۵اجوئے شیریں شاہ خان

۱۹۶ مرثیہ اندلس حفیظ نعیمی

۱۹۷ مضامین فلک پیما عبدالعزیز

۱۹۸ ضرب کلیم محمد اقبال اکتوبر ۱۹۳۶

۱۹۹ غالب غلام رسول مہر

۲۰۰ داغ (حیات وکلام) نور اللہ محمد نوری جنوری ۱۹۳۷ء

۲۰۱ تسخیر یاس شرف الدین یاس

۲۰۲ حمید کے سو شعر حمید الدین حمید

۲۰۳ فلسفہ عجم محمد اقبال مترجم امیر حسن

۲۰۴ پیلی یاس میلی ساند مترجم عثمانی جنوری ۱۹۳۷ء

۲۰۵ (۱) گلدستہ اکبر) مرتبہ عبداللہ اپریل ۱۹۳۷ء

(۲) ذوق کے سو شعر

۲۰۶ نظام شبیر سید علی شبیر

۲۰۷ طنزیات مانپوری مانپوری

۲۰۸ سراج سخن سراج الدین

۲۰۹ نورس (مضامین) حامد اللہ جولائی ۱۹۳۷ء

۲۱۰ مرقع سخن (جلد اول و دوم) مرتبہ محی الدین

۲۱۱ سخنوران ایران در عصر حاضر (جلد دوم) محمد اسحاق

۲۱۲ انور (ناول) فیاض علی اکتوبر ۱۹۳۷

۲۱۳ برہان معاصر مرتبہ مجلس مخطوطات فارسی دکن

۲۱۴ حیدر علی محمد محمود خان جنوری ۱۹۳۸ء

۲۱۵ کفر عشق (دیوان) امر ناتھ ساحر

۲۱۶ محبت اور نفرت اختر حسین

۲۱۷ مضامین رشید رشید احمد صدیقی

۲۱۸ حالی کی شاعری طاہر جمل جولائی ۱۹۳۸ء

۲۱۹ مے خانہ الہام شاہ عظیم آبادی مرتبہ حمید عظیم آبادی جولائی ۱۹۳۸ء

۲۲۰ آئی سی ایس میر محمودی بیدار مرتب محمد حسین محوی

۲۲۱ محشر خیال مجاز لکھنوی اکتوبر ۱۹۳۸ء

۲۲۲ اقبال اور اس کا پیغام تصدق حسین اکتوبر ۱۹۳۸ء

۲۲۳ پھول والوں کی سیر فرحت اللہ بیگ رسالہ "اردو" دہلی

۲۲۴ نغمہ عندلیب گوبند سنگھ جنوری ۱۹۴۰ء

۲۲۵ معارف جمیل (مجموعہ کلام) حکیم آزاد انصاری

۲۲۶ کلام رونق پیارے لال رونق

۲۲۷ عصر نو محمد صادق ضیاء

۲۲۸ افکار سلیم (مجموعہ کلام) وحید الدین سلیم

۲۲۹ کلام مشتاق بہاری لال مشتاق

۲۳۰ اندھی دنیا اختر انصاری

۲۳۱ نادر خطوط غالب اسد اللہ خان غالب

۲۳۲ گل دستہ یتیمیہ (یتیمہ پر نظمیں) مرتبہ محمد امام

۲۳۳ یاد چکبست آنند نرائن ملا اپریل ۱۹۴۰

۲۳۴ کلام عاصی عاصی لال دہلوی

۲۳۵ہندو ادیب ناظر کاکوروی

۲۳۶نشاکشن پرشاد کول اکتوبر ۱۹۴۰ء

۲۳۷پنچھی کنار شرما

۲۳۸پیام کیف احسان احمد احسان اکتوبر ۱۹۴۰ء

۲۳۹میر کے بہتر نشر مرتبہ محمد فاضل

۲۴۰روپ اختر جگناتھ پرشاد

۲۴۱(۱)ساگیت نگینرو

(۲) سمترا انندن پنت

۲۴۲تذکرہ بے نظیر (شعراء فارسی) عبد الوہاب افتخار جنوری ۱۹۴۱ء

۲۴۳ نظم اردو ابو الکلام حکیم ناطق اپریل ۱۹۴۱ء

۲۴۴عشرت گیاوی کے سو شعر عشرت گیاوی جولائی ۱۹۴۱ء

۲۴۵متاع حرم تاجور عثمانی

۲۴۶کلام داغ مرتبہ احسن مارہروی اکتوبر ۱۹۴۱ء

۲۴۷اردو شاعری پر ایک نظر کلیم الدین

۲۴۸خم خانہ جاوید (جلد پنجم) سری رام جنوری ۱۹۴۲ء

۲۴۹واردات برج موہن دتاتریہ کیفی

۲۵۰ صبح بہار اختر شیرانی اپریل ۱۹۴۲ء

۲۵۱نئے ادبی رجحان اعجاز حسین جولائی ۱۹۴۲ء

۲۵۲اردو تنقید پر ایک نظر کلیم الدین احمد

۲۵۳نقد و نظر حامد حسین اکتوبر ۱۹۴۲ء

۲۵۴ تنقیدی اشارے آل احمد سرور

۲۵۵ شمیم عشرت احمد علی عشرت مرتبہ حسن امام اپریل ۱۹۳۴ء

۲۵۶ امیر مینائی ممتاز علی آہ

۲۵۷ روداد مقدمہ مرزا غالب عظمت اللہ

۲۵۸ مضامین عظمت عظمت اللہ

۲۵۹ اسرار کائنات ٹالسٹائی مترجم: خورشید جیلانی جولائی ۱۹۴۳ء

۲۶۰ چراغ لالہ محمد صادق عاصمی

۲۶۱ جواہر العلوم طنطاروی بوہری مترجم عبد الرحیم

۲۶۲ یادگار شعر مترجم طفیل احمد

۲۶۳ شیش محل شوکت تھانوی جولائی ۱۹۴۳ء

۲۶۴ اردو ہندی ادیب قاسم علی اپریل ۱۹۴۳ء

۲۶۵ حرب و ضرب یزدانی رام پوری

۲۶۶ دھوپ چھاؤں عبد الشکور جولائی ۱۹۴۳ء

۲۶۷ رباعیات ابو سعید ابو سعید ابو الخیر

۲۶۸ فن داستان گوئی کلیم الدین احمد اکتوبر ۱۹۴۳ء

۲۶۹ نگارستاں (مجموعہ کلام) ظفر علی

۲۷۰ اردو فارسی کے یورپین اور انڈو یورپین شاعر

۲۷۱ انتخاب غالب امتیاز علی عرشی

۲۷۲ مسکراتے آنسو بھارت چند کھنہ جولائی ۱۹۴۵ء

۲۷۳ نادرات شاہی شاہ عالم بادشاہ اکتوبر ۱۹۴۵ء

۲۷۴ حسرت موہانی (حالات و کلام) مرتبہ عبد الشکور جنوری ۱۹۴۶ء

۲۷۵ کروٹ (ریڈیائی ڈرامے) سعادت حسن منٹو

۲۷۶ موت و حیات شاطر حکیمی

۲۷۷ اصغر (حیات و کلام) مرتبہ عبد الشکور جنوری ۱۹۴۶ء

۲۷۸ محراب حرم آرزو اکبر آبادی جولائی ۱۹۴۶ء

۲۷۹ گل چیں نور احمد

۲۸۰ موت کے غار ایس اے وانگے اکتوبر ۱۹۴۶ء

۲۸۱ نکہت گل محمود عالم فنا

۲۸۲ مقالات یوم اقبال

۲۸۳ معروضہ (اول، دوم) نعتیہ غزلیں الیاس برنی جنوری ۱۹۴۷ء

۲۸۴ شیطانی قہقہے محمود فاروقی

۲۸۵ رباعیات بابا طاہر ڈی سی ورتا

۲۸۶ اقبال اور اس کی شاعری اکبر علی

۲۸۷ دو شاعر بہنیں (۱) مجموعہ کلام عروس سخن رسول جہاں اپریل ۱۹۴۷ء

(۲) مجموعہ کلام خون نابہ دل نور جہاں

۲۸۸ سجاد حیدر یلدرم سید مبارز الدین رفعت

۲۸۹ سنگ ریزے افسانوں کا مجموعہ شاہ خلیل الرحمن

۲۹۰ محبت کی ٹھوکریں نقش عالمی رسالہ ''اردو'' کراچی

۲۹۱ سیر المصنفین مولوی محمد یحیٰ جنوری ۱۹۴۹ء

۲۹۲ مراۃ الشعراء اکتوبر ۱۹۴۹ء

۲۹۳ بہترین ادب ۱۹۴۷ء چودھری برکت علی، میرزا ادیب اپریل ۱۹۵۰ء

۲۹۴ چھان بین (تنقیدی مضامین) جعفر علی اثر لکھنوی جولائی ۱۹۵۰

۲۹۵ مقالات یوم اقبال انٹر کالج رام پور

۲۹۶ تحقیقی نوادر مرتبہ آمنہ خاتون

۲۹۷ مرزا شوق لکھنوی خواجہ احمد فاروقی

۲۹۸ جہنم کے دروازے پر اسعد گیلانی اکتوبر ۱۹۵۰ء

۲۹۹ سرود جاوداں صائب عاصمہ

۳۰۰ جرس احمد مجتبیٰ وامق

۳۰۱ مسدس بے نظیر یار علی جان جنوری ۱۹۵۱ء

۳۰۲ مراۃ الشعراء مولوی محمد خورشید

۳۰۳ ناول کیا ہے؟ محمد احسن اپریل ۱۹۵۱ء

۳۰۴ انیس کی مرثیہ نگاری محمد احسن

۳۰۵ میر حسن اور ان کے خاندان کے شعراء محمود فاروقی اپریل ۱۹۵۱ء

۳۰۶ اٹک کے اس پار فارغ بخاری ورضا ہمدانی جنوری ۱۹۵۲ء

۳۰۷ پشتو لوک گیت مرتبہ فارغ بخاری

۳۰۸ (۱) بال جبریل (شرح) یوسف سلیم چشتی جولائی ۱۹۵۲ء

(۲) ضرب کلیم (شرح)

(۳) بانگ درا (شرح)

۳۰۹ ترجمان اسرار عبد الرحمن

۳۱۰ نوائے سینہ تاب جلیل قدوائی اپریل ۱۹۵۴ء

۳۱۱مشرقی بنگال میں اردو سید اقبال عظیم اکتوبر ۱۹۵۴ء

۳۱۲خضر راہ (انگریزی) اے کیو نیوز جنوری ۱۹۵۵ء

۳۱۳میر تقی میر (حیات و شاعری) احمد فاروقی اپریل ۱۹۵۵ء

۳۱۴دیر و حرم شنکر لال شنکر

۳۱۵یاد رفتگان سلیمان ندوی

۳۱۶رباعیات محروم (اصول رباعی) تلوک چند محروم

۳۱۷ادبیات سرحد فارغ بخاری جولائی ۱۹۵۵ء

۳۱۸اقبالیات کا تنقیدی جائزہ احمد میاں اختر

۳۱۹ذکر غالب مالک رام جولائی ۱۹۵۵ء

۳۲۰جزیروں کے گیتمترجم سید ضمیر جعفری اکتوبر ۱۹۵۵ء

۳۲۱(۱) اردو ادب کی تاریخ محمد حسن اکتوبر ۱۹۵۶ء

(۲) اردو ادب میں رومانی تحریک

۳۲۲اردو زبان کا ارتقاء شوکت سبز واری اکتوبر ۱۹۵۷ء

۳۲۳ہمارا گاؤں (و دیگر افسانے) علی عباس حسینی

۳۲۴ارمغان امجد احمد حسین امجد

۳۲۵صید و ہدف (طنز و مزاح) غلام احمد فرقت اکتوبر ۱۹۵۷ء

۳۲۶ادب کا مقصد سید نور الحسن

۳۲۷روشنائی سجاد ظہیر

۳۲۸مرزا نوشہ عشرت رحمانی جولائی ۱۹۵۸ء

۳۲۹دکھنی ہندو اور اردو نصیر الدین ہاشمی جولائی اکتوبر ۱۹۵۸ء

۳۳۰نمرودو خلیل صادق بخاری

۳۳۱دیوان غالب مرتبہ امتیاز علی عرشی جنوری اپریل ۱۹۵۸ء

۳۳۲باغ و بہار مرتبہ ممتاز حسن

۳۳۳ابو الطیت خلیل الرحمن اکتوبر ۱۹۵۸ء

مولوی عبد الحق کے مندرجہ بالا ادبی تبصروں سے ان کی وسعت علمی کا اندازہ بخوبی لگایا جاسکتا ہے بقول ڈاکٹر فرمان فتح پوری:

"ان کے موضوعات و عنوانات پر نظر ڈالئے تو اندازہ ہو گا کہ یہ اردو ادبیات کی جملہ شاخوں اور صنفوں پر محیط ہیں اور ان کے مصنفین بھی معمولی درجے کے نہیں، نامور اہل قلم ہیں شاعری، تذکرہ نگاری، مکتوب نویسی، لسانیات اور لغت سے لے کر تاریخ، زبان، تاریخ ادب، تحقیق، تدوین، تنقید، علم بیاں و عروض، سوانح نگاری اور شرح و تبصرہ تک علم و ادب کے سارے پہلو ان کتابوں میں زیر بحث آئے ہیں۔"

مولوی صاحب موصوف نے نہ صرف ادبی کتب پر تبصرے کئے، دیباچے لکھے اور تعارف کرایا بلکہ مذہب، فلسفہ، نفسیات، بچوں کا ادب، معاشیات، سیاست، تجارت، فنون لطیفہ، سیاحت غرض کہ علوم و فنون کے ہر شعبہ پر کئے ہوئے تبصروں کی ایک طولانی فہرست ہے۔

اردو زبان میں علمی اصطلاحات کا مسئلہ

مولوی عبد الحق نے اس کتابچہ میں اردو زبان میں علمی اصطلاحات کے مسئلہ کا تفصیلی جائزہ لیا ہے اور اس ضمن میں جو اقدامات کئے جاتے رہے اور جو تجاویز آئیں ان کا

ذکر کیا ہے۔

انہوں نے بتایا ہے کہ ایک صدی قبل دہلی کالج میں تمام علوم اردو میں پڑھائے جاتے تھے اور کالج میں مجلس ترجمہ نے تخمیناً نہ صرف ڈیڑھ سو کتب کے تراجم کئے بلکہ اصطلاحات وضع کرنے کے اصول بھی تجویز کئے۔

جب نواب عماد الملک مولوی سید حسین بلگرامی نے اس مسئلہ کو چھیڑا، جس کے رد عمل میں بنگال کی حکومت نے طبی رسائل کی تالیف و ترجمہ کے لئے کمیٹی بنائی جس میں علم اللسان کے ماہر بابو راجندر لال متر، مولوی تمیز الدین خان بہادر، اور رائے سوہن لال کو شامل کیا گیا۔ انہوں نے وضع اصطلاحات کے اصول پیش کئے اس کتابچہ میں مولوی عبدالحق نے سید حسین بلگرامی کی تجاویز کا تفصیلی جائزہ پیش کیا ہے۔

ڈاکٹر عبدالرحمان بجنوری کی تجاویز کا بھی ذکر کیا اور انجمن ترقی اردو کے وضع کردہ ۱۸ اصولوں کا تذکرہ کیا ہے۔ مولوی عبدالحق کی تجویز ہے:

''علمی اصلاحات کے لئے متفقہ اصول بنائے جائیں اور جو اصطلاحی الفاظ ہماری قدیم کتابوں میں آئے ہیں وہ تلاش کر کے جمع کئے جائیں نیز گذشتہ سوڈیڑھ سو برس میں مختلف اداروں اور اشخاص نے جو کچھ کیا اسے بہ نظر غور دیکھا جائے اور ان میں جتنے الفاظ ملتے ہیں انہیں اختیار کیا جائے۔''

انجمن ترقی اردو پاکستان نے اسے العرب پریس کراچی سے ۱۹۴۹ء میں شائع کرایا۔

اردو کی فضیلت چند بنگالی اکابر کی نظر میں

پاکستان بنتے ہی ۱۹۴۸ء میں اردو اس وقت متنازعہ مسئلہ بن گئی جب ڈھاکہ یونی ورسٹی کے چند طلباء نے قومی زبان کے مسئلہ پر ہنگامے شروع کر دیئے۔ یہاں تک کہ بانی

پاکستان قائداعظم محمد علی جناح صاحب کو بذات خود مشرقی پاکستان جانا پڑا۔

ان ہنگاموں سے یہ تاثر دیا گیا کہ اکثریتی آبادی کا صوبہ بنگال (مشرقی پاکستان) اردو کو قومی زبان بنانے کے حق میں نہیں ہے۔

مولوی عبدالحق صاحب نے اس موضوع پر ”اردو کی فضیلت چند بنگالی اکابر کی نظر میں“ مرتب کر کے ۱۹۵۰ء میں انجمن ترقی اردو (پاکستان) سے اردو ٹائپ میں شائع کی کتاب کے سرورق پر بطور مرتب ان کا کہیں نام نہیں ہے لیکن کتاب کے ”تعارف“ سے یہ شہادت ملتی ہے کہ اس کے مرتب مولوی صاحب ہیں تعارف میں وہ لکھتے ہیں:

”میں اس موقع پر بنگلہ اردو کے مسئلہ پر کچھ نہیں کہنا چاہتا بلکہ آپ کی خدمت میں مشرقی پاکستان کے بعض اہل نظر اور صاحب بصیرت حضرات کے مضامین اور اقوال پیش کرتا ہوں جن کے ملاحظہ کے بعد آپ پر ظاہر ہو گا کہ مشرقی پاکستان کے مسلمانوں کو جو اردو دشمنی کا الزام دیا جاتا ہے وہ سراسر غلط اور محض بہتان ہے وہاں کے ذی فہم اور دور اندیش اصحاب اردو کو پاکستان کی سرکاری زبان بنانے کے حق میں ہیں۔“

کتاب کے آغاز میں مصنفین پر تعارفی نوٹ ہیں جس میں ان کے علمی، ادبی سماجی اور سیاسی خدمات کا تذکرہ اور بالخصوص مشرقی پاکستان کے معاشرے میں ان کی قدر و منزلت اور مرتبہ کا ذکر ہے۔ ان شخصیتوں میں خان بہادر بدرالدین احمد صاحب، ڈاکٹر ابو ظفر محمد طاہر صاحب، سید قمر الاحسن صاحب، حکیم سلامت اللہ صاحب، مولانا عبداللہ الکافی القریشی صاحب، کوی غلام مصطفیٰ صاحب اور شیر بنگال ابو القاسم فضل حق جیسی شخصیتیں شامل ہیں۔

مولوی عبدالحق صاحب کا خیال تھا کہ اردو کے مخالفین کی تعداد مختصر ہے شریف گھرانوں کے بنگالی اردو کے حامی ہیں اپنی بات کو وزنی بنانے کے لئے انہوں نے مشہور

بنگالی سیاسی رہنما خواجہ ناظم الدین صاحب کا قول بھی دیا ہے جس میں انہوں نے فرمایا تھا:

"مشرقی پاکستان کے شہروں کے تمام شریف خاندانوں کی زبان اردو ہے۔"

اس کتاب کے مضامین کی فہرست درج ذیل ہے:

۱مشرقی پاکستان کو فوری خطرہ خان بہادر بدر الدین

۲یوم اقبال کا جواب ڈاکٹر ابو ظفر محمد طاہر

۳سرکاری زبان قمر الاسلام

۴مراسلہ حکیم سلامت اللہ

۵مشرقی پاکستان کو دعوت فکر

۶سرکاری زبان ابو ظفر محمد طاہر

۷کیا بنگلہ زبان اردو زبان سے بہتر ہے

۸ایک لمحہ فکریہ الحاج مولانا محمد عبد اللہ الکافی القریشی

۹پاکستان کی سرکاری زبان کوی غلام مصطفیٰ

۱۰سید قمر الاسلام

۱۱اردو کی اہمیت مولوی فضل حق

اردو بحیثیت ذریعہ تعلیم سائنس

"اردو بحیثیت ذریعہ تعلیم سائنس" کے موضوع پر مولوی عبد الحق نے ٹائپ کے ۷۴ صفحات پر مشتمل کتابچے میں بتایا ہے کہ اردو بحیثیت ذریعہ تعلیم سائنس کی تدریس میں اہم فریضہ انجام دینے کی صلاحیت رکھتی ہے۔

مولوی عبد الحق نے کتاب کے تعارف میں برصغیر میں انگریزی زبان بحیثیت ذریعہ

تعلیم کے تسلط کا ذکر کرتے ہوئے بتایا ہے کہ جب انگریزی کا تسلط اپنے عروج پر تھا اس زمانے میں بھی جامعہ عثمانیہ اور دلی کالج میں اردو زبان میں تعلیم کا تجربہ کامیاب ہو چکا ہے انہوں نے ترکیہ اور مصری یونی ورسٹیوں میں ان کی مادری زبان میں تعلیم دینے کے کامیاب تجربات کا بھی ذکر کیا ہے۔

مولوی عبد الحق نے ۱۴ ماہرین تعلیم ۱ ڈاکٹر رضی الدین، ۲ ڈاکٹر رفعت حسین صدیقی، ۳ ڈاکٹر قاضی سعید الدین، ۴ میجر آفتاب حسن، ۵ ڈاکٹر سید احمد فصیح، ۶ کپتان رشید الحق، ۷ کپتان اطہر علی، ۸ ڈاکٹر رفیق احمد، ۹ کپتان نور محمد، ۱۰ شریف احمد وارثی، ۱۱ مسعود حسین خان، ۱۲ کپتان فضل حسین کا تعارف کرانے کے بعد ان کی جانب سے ان سوالات کے جواب تحریر کئے ہیں جن میں ان سے پوچھا گیا تھا:

۱ کیا اردو ذریعہ تعلیم ہونی چاہیئے؟ اور کیا اردو تمام مضامین میں خصوصاً سائنس میں اعلی مدارج تک ذریعہ تعلیم ہو سکتی ہے؟

۲ کیا مختلف مضامین میں مناسب کتابیں موجود ہیں؟ اگر نہیں، تو ان کے تیار کرنے اور مہیا کرنے کی کیا صورت ہو سکتی ہے؟

۳ ذریعہ تعلیم کی تبدیلی کے سلسلے میں کن کن ابتدائی دشواریوں کا امکان ہے؟ کیا اساتذہ ذریعہ تعلیم کی تبدیلی کے لئے تیار ہیں؟ وہ کتنے عرصہ میں اس قابل ہو جائیں گے کہ اردو میں تعلیم دے سکیں؟

۴ اس تبدیلی سے معیار تعلیم پر کیا اثر پڑے گا؟

کتاب کے آخر میں پاکستان کے سفیر متعینہ ترکیہ میاں بشیر احمد کا خط مورخہ ۱۲ جون ۱۹۵۱ء کا اردو ترجمہ دیا گیا ہے جو انہوں نے مولوی عبد الحق کے مکتوب مرسلہ ۶ مئی ۱۹۵۱ء کے جواب میں تحریر کیا تھا جس میں مولوی عبد الحق نے ”جدید ترکی میں ذریعہ

تعلیم اور نئی اصطلاحات" کے سلسلہ میں معلومات حاصل کرنے کے لئے تحریر کیا تھا۔ اس خط سے منسلک پانچ ضمیمہ جات بھی دیئے گئے ہیں۔

انجمن ترقی اردو (پاکستان) نے اس کتاب کو ۱۹۵۱ء میں انجمن پریس کراچی سے شائع کرایا تھا۔

سر آغا خان کی اردو نوازی

اس صدی کے مسلم اکابرین میں سر آغا خان کا نام بڑی عزت و احترام کے ساتھ لیا جاتا ہے تحریک پاکستان میں یہ ہر اول دستہ میں شامل تھے لیکن ۱۹۵۰ء میں ان کی شخصیت اس وقت متنازعہ ہو گئی جب انہوں نے اردو کے خلاف عربی کو نہ صرف پاکستان کی قومی زبان بنانے کی تجویز پیش کی بلکہ اردو کو عہد زوال اور لشکریوں کی زبان قرار دیا۔

مولوی عبد الحق صاحب سر آغا خان کے ان خیالات سے متفق نہ تھے انہوں نے اپنے خیالات کا اظہار اور سر آغا خان کے تصورات کی رد میں بیس صفحات پر مشتمل ایک کتابچہ سر آغا خان کی اردو نوازی کے عنوان سے ۱۹۵۱ء میں انجمن ترقی اردو پاکستان کے زیر اہتمام ادبی پریس کراچی سے شائع کرایا۔ اس کتابچہ میں سر آغا خان کے خیالات کے رد میں ٹھوس دلائل دیئے۔ مولوی عبد الحق صاحب نے بتایا:

"اس وقت یورپ میں جتنی زبانیں مروج ہیں ان سب کی یہی کیفیت تھی۔ زبانیں عوام کی ہوتی ہیں انہیں بادشاہ یا امرا انہیں بناتے جن زبانوں کا تعلق عوام سے نہیں رہتا وہ مردہ ہو جاتی ہیں اور ان کی جگہ عوامی زبانیں لے لیتی ہیں۔"

مولوی عبد الحق صاحب نے ثابت کیا ہے کہ اردو پاکستان کے ہر علاقے، طبقے اور گروہ میں بولی جاتی ہے اور اس میں قومی زبان ہونے کی پوری پوری صلاحیت موجود ہے

اور اردو کی مقبولیت کا حلقہ پاکستان و بھارت ہی نہیں بلکہ دنیا کے دور دراز علاقوں تک پھیلا ہوا ہے۔

مولوی عبدالحق صاحب نے اس کتابچہ میں یہ بھی ثابت کیا ہے کہ اردو عہد زوال کی نہیں بلکہ مسلمانوں کے عروج کی زبان ہے اور اردو کا رواج چھٹی صدی ہجری سے ہو چکا تھا اور موجودہ زمانے میں اردو میں علم و ادب اور حکمت کے ہر شعبہ کی خدمت کرنے کی صلاحیت موجود ہے۔

سر آغا خان کی تجویز چوں کہ "عربی" کو قومی زبان بنانے کی تھی اس ضمن میں مولوی عبدالحق صاحب کا خیال ہے کہ سر آغا خان نے یہ صرف شوشہ چھوڑا ہے کیونکہ عربی دان طبقہ پاکستان میں نہ ہونے کے برابر ہے اور سر آغا خان اس جذباتی نعرے کی آڑ میں در حقیقت انگریزی پرستی کی تبلیغ کرنا چاہتے تھے۔

خطبات عبدالحق

مولوی عبدالحق کے ۲۰ خطبات اور تین مضامین کا مجموعہ بالترتیب ۱۹۳۹ء اور ۱۹۴۴ء میں شائع ہو چکا تھا اور اس طرح ہاتھوں ہاتھ ختم ہو گیا کہ اس کی اشاعت کی دوبارہ ضرورت محسوس ہوئی چنانچہ ۱۹۵۲ء میں ڈاکٹر عبادت بریلوی صاحب نے "خطبات عبدالحق" کی سر نو تدوین کی اور ان میں ۱۹۴۴ء کے بعد ۱۹۵۱ء تک کے بارہ خطبات کا بھی اضافہ کیا جسے انجمن ترقی اردو (پاکستان) کراچی نے شائع کیا۔

ڈاکٹر عبادت بریلوی صاحب نے ان خطبات پر اپنا ایک مقدمہ تحریر کیا جس میں مولوی عبدالحق صاحب کے خطبات کی ادبی و لسانی اہمیت پر روشنی ڈالی ہے ڈاکٹر عبادت بریلوی تحریر کرتے ہیں:

"یہ خطبات معنوی و صوری دونوں اعتبار سے ان گنت خصوصیات کے حامل ہیں اور ان میں اہم ترین خصوصیت یہ ہے کہ یہ ہماری تہذیبی اور ثقافتی زندگی کی کش مکش کے آئینہ دار ہیں ہماری تہذیب و معاشرت کا قافلہ جن راہوں سے گزرا اس نے جو منزلیں بھی طے کی ہیں ان کا بیان کسی نہ کسی طرح ان خطبات میں ضرور ملتا ہے یہی وجہ ہے کہ اپنی قومی زندگی کے ارتقا اور تہذیبی و ثقافتی مد و جزر کو سمجھنے کے لئے ان کا مطالعہ ناگزیر ہے۔"

ان خطبات کا دوسرا ایڈیشن ۱۹۶۴ء میں انجمن ترقی اردو (پاکستان) نے کراچی سے شائع کیا تھا جس میں مزید چار خطبات کا اضافہ ہوا اور اس کے آخری ایڈیشن میں دسمبر ۱۹۳۳ء سے ۱۹۵۹ء تک کے ۳۸ خطبات (جن میں بعض مضامین بھی ہیں) شامل ہیں۔

ڈاکٹر عبادت بریلوی صاحب کی مرتبہ اس کتاب کے بارے میں جمیل الدین عالی صاحب معتمد اعزازی انجمن ترقی اردو (پاکستان) نے "حرفے چند" میں لکھا ہے:

"بابائے اردو مرحوم کے علمی کارناموں میں ان کے خطبات کو نمایاں مقام مل چکا ہے ان کا ہر خطبہ اپنے موضوع پر ایک مستقل مقالے کی حیثیت رکھتا ہے اور اردو زبان و ادب کے مختلف پہلوؤں کو سمجھنے والے ان خطبات کا مطالعہ ناگزیر سمجھتے ہیں۔۔۔۔ اس پر بابائے اردو کی زندگی کے تجربات کا نچوڑ اور ان کا انداز بیان مستزاد۔"

ڈاکٹر عبادت بریلوی صاحب نے ان مقدمات کی تدوین میں مندرجہ ذیل خطبات کا اضافہ کیا:

۱ خطبہ صدارت اردو کانفرنس بمبئی ۱۹۴۵ء

۲ خطبہ صدارت پنجاب یونیورسٹی اردو کانفرنس لاہور ۲۷، ۲۶ جولائی ۱۹۴۸ء

۳ خطبہ صدارت کل گجرات اردو کانفرنس احمد آباد

۳اپریل ۱۹۴۸ء

۴خطبہ صدارت سالانہ جلسہ بلوچستان ٹیچرز ایسوسی ایشن کوئٹہ ۲۶جولائی ۱۹۴۸ء

۵خطبہ صدارت مجلس ادب لاہور ۱۹۴۹ء

۶خطبہ صدارت خیرپور اردو کانفرنس خیرپور ۴فروری ۱۹۵۱ء

۷خطبہ صدارت انجمن ترقی پسند مصنفین قومی زبان ۱۲جولائی ۱۹۵۲ء

۸تقریر اردو کانفرنس کراچی مئی ۱۹۵۱ء

۹آسان اردو حیدر آباد (دکن) ۱۹۴۶ء

۱۰ملک کے لئے نئے دور میں اردو کا مقام اورنگ آباد (دکن) ۱۹۴۷ء

۱۱حالی اور انسانیت اشاعت ۱۹۶۴ء کراچی ۱۹۵۱ء

اضافے اشاعت ۱۹۶۴ء

۱خطبہ صدارت اردو کانفرنس بنگلور ۱۹۴۷ء

۲خطبہ صدارت مغربی پاکستان اردو کانفرنس لاہور ۲۲فروری ۱۹۵۹ء

۳خطبہ صدارت مرکز علم وادب میرپور خاص ۹دسمبر ۱۹۵۹ء

۴خطبہ صدارت پاکستان رائٹرز گلڈ کراچی ۳۱جنوری ۱۹۵۹ء

گلشن عشق

ملا نصرتی ملک الشعراء محمد عادل بے جاپور کے تھے انہوں نے عادل شاہی عہد کے محمد عادل، علی عادل شاہ اور سکندر عادل شاہ کا زمانہ دیکھا تھا "تسخیر دکن کے بعد اورنگ زیب عالمگیر نے انہیں ملک الشعراء ہند کے خطاب سے سرفراز کیا۔"

نصرتی نے غزلیات، قصائد اور رباعیات کے علاوہ گلشن عشق، علی نامہ اور تاریخ سکندری جیسی تصانیف چھوڑی ہیں۔

"گلشن عشق نصرتی کی سب سے پہلی تصنیف ہے اور ایک عشقیہ مثنوی ہے۔ اس مثنوی میں بھی اردو، فارسی کی اکثر مثنویوں کی طرح دیووں، پریوں اور سحر و طلسمات کا ذکر پایا جاتا ہے۔ اس سے قطع نظر کرلی جائے تو یہ مثنوی دکنی اردو میں خاص امتیاز رکھتی ہے اور حسن شاعری کی بہت سی خوبیاں پائی جاتی ہیں۔"

نصرتی نے اس مثنوی کا آغاز حمد سے کیا ہے اس کے بعد مناجات کے اشعار ہیں مناجات ختم ہونے پر منقبت حضرت علی رقم کی ہے اس کے بعد حضرت بندہ نواز کی بڑی عقیدت سے تعریف کی ہے پھر علی عادل شاہ کی مدح کی ہے اور آخر میں اپنے پدر بزرگوار کی اپنے اوپر عنایت خاص، تربیت اور ان کے رتبے کا ذکر کیا ہے:

"کہ تھا مجھ پدر سو شجاعت ماب
قدیم یک ملحد ار جمع رکاب"

اس مثنوی میں نصرتی نے عادل شاہ سے اپنے تعلق خاص کا بھی ذکر کیا ہے۔ قصے کا متن تشبیب سے شروع ہوتا ہے، باغ کا سماں، صبح کا منظر، چاندنی کی کیفیت اور قدرتی مناظر کا نقشہ بڑے دل کش انداز میں کھینچا ہے۔ ہجر اور فراق کا ذکر کرتے ہوئے انسانی جذبات کی ترجمانی کی ہے۔ نصرتی نے اس مثنوی میں منوہر و مدمالتی کا عشقیہ فسانہ بیان کیا ہے۔ مولوی عبدالحق کا خیال ہے:

"تحقیق سے اتنا معلوم ہوتا ہے کہ یہ قصہ اس سے قبل بھی تحریر میں آچکا تھا۔ یہ کتاب اب تک دستیاب نہیں ہوئی ہے۔ اس کا حوالہ ایک دوسری کتاب مسمی "کنور منوہر و مدمالتی" میں ملتا ہے یہ فارسی مثنوی ہے۔ مصنف کا نام معلوم نہیں ہوا البتہ سن تالیف

۱۰۵۹ھ ہے۔ اس میں مصنف نے شیخ منجھن کی ہندی کتاب کا ذکر کیا ہے اور اپنے قصہ کی بنیاد اس پر رکھی ہے۔"

نصرتی نے مثنوی کے آخر میں عادل شاہ کے لئے دعائیہ اشعار تحریر کئے ہیں اور پھر "در تعریف کتاب" اپنی تعلی کی ہے نصرتی نے "مبارک یو ہے ہدیہ نصرتی" سے اس کی تاریخ تصنیف نکالی ہے جو ۱۰۶۰ھ بنتی ہے۔

مولوی عبدالحق نے اس مثنوی پر ۱۲ صفحات کا مقدمہ تحریر کیا ہے جس میں نصرتی کے حالات زندگی اور اس کے تصنیفی کارنامے بیان کئے ہیں اور اس کی اس مثنوی کے بعض حصوں کا "گلزار نسیم" سے موازنہ کیا ہے کتاب کے آخر میں ۳۰ صفحات کی فرہنگ دی ہے۔ مثنوی کا اپنا متن ۲۲۳ صفحات پر مشتمل ہے۔

تنقیدات عبدالحق

"تنقیدات عبدالحق" کے عنوان سے یہ کتاب ان ۲۷ تبصروں پر مشتمل ہے جو مولوی عبدالحق نے جولائی ۱۹۲۱ء سے جولائی ۱۹۴۲ء تک رسالہ "اردو" اورنگ آباد اور دلی میں لکھے تھے۔

ایم اے قاضی نے کتاب کے آغاز میں ایک مختصر "پیش لفظ" تحریر کیا ہے جس سے ظاہر ہوتا ہے کہ اس کتاب کو امتحانی ضرورت کے تحت مرتب کیا گیا تھا۔ وہ تحریر کرتے ہیں:

"اس مجموعہ کی ترتیب کا ایک تو مقصد یہ ہے کہ ان منتشر اجزاء کو ایک جگہ جمع کر کے ایک ادبی خدمات انجام دی جائے۔ دوسرے ان طالب علموں اور اساتذہ کے لئے جو اردو کے مختلف امتحانات دیتے وقت ادبی تنقیدوں کا مطالعہ کرنے کی ضرورت محسوس

کرتے ہیں ایسا مواد بہم پہنچا دیا جائے جس سے وہ خاطر خواہ فائدہ اٹھا کر فن تنقید کو اچھی طرح سمجھ سکیں اور مختلف ادیبوں، شاعروں اور مضمون نگاروں کے محاسن اور نقائص سے اچھی طرح واقف ہو سکیں۔"

ان کی فہرست درج ذیل ہے:

۱ سرگزشت الفاظ ماخوذ رسالہ "اردو" اورنگ آباد اپریل ۱۹۲۴ء

۲ زبان اردو پر سرسری نظر جولائی ۱۹۲۴ء

۳ اردو لٹریچر جولائی ۱۹۳۳ء

۴ تذکرہ اعجاز سخن اپریل ۱۹۲۴ء

۵ پنجاب میں اردو جولائی ۱۹۲۸ء

۶ ارباب اردو اکتوبر ۱۹۲۸ء

۷ اردو شہ پارے

۸ دیوان ولی جنوری ۱۹۲۴ء

۹ فیضان شوق جولائی ۱۹۲۹ء

۱۰ مجموعہ نغز اکتوبر ۱۹۳۳ء

۱۱ مکاتیب امیر مینائی اکتوبر ۱۹۲۴ء

۱۲ دیوان جان صاحب اپریل ۱۹۳۵

۱۳ شرح دیوان غالب اپریل ۱۹۲۴ء

۱۴ خطوط سرسید جولائی ۱۹۲۴ء

۱۵ جواہرات حالی جنوری ۱۹۲۳ء

۱۶ مکتوبات حالی ماخوذ مقدمہ "مکتوبات حالی" حالی پریس پانی پت ۱۹۵۵ء

۱۷افادات مہدی ماخوذ رسالہ "اردو" اورنگ آباد جنوری ۱۹۲۴ء

۱۸اکبر آلہ آبادی اکتوبر ۱۹۳۰ء

۱۹بانگ درا اکتوبر ۱۹۲۴ء

۲۰روح ادب جولائی ۱۹۲۱ء

۲۱آیات ونغمات دہلی اپریل ۱۹۴۲ء

۲۲الناظر کا انعامی مضمون اورنگ آباد اپریل ۱۹۲۶ء

۲۳ماورا دہلی اپریل ۱۹۴۲ء

۲۴روح تنقید اورنگ آباد اپریل ۱۹۲۶ء

۲۵ناٹک ساگر جولائی ۱۹۲۹ء

۲۶نور اللغات اکتوبر ۱۹۲۳ء

۲۷شعر الہند جنوری ۱۹۲۶ء

پاکستان میں اردو کا المیہ

مولوی عبدالحق صاحب نے اس کتاب میں پاکستان میں اردو کے بحیثیت قومی زبان اختیار ہونے میں ان مساعی کا ذکر کیا ہے جو تشکیل پاکستان کے فوراً بعد سے شروع ہو گئیں۔ مولوی صاحب موصوف نے بالخصوص پاکستان کے رہنماؤں کی بے حسی پر اظہار افسوس کیا ہے جو بظاہر اردو کے حامی ہونے کے باوجود قانون ساز اسمبلی میں اردو کے حق میں حامیان اردو کا عملی ساتھ دینے سے قاصر رہے۔

مولوی عبدالحق نے اس کتاب میں برصغیر میں "اردو زبان" کی تاریخ و تحریک پر روشنی ڈالی ہے ابتدائی حصہ میں اردو کو قومی زبان بنانے کے سلسلے میں قائداعظم کے بیان

سے قبل کے حالات و معمولات کی پتا بتائی ہے اور تحریر کیا ہے:

"ایسٹ انڈیا کمپنی کے زمانے میں جو اسے اردو سرکاری زبان قرار پائی اس وقت سے اغیار کی نظریں اس پر بے طرح پڑنے لگیں۔"

دوسرے حصہ میں مولوی صاحب نے پاکستان میں "اردو بنگلہ" تنازعہ کی تفصیل اور جزئیات پر روشنی ڈالی ہے۔ بالخصوص "قومی اور قانون ساز اسمبلی" میں یہ مسئلہ (۵۲- ۱۹۵۳) بڑے بھونڈے انداز سے پیش ہوا اور ممبران کی مصلحت کوشیوں کا شکار ہو گیا اور ۶ فروری ۱۹۵۶ء کو قانون ساز اسمبلی نے طے کیا۔

"وفاق پاکستان کی سرکاری زبانیں اردو اور بنگلہ ہوں گی"

مولوی عبدالحق صاحب ان سیاسی مشکلات اور مصلحت کوشیوں سے دل برداشتہ نہیں ہوئے بلکہ اس مسئلہ پر اور بھی ڈٹ گئے اور انہوں نے مایوسی کے بجائے اس عزم کا اظہار کیا:

"اس قسم کی رکاوٹیں ہمارے کام میں تیزی پیدا کرتی ہیں۔ اردو نے مخالفتوں میں پرورش پائی ہے اس کا پایہ اس قدر مضبوط ہے کہ اس قسم کے طوفان و حوادث اسے اپنی جگہ سے نہیں ہلا سکتے۔ ہم اپنی جدوجہد جاری رکھیں گے اور اب یہ کام خاص اصول اور منصوبے کے تحت انجام پائے گا۔ اعلیٰ ترین پایہ تک پہنچنے کے لئے ہمارے ادب میں جو کمی ہے اسے پورا کیا جائے گا جو خامیاں ہیں ان کی اصلاح کی جائے گی۔ دائرہ تحقیق وسیع تر کیا جائے گا۔"

مولوی عبدالحق صاحب نے یہ کتاب انجمن ترقی اردو پاکستان کے زیر اہتمام ۱۹۵۶ء میں انجمن پریس سے شائع کرائی تھی۔

پاپولر انگلش اردو ڈکشنری

یہ ڈکشنری انجمن کی اسٹوڈنٹس ڈکشنری کا خلاصہ ہے جسے مولوی عبدالحق صاحب نے ۱۹۵۷ء میں انجمن ترقی اردو کراچی سے شائع کیا تھا یہ ڈکشنری ہائی اسکول کے طلباء کے استفادہ کے لئے تالیف کی گئی تھی اس میں سے متروک الفاظ اور فنی اصطلاحات کو حذف کر دیا گیا ہے۔ سابق شریک معتمد عین الدین صاحب نے مختصر سا دیباچہ تحریر کیا ہے اس کے بھی بہت سے ایڈیشن شائع ہو چکے ہیں۔

پاپولر انگلش ڈکشنری کو ہی ۱۹۷۱ء میں جیبی سائز پر شائع کیا گیا اور اس کا نام ”انگلش اردو پاکٹ ڈکشنری“ رکھا گیا۔ ڈکشنری کی ابتداء میں ”پہلی اشاعت“ کے عنوان سے معتمد اعزازی جمیل الدین عالی صاحب کا پیش لفظ ہے جب کہ آخری صفحات میں اختصار کی فہرست اور دنیا کی تاریخ کے اہم سنین، اوزان اور پیمائش کے چارٹ دیئے گئے ہیں۔

روزمرہ سائنس

۱پانی کی دنیا

۲بیماری سے جنگ

۳تعمیری کارنامے

۴سفر اور پیغام رسانی

مذکورہ بالا چار کتابوں کا سیٹ لاہور اکیڈمی لاہور نے روزمرہ سائنس اور معلومات عامہ کے موضوعات پر ۱۹۵۸ء میں شائع کیا تھا ہر کتاب ۱۱۲ صفحات پر مشتمل ہے کتابوں کے سرورق پر بطور مرتب مولوی عبدالحق صاحب صدر انجمن ترقی اردو پاکستان کا نام دیا گیا ہے۔ اندرونی صفحات پر یہ عبارت درج ہے:

"یہ کتابیں حسب فرمائش یونسکو بابائے اردو ڈاکٹر مولوی عبدالحق صدر انجمن ترقی اردو پاکستان نے تیار کرائیں۔"

ان کتابوں پر کسی مصنف کا نام نہیں دیا گیا ہے "پانی کی دنیا" میں پانی کی اقسام چشمے، دریا، سمندر، سمندروں کے جانوروں اور سمندری دولت کا ذکر ہے جب کہ "بیماری سے جنگ" میں بیماریوں کی تاریخ، ہندوستان، بابل چین، اسرائیل اور یونان کے قدیم طریقہ علاج سے دور جدید تک بیماری کے خلاف انسانی جدوجہد کی کہانیاں اور سائنسی تحقیقات کا جائزہ لیا گیا ہے۔

"تعمیری کارناموں" میں رہائش کے قدیم طریقوں، گھر گھروندوں اور غاروں سے لے کر دور جدید کی فلک بوس عمارتوں، پشتوں، بندوں اور پلوں کے حالات درج ہیں۔ اس طرح "سفر اور پیغام رسانی" میں ابتدا سے لے کر ریل کار، ٹیلی فون اور ریڈیو تک انسانی ایجادات کی کہانی رقم ہے۔

ان چاروں کتابوں پر مولوی عبدالحق صاحب کا لکھا ہوا ایک ہی نوٹ ہے:

"کوئی چار سال پہلے کی بات ہے اقوام متحدہ کے تعلیمی سائنسی اور ثقافتی ادارے نے جو یونیسکو کے نام سے معروف ہے مجھے لکھا کہ ہمیں ایسے بالغوں کے لئے جنہوں نے قاعدہ اور ابتدائی کتابیں ختم کر لی ہوں ایسی کتابوں کی ضرورت ہے جن سے روز مرہ زندگی کی حقیقتوں اور سائنس کی ترقیوں کا حال ان پر کھل سکے، بالغ خواندگی کے لحاظ سے خواہ نو آموز ہی ہوں، بچوں سے ان کا ذہن مختلف ہوتا ہے۔ پختہ شعور ہونے کی وجہ سے ان کی خواہش ہوتی ہے کہ جو کچھ وہ تعلیم سے محروم رہنے کے باعث اب تک نہ سیکھ سکے ایک ہی ہلے میں سیکھ جائیں۔ اس وجہ سے ان کی کتابیں بھی نسبتاً سنجیدہ نقطہ نظر سے لکھی ہونی چاہئیں۔ جن میں متعلقہ مضمون کی جملہ معلومات کا سیر حاصل جائزہ آسان عبارت

میں آجائے۔"

"چار کتابوں کا یہ سیٹ جو میں نے اپنی نگرانی میں تیار کرایا ہے ان تقاضوں کو پورا کرنے کی ایک کوشش ہے امید ہے کہ یہ کوشش ناخواندہ لوگوں میں حصول علم کی پیاس پیدا کرے گی۔ انہیں پڑھ کر وہ اپنے کو باخبر محسوس کریں گے اور انہیں ان کتابوں کو پڑھنے اور سمجھنے میں چنداں دقت محسوس نہ ہوگی جو تعلیم یافتہ بڑوں کے لیے لکھی گئی ہیں اور جن کا خدا کے فضل سے ہماری زبان میں وافر ذخیرہ موجود ہے۔"

۱۵ ستمبر ۱۹۵۸ء

کل پاکستان انجمن ترقی اردو کا المیہ

مولوی عبدالحق صاحب کا انجمن ترقی اردو سے بہت قدیم تعلق تھا دسمبر ۱۹۱۱ء میں آل انڈیا مسلم ایجوکیشن نے لکھنو کے اجلاس میں مولوی عبدالحق صاحب کو انجمن ترقی اردو کا معتمد منتخب کیا اور انہیں وراثت میں رسی سے بندھا ہوا ایک چوبی صندوق، کچھ غیر مرتب مسودات، ایک رجسٹر اور قلم و دوات نصیب ہوا لیکن ان تھک جدوجہد سے مولوی عبدالحق نے انجمن کو ایک فعال تحریک میں تبدیل کر دیا اور علمی وادبی سرمایہ اور شہرت کی دولت سے مالا مال کیا۔ معتمد بننے کے بعد بقول سید ہاشمی فرید آبادی:

"انجمن زندگی کی نئی دھن اور سب بڑا مقصد حیات بن گئی۔"

۱۹۴۷ء میں تقسیم ہند کے پر آشوب زمانے میں ایک دفعہ سب کچھ تتر بتر ہو گیا لیکن مولوی عبدالحق صاحب نے ہمت نہ ہاری کراچی کو انجمن ترقی اردو کا مرکز بنا کر نئے دور کا آغاز کیا لیکن یہاں انجمن کو بڑے نشیب و فراز سے واسطہ پڑا۔ انتظامی امور میں انجمن کی مجلس نظماء اور مولوی عبدالحق میں ٹھن گئی۔

مولوی عبدالحق پر تنقید و الزامات کی بوچھاڑ شروع ہوئی اور بالآخر یہ سلسلہ چیف مارشل لا ایڈمنسٹریٹر ایوب خان کی جانب سے ۱۲ اکتوبر ۱۹۵۹ء کے اس آرڈنینس نے ختم کر دیا جس کے تحت مولوی عبدالحق صاحب کو انجمن کا مستقل با اختیار صدر اور انجمن کو ٹرسٹ کی شکل دے دی گئی۔

مولوی عبدالحق صاحب کا یہ کتابچہ انجمن کے اس ہنگامہ پرور زمانے کے سلسلے میں ان کے موقف کی ترجمانی کرتا ہے اس کتابچہ کے آغاز میں انجمن کی مختصر تاریخ کا جائزہ ہے اور بقیہ حصہ میں ڈاکٹر محمود حسین صاحب معتمد انجمن کے استعفےٰ کے جواب میں ان الزامات کا جواب ہے جو مولوی عبدالحق صاحب پر عائد ہوئے تھے۔

سر سید احمد خان (حالات و افکار)

مولوی عبدالحق کو اس بات پر ناز تھا کہ انہوں نے "سر سید احمد خان کے ساتھ کام کیا ہے" اور ان کی تربیت میں سر سید کا اہم کردار ہے نیز ان کی تمنا تھی:

"مولانا حالی کی تصنیف "حیات جاوید" کے نہج سے کسی قدر ہٹ کر سر سید احمد خان کی لائف نئی نسل کے ذہن کو پیش نظر رکھ کر لکھی جائے تاکہ نئی نسل بھی اس بزرگ قوم کی مثال کو سامنے رکھ کر اپنے فکر و عمل کر وہم آہنگ کرنے کے لئے سوچے اور کام کرے۔"

لیکن مولوی عبدالحق کو ہجوم کار نے اس کی مہلت ہی نہ دی کہ وہ سر سید پر باقاعدہ کوئی تصنیف ضبط تحریر میں لا سکیں البتہ وقتاً فوقتاً انہوں نے مضامین لکھے اور تقاریر کیں۔ یہ کتاب ان کے چھ مضامین اور ایک ریڈیائی تقریر پر مشتمل ہے او کتاب کے مندرجات حسب ذیل ہیں:

۱ سر سید احمد خان رسالہ ''اردو'' کراچی اپریل ۱۹۵۰ء

۲ سر سید احمد خان مرحوم رسالہ ''اردو'' کراچی اورنگ آباد جنوری ۱۹۳۶ء

۳ سائنٹفک سوسائٹی علی گڑھ رسالہ ''اردو'' جولائی ۱۹۳۵ء

۴ ہماری باتیں ہیں سید کام کرتے تھے، تقریر نشریہ ۲۷ جولائی ۱۹۵۵ء ریڈیو پاکستان کراچی

۵ سر سید احمد خان مرحوم کی مجوزہ اردو لغات کا نمونہ رسالہ ''اردو'' اورنگ آباد اکتوبر ۱۹۳۵ء

۶ مصلح اعظم سر سید احمد خان

۷ سر سید بحیثیت مفکر اعظم

انجمن ترقی اردو پاکستان نے ''سر سید احمد خان حالات و افکار'' کو ۱۹۵۹ء میں انجمن پریس کراچی سے شائع کیا تھا۔

''اردو یونیورسٹی'' وقت کا اہم تقاضہ

مولوی عبد الحق کا نوشتہ یہ کتابچہ ''اردو یونی ورسٹی'' کے حق میں فخر ماتری نے شائع کیا تھا۔ اس میں مولوی عبد الحق نے اردو یونیورسٹی کے قیام کی تجویز کے ضمن میں غیر مادری زبان میں تعلیم کے مضمرات بیان کئے تھے اور تحریر کیا تھا کہ ''اردو یونیورسٹی'' کا خیال سب سے پہلے سر سید احمد خان کو ۱۸۵۷ء میں آیا تھا جس کے لئے انہوں نے برٹش انڈیا ایسوسی ایشن کی جانب سے ایک یاد داشت حکومت ہند کو پیش کی تھی جس میں ایک ''ورنیکلر یونیورسٹی'' کے قیام کی تجویز دی گئی تھی بعد ازاں دلی کالج اور جامعہ عثمانیہ کے تجربات کامیاب رہے۔

اس کتابچہ میں غیر مسلم ماہرین تعلیم مثلاً انگریز پروفیسر اے آر بیری، مسٹر فریڈرک مواٹ سیکرٹری کونسل آف ایجوکیشن بنگال، سردار دلیشر لال، سر رادھا کشن وائس چانسلر بنارس یونیورسٹی وائس صدر جمہوریہ ہند اور سی، راج گوپال آچاریہ سابق صدر ہند وغیرہ کی آراء بھی اردو یونیورسٹی کے حق میں پیش کی گئی ہیں۔

مولوی عبدالحق نے اس کتابچہ کے آخری حصہ میں مجوزہ یونی ورسٹی کا خاکہ دیا ہے۔ حدود واختیارات اور دستور عمل کی مجالس کا ذکر کرتے ہوئے وہ تحریر کرتے ہیں:

”کراچی میں اردو یونیورسٹی بن کر رہے گی یہ خود قضا اور قدر کا منشا ہے، سوال دیر سویر کا ہے۔ اگر آپ نے میری مدد کی اور یونیورسٹی کے قیام کے وسائل و اسباب مہیا کر دیئے تو جلد بن جائے گی اور میری زندگی میں بن جائے گی۔“

مجوزہ یونیورسٹی کے لئے کم از کم پچاس لاکھ روپیہ کا تخمینہ لگایا تھا اور تحریر کیا تھا کہ اگر انہیں پانچ لاکھ روپیہ فراہم کر دیا جائے تو وہ اردو کالج کو ہی جامعہ اردو کی حیثیت دے سکتے ہیں۔

اس کتابچہ کو فخر ماتری سیکرٹری عارضی کمیٹی اردو یونیورسٹی نے ۱۹۶۰ء میں انجمن پریس کراچی سے شائع کیا تھا۔

مکاتیب بابائے اردو (ڈاکٹر مولوی عبدالحق) بنام حکیم محمد امامی

حکیم محمد امامی نے جنوبی ہند میں اردو کی ترویج و ترقی کے لئے بڑی خدمات انجام دی ہیں۔ بابائے اردو کی خواہش تھی کہ جنوبی ہند میں بھی انجمن کی شاخیں قائم ہوں وہ اس مقصد کے لئے ۱۲ مئی ۱۹۳۷ء کو بنگلور بھی گئے لیکن کچھ بن نہ پڑا۔ آخر حکیم محمد امام امامی کی کوششوں سے ۲۶ فروری ۱۹۴۲ء کو ریاست میسور و بنگلور میں انجمن ترقی اردو کی شاخ

قائم ہوئی امامی اس کے اعزازی معتمد نامزد ہوئے۔ مولوی عبد الحق نے ان کا ان الفاظ میں تعارف کرایا ہے:

”انہوں نے نہایت مشکل حالات میں انجمن ترقی اردو کو قائم رکھا اس کی اشاعت میں کوشش کی اردو کا مدرسہ قائم کیا اور چلایا اردو کتب خانہ قائم کیا۔۔۔۔۔۔۔۔وہ اردو کے بے لوث خادم اور دھن کے پکے ہیں۔“

حکیم محمد امام امامی کی مولوی عبد الحق سے انجمن کے مسائل، ریاست میسور میں اردو کی ترویج، مدراس اور کالی کٹ وغیرہ میں انجمن کی شاخوں مدرسوں کے قیام کتب و ریڈروں کی اشاعت، کانفرنسوں کے انعقاد، رسائل و جرائد کے اجرا اور انجمن کے مقامی معاملات پر خط و کتابت رہی ہے۔

مولوی عبد الحق نے ان مکاتیب میں حکیم محمد امام امامی کو مشورے بھی دیئے ہیں ہدایت بھی، اختیارات بھی تفویض کئے ہیں اور روک ٹوک بھی کی ہے۔ حکیم امامی نے ان کے ۱۱۸ مکاتیب کو اس کتاب میں یکجا کیا ہے ابتداء کے ۱۰۴ مکاتیب امامی کے نام ہیں جب کہ بقیہ ۱۴ مکاتیب کے مخاطب عبد الحق کے معالج ڈاکٹر خان (بشیر حسن خان) ہیں ان مکاتیب میں مولوی عبد الحق نے اپنے معالج کو اپنا حال تحریر کیا ہے اور یہ سب کے سب خط اگست ۱۹۵۷ء میں تحریر کئے گئے ہیں۔

وہ مکاتیب جو امامی کے نام ہیں ان میں سے ۱۰۲ مکاتیب ۱۸ دسمبر ۱۹۳۵ء سے ۱۶ اپریل ۱۹۶۰ء تک کے تحریر کردہ ہیں، دو پر تاریخ درج نہیں ہے۔

اس کتاب کا پیش لفظ ڈاکٹر محمد احسن فاروقی نے تحریر کیا ہے اور ان ”خطوط کی اہمیت“ پر شاہد احمد دہلوی نے روشنی ڈالی ہے اور ایس اے نقوی نے ”مشاہدہ حق“ کے عنوان سے ان خطوط پر تبصرہ کیا ہے:

"بابائے اردو کے ان مکاتیب میں اردو سے عقیدت کے علاوہ انکساری اور عجز، کہیں صبر و شکر، عزم و استقلال، خلوص و محبت، حوادث زمانہ اور توکل کی جھلکیاں نظر آتی ہیں۔ گویا یہ ان کی مختصر سی تاریخ ہے جس میں سب کچھ آپ کو دکھائی دے گا۔"

مولوی عبدالحق صاحب کے خطوط کا یہ مجموعہ اردو اکیڈمی سندھ کراچی نے ۱۹۶۰ء میں آفسٹ پریس کراچی سے شائع کیا۔

قدیم اردو

"دکنی ادب" پر مولوی عبدالحق کے مضامین وقتاً فوقتاً رسالہ اردو میں شائع ہوتے رہے ہیں ان میں سے چند مضامین کا مجموعہ "قدیم اردو" کے نام سے سلسلہ مطبوعات انجمن ترقی اردو نے خط نسخ میں ۱۹۶۱ء میں کراچی سے شائع کیا۔ ان مضامین کی اشاعت کا آغاز اپریل ۱۹۲۷ء کے رسالہ "اردو" میں بیجاپور کے اولیاء اللہ کا ایک شاعر خاندان سے ہوا جب کہ اس کتاب میں شامل مضمون "مثنوی مثال خالق باری" جنوری ۱۹۵۲ء کے شمارے میں شائع ہوا گویا اس میں ان مضامین کا انتخاب ہے جو مولوی عبدالحق کے قلم سے جولائی ۱۹۲۷ء تا جنوری ۱۹۵۲ء ضبط تحریر میں آئے۔

کتاب ۱۲ عنوانات میں تقسیم ہے جن کی فہرست درج ذیل ہے:

ا بیجاپور کے اولیا اللہ کا ایک خاندان

۱حضرت شاہ میراں شمس العاشقین رسالہ "اردو" اورنگ آباد اپریل ۱۹۲۷ء

۲حضرت شاہ برہان الدین جانم جولائی ۱۹۲۷ء

۳حضرت شاہ امین الدین اولا جنوری ۱۹۲۸ء

۲ گجری یا گجراتی زبان

۱شاہ علی محمد گام دھنی رسالہ ''اردو'' اورنگ آباد جولائی ۱۹۲۸ء

۲ میاں شیخ خوب محمد چشتی جنوری ۱۹۲۹ء

۳حسن شوقی جولائی ۱۹۲۹ء

۴ قاضی محمد دریائی دہلی جولائی ۱۹۴۰ء

۳حیدر آباد کا ایک شاعر خاندان

۱ملا عشرتی اورنگ آباد جولائی ۱۹۳۱ء

۲سید احمد ہنر

۳علی احسان

۴ پرانی اردو میں قرآن شریف کے ترجمے اور تفسیریں جنوری ۱۹۳۷ء

۵ دکنی اردو میں شاہنامے کی داستانیں کراچی اکتوبر ۱۹۴۹ء

۶ اردو زبان کا ایک قدیم کتبہ اورنگ آباد اپریل ۱۹۳۸ء

۷ کلیات سلطان محمد قلی قطب شاہ جنوری ۱۹۲۲ء

۸ مثال خالق باری (ایک قدیم ترین کتاب) کراچی جنوری ۱۹۵۲ء

۹ شرح ہمدانی (اردو نثر کی ایک بہت قدیم کتاب) اورنگ آباد اپریل ۱۹۲۸ء

۱۰ مثنوی وفات حضرت فاطمہ (شمالی ہند کی قدیم مثنوی) کراچی اپریل ۱۹۵۱ء

۱۱ سب رس از ملا وجہی رسالہ ''اردو'' کراچی اپریل ۱۹۵۱ء

۱۲ سب رس منظوم

۱وصال العاشقین مصنفہ سید شاہ حسین ذوقی جولائی ۱۹۲۵ء

۲ گلشن حسن و دل مصنفہ مجموعی

حواشی میں مولوی عبدالحق نے مشکل دکئی، گجری اور قدیم اردو کی جدید اردو میں لغت بھی دی ہے۔

اردو مصفیٰ (ڈاکٹر مولوی عبدالحق بابائے اردو مد ظلہم کے خطوط کا مجموعہ)

ڈاکٹر مولوی عبدالحق کی نوے سالہ جوبلی کے موقع پر جوبلی کمیٹی نے عبدالحق کے ۳۶۸ مکاتیب کو یکجا کر کے ابو تمیم فرید آبادی کی زیر نگرانی لاہور سے ۱۹۶۱ء میں شائع کیا تھا۔ یہ مکاتیب ۲۹ شخصیات کے نام ہیں جس کے ذیلی حواشی جمیل قدوائی نے تحریر کئے ہیں۔

اس مجموعہ مکاتیب کا پیش لفظ سید ہاشمی فرید آبادی نے تحریر کیا ہے اور سید ابو تمیم فرید آبادی نے مولوی عبدالحق کے مختصر حالات زندگی رقم کئے ہیں۔

مکاتیب کی سب سے بڑی تعداد ڈاکٹر مختار احمد انصاری کے نام ہے، جو ۱۰۹ ہے دیگر خطوط اس طرح ہیں۔

مولوی محمد امین زبیری کے نام ۴۲ ڈاکٹر داؤد رہبر ۶۷، مولوی سخاوت ۲۴، میاں بشیر احمد ۲۳، بیگم حسن بانو قزلباش ۱۹، بشری کاظمی ۲۰، عزیز احمد ۹، سید ہاشمی فرید آبادی ۷، ڈاکٹر قطب النساہاشمی اور جمیل قدوائی پانچ پانچ، ضیاالدین برنی اور فخری تین تین، ڈاکٹر غلام مصطفیٰ، نصر اللہ خان، محمد حسین زبیری، شفیع ادبی دو دو اور سر سکندر حیات، گاندھی جی، مولانا ابوالکلام آزاد، سر تیج بہادر سپرد، مختار احمد صدیقی، ڈاکٹر عابد حسین، غلام احمد حسن، بیگم ارجمند قزلباش، مس آمنہ ممت، خان عارف برنی اور نور احمد قادری کے نام ایک ایک مکتوب۔

ان مکاتیب سے مولوی عبدالحق کی آپ بیتی اور انجمن ترقی اردو کی بپتا تیار کی جاسکتی

ہے۔ ان میں مولوی عبدالحق کا وہ تاریخی خط بھی شامل ہے جو انہوں نے گاندھی جی کے نام اردو ہندی تنازعہ پر، ہندوستان میں مسلمانوں کی بے بسی ہندوؤں کے مظالم اور کانگریسی حکومت کے بے حسی کے متعلق تحریر کیا تھا۔ سر سکندر حیات اور مولانا ابوالکلام آزاد کے نام خطوط میں بھی ان ہی حالت پر روشنی ڈال گئی ہے۔

۱۹۴۷ء اور ۱۹۴۸ء میں جو خطوط لکھے گئے ان میں برصغیر کے المناک ہنگاموں، مسلمانوں کی حالت زار اور انجمن کے مسائل و مصائب کا تذکرہ ہے۔ پاکستان میں انجمن کے قیام کے بعد تحریر کردہ خطوط میں انجمن کی تنظیم نو، قومی زبان کے لئے جدوجہد اور ان الجھنوں کا ذکر ملتا ہے جس سے وہ عمر کے آخری حصے میں دوچار ہوئے ابتدائی زمانے کے خطوط میں اردو کتب کی اشاعت و تدوین وغیرہ کا تذکرہ ہے۔

قاموس الکتب (جلد اول) "مذہبیات"

قاموس الکتب (جلد اول) آخری کتاب ہے جس پر مولوی عبدالحق نے مقدمہ تحریر کیا، یہ مقدمہ اپنے سفر آخرت سے صرف تین ماہ اور چار دن قبل (یعنی ۲۲ جون ۱۹۶۱ء) جناح ہسپتال کے کمرہ نمبر ۱۳ میں تحریر کیا تھا۔

مولوی عبدالحق نے "قاموس الکتب" کے مقدمہ میں کتاب کی اہمیت، افادیت اور ضرورت پر روشنی ڈالتے ہوئے اس شخص کو "بنی نوع انسان کا بہت بڑا محسن" قرار دیا ہے جس نے تحریر کا فن ایجاد کیا اور بتایا ہے کہ تحریر سے قبل صرف حافظے کے بل بوتے پر معلومات محفوظ کی جاتی تھیں۔ اس کے بعد مختلف وجوہ سے تباہی کے نقصانات کا تذکرہ کرتے ہوئے "قاموس الکتب" کی اہمیت بیان کی ہے اور تحریر کیا ہے:

"سب سے اول اس کا خیال سر سید علیہ الرحمہ کے دماغ میں آیا۔۔۔ ایک مدت

کے بعد جب ۱۹۰۲ء میں انجمن ترقی اردو کی بنیاد پڑی تو اس کے ابتدائی پروگرام میں ایک ایسی فہرست کی تھی۔ پروفیسر محمد سجاد مرزابیگ دہلوی نے اس کا بیڑا اٹھایا اور بیس سال کی محنت کے بعد اس کی تکمیل کی سابق دولت آصفیہ نے جو علم و ہنر کی بڑی سرپرست تھی مرتب فہرست کو مالی امداد سے سرفراز کیا لیکن افسوس کہ یہ فہرست نہایت ناقص ہے۔''

مذکورہ بالا ''قاموس الکتب'' کا آغاز انجمن ترقی اردو نے خود کیا اور اس کے لئے مفتی انتظام اللہ شہابی کو جزو وقتی ملازم مقرر کیا لیکن بعد میں جب وزارت تعلیم حکومت پاکستان نے اس مقصد کے لئے ایک لاکھ روپیہ کی مالی امداد دی تو انجمن نگرانی میں ''قاموس الکتب'' کی پہلی جلد مرتب کر لی جو اسلام اور دیگر مذاہب کے اردو مخطوطات و مطبوعات پر مشتمل ہے اس ''قاموس الکتب'' کے پروف خود مولوی عبدالحق نے پڑھے تھے۔

''لیکن آخر میں جب ضعف بصارت کی وجہ سے (مجھے) پروف پڑھنے میں دقت محسوس ہونے لگی تو یہ کام انجمن کے بعض کارکنوں نے انجام دیا۔''

اس ''قاموس الکتب'' میں ۱۱۷۶ کتب کی فہرست ہے اور جن کتب خانوں، کتابوں، رسالوں، فہرستوں اور اداروں کے ذریعہ قاموس تیار کی گئی ہے اس کے حوالے دیئے ہیں۔

اسلام اور تعلیمات اسلامی کے حوالے سے اس میں ۱۰۹۲ کتب کا ذکر ہے جسے ۱۱۹ ضمنی عنوانات میں تقسیم کیا گیا ہے اسلامی کتب کے بعد ''دیگر مذاہب'' سے تعلق رکھنے والی کتب کی فہرست ہے سب سے پہلے عیسائیت اور یہودیت پر کتابوں کا ذکر ہے جس کا آغاز تراجم توریت مقدس سے ہوتا ہے مسیحی مذہب کی کل ۱۹۸ کتابوں کا ذکر ہے اور یہودیت سے تعلق رکھنے والی صرف ٦ کتابیں ہیں۔

عیسائیت کے علاوہ دیگر مذاہب پر کتابوں کی تعداد اس رح ہے ہندو مت ۴۴۴، آریہ مت ۲۷، سکھ مت ۳۸، برھمو سماج ۱۲، دیو سماوج ۲، رادھا سوامی ۴، جین مت ۳۷، جوتر ۱۰ اور کبیر پنتھ ۶

قاموس الکتب کے متن کے بعد ۱۰۰ صفحات کا اشاریہ ہے جب کہ فہرست عنوانات ۲ اور مقدمہ ۶ صفحات پر مشتمل ہے کتاب ٹائپ نستعلیق میں ۱۹۶۱ء میں انجمن ترقی اردو پاکستان کے لئے انجمن پریس سے شائع ہوئی۔

افکار عبدالحق مرتبہ آمنہ صدیقی

محترمہ آمنہ صدیقی صاحبہ نے مولوی عبدالحق کی زندگی ہی میں ”افکار عبدالحق“ کا مسودہ تیار کر کے مولوی عبدالحق صاحب کی خدمت میں پیش کیا تھا اس سلسلہ میں آمنہ صدیقی صاحبہ لکھتی ہیں:

”انہوں نے میری اس کوشش کو بہت سراہا اور یہ کہہ کر مسودہ اپنے پاس رکھ لیا کہ وہ انجمن ترقی اردو کی طرف سے اس کی طباعت کا انتظام فرما دیں گے۔ مجھے خوشی بھی ہے اور فخر بھی کہ بابا نے میرے کلام کو پسند فرمایا، لیکن افسوس کہ ان کی وفات کی وجہ سے یہ کتاب انجمن کی طرف سے شائع نہ ہو سکی۔ اب یہ کتاب اردو اکیڈمی سندھ کی طرف سے شائع کی جارہی ہے۔“

آمنہ صدیقی صاحبہ نے مولوی عبدالحق صاحب کے یہ افکار ان کی بکھری ہوئی مختلف کتابوں، مقالات، خطبات اور مضامین سے اخذ کئے ہیں اور مختلف ابواب کو مقالاتی شکل میں یکجا کیا ہے جو مندرجہ ذیل چھ حصوں میں تقسیم ہیں:

۱ ادب و شعر

۲اسلوب

۳تنقید و تحقیق اور دیگر اسلوب

۴لسانیات

۵حیات و کائنات

۶مذہب و سائنس

کتاب کا آخری حصہ "مذہب و سائنس" مولوی عبد الحق صاحب کا وہ مقدمہ ہے جو انھوں نے ڈریپر کی کتاب "مذہب و سائنس" کے مولانا ظفر علی خان صاحب کے ترجمہ کے لئے لکھا تھا یہ مقدمہ جوں کا توں شامل کتاب کر لیا گیا ہے کتاب کی ابتداء میں آمنہ صدیقی صاحبہ کا مولوی عبد الحق پر ۱۹۵۹ء کا لکھا ہے وہ مضمون بطور مقدمہ شامل ہے جس پر موصوفہ کو انعامی مقابلہ میں اول انعام ملا تھا (یہ مضمون اردو کالج کراچی کے جریدے "برگ گل" کے بابائے اردو نمبر مطبوعہ ۱۶ اگست ۱۹۶۳ء کے شمارے میں بھی شامل ہے)

آمنہ صدیقی صاحبہ کے اس مضمون سے مولوی عبد الحق صاحب کے تمام تحریری پہلوؤں پر روشنی پڑتی ہے۔

کتاب کے گرد پوش پر ڈاکٹر غلام مصطفیٰ خان صاحب، پیر حسام الدین راشدی صاحب، ڈاکٹر عبد الستار صدیقی صاحب، پروفیسر رشید احمد صدیقی، مولانا غلام رسول مہر صاحب، ڈاکٹر رضی الدین صدیقی صاحب، پروفیسر نجیب اشرف ندوی صاحب اور ڈاکٹر گیان چند صاحب کی آراء ہیں جن میں ان مبصرین نے آمنہ صدیقی صاحبہ کی اس کاوش کا مقام و مرتبہ متعین کیا ہے۔

۱مکتوبات عبدالحق
۲مکاتیب عبدالحق

یہ خطوط جلیل احمد قدوائی کے مرتب کردہ ہیں ۱۹۶۳ء میں انجمن پریس سے شائع ہوئے تھے لیکن ان کی اشاعت میں ایک عجیب بات بھی ہے کہ یہ مکتوبات دو مختلف عنوانات اور دو مختلف ناشروں کے زیر اہتمام اشاعت پذیر ہوئے صرف نام کا فرق ہے ورنہ متن و ترتیب، تقطیع و تعداد صفحات، کتابت و طباعت ہر اعتبار سے ایک جیسے ہیں ایک کا نام "مکتوبات عبدالحق" ہے اور دوسرے کا "مکاتیب عبدالحق"

"مکتوبات عبدالحق" کا ناشر مکتبہ اسلوب کراچی ہے جس نے اپنے سلسلہ مطبوعات ۱۱ کے تحت یہ کتاب شائع کی ہے سرورق کی کتابت نستعلیق لیتھو میں ہے گرد پوش پر مولوی عبدالحق کا تصویری خاکہ ہے۔

"مکاتیب عبدالحق" اردو اکیڈمی سندھ کراچی نے شائع کی ہے اس کا سرورق ٹائپ میں ہے۔

دونوں کتب کے آغاز میں آرٹ پیپر پر مولوی عبدالحق کی تحریر کے دو عکس دیئے گئے ہیں جس میں سے ایک حکیم امامی اور دوسرا شبیر علی کاظمی کے نام خطوط کے عکس ہیں، دونوں کتب نیوز پرنٹ پر شائع ہوئی ہیں، مقدمہ مولوی عبدالحق کی زندگی میں لکھا تھا گیا البتہ "غرض مرتب" ان کے انتقال کے تقریباً ڈیڑھ سال بعد تحریر کی گئی ہے۔

اس مجموعہ میں کل ۵۱۳ خطوط ہیں جو ۵۲ شخصیتوں کے نام تحریر کئے گئے ہیں ان میں مولوی عبدالحق کے رفقاء کار بھی ہیں اور مولوی عبدالحق اور ان کے مشن کے نکتہ چین بھی، بعض لوگ ایسے بھی ہیں جن کی مولوی عبدالحق سے معمولی شناسائی تھی ان خطوط میں ۳۶۳ وہ خطوط ہیں جو "اردو مصفیٰ" میں شامل تھے۔

اردو مصفیٰ میں ستاد صدیقی کے نام ۱۲۴ خطوط تھے لیکن اس مجموعے میں ان کے نام مزید ۱۵ خطوط کا اضافہ ہے اسی طرح صدیق قدوائی کے نام مزید ۱۳ اور گاندھی جی کے نام ایک اور خط کو شامل کیا گیا ہے جو کہ ۲۳ ستمبر ۱۹۴۶ء کا تحریر کردہ ہے۔

اردو مصفیٰ کے مخاطبین کے علاوہ اس مجموعے میں جن شخصیتوں کے نام خطوط ہیں ان میں ماجد دریا آبادی کے نام ۳۷ غلام رسول مہر ۲۷، شوکت سبزواری ۸، حکیم امامی ۱۷، رکن الدین قریشی ۸، غلام محی الدین زور ۱، مولوی عمر یافعی ۱، مفتون سنگھ ۱، عبد العلیم نامی ۱، کبیر احمد جائسی ۱، رحیم الدین کمال ۱، میاں عبد الحی ۱، سجاد مرزا ۱، اور منظور احمد ۱

۲۰ مئی ۱۹۶۱ کا لکھا ہوا ایک ایسا خط بھی ہے جو بیک وقت جانکی پرشاد، منظور احمد اور سجاد مرزا کے نام ہے دراصل یہ خط "ادارہ مجلس" کے زیر اہتمام نوے سالہ جشن میں شرکت سے معذرت نامہ ہے اس رح اس مجموعہ میں اردو مصفیٰ کے مکاتیب میں ۱۵۰ کا اضافہ ہے۔

مقدمات عبد الحق مرتبہ ڈاکٹر عبادت بریلوی

مولوی عبد الحق صاحب کے مقدمات ۱۹۳۱ء میں مرزا محمد بیگ صاحب مرتب کر کے شائع کر چکے تھے اور وہ اس طرح ہاتھوں ہاتھ لئے گئے تھے کہ جلد ہی اس کا ایڈیشن ختم ہو گیا۔ مقدمات کی اس مقبولیت کے پیش نظر ڈاکٹر عبادت بریلوی صاحب نے ان مقدمات کی سرنو ترمیم، تصحیح اور اضافے کے ساتھ شائع کرنے کی ضرورت محسوس کی۔

ڈاکٹر عبادت بریلوی صاحب نے اس ترتیب میں مرزا محمد بیگ صاحب کے مرتب کئے ہوئے تمام مقدمات کے علاوہ ان تمام مقدمات کو بھی جمع کیا جو اب تک کتابی شکل

میں شائع نہیں ہوئے تھے مولوی عبدالحق صاحب نے ان سب مقدمات پر نظر ثانی اور ترمیم واضافے کے بعد شائع کرنے کی اجازت دی۔

ڈاکٹر عبادت بریلوی صاحب نے نہ صرف اپنے مرتب کئے ہوئے مقدمات پر ایک دیباچہ اور مولوی عبدالحق صاحب کے "مقدمات" پر مقدمہ تحریر کیا بلکہ مرزا محمد بیگ اور مولانا حبیب الرحمان شیروانی صاحب کا اشاعت اول پر لکھاہوا مقدمہ اور دیباچہ بھی شامل کرلیااور اس طرح ۱۹۶۳ء میں اردو مرکز لاہور کے زیر اہتمام "مقدمات عبدالحق" شائع ہوئے۔ اس کتاب میں مجموعی اعتبار سے ۴۹ مقدمات شامل ہیں جن کی فہرست اور کتابیاتی کیفیت درج ذیل ہے:

تذکرے

ا نکات الشعراء مصنف: میر تقی میر مرتب: مولوی عبدالحق طابع: مطبع انجمن ترقی اردواورنگ آباد (دکن) ناشر: انجمن ترقی اردواورنگ آباد (دکن) سن اشاعت: ۱۹۳۵ء

۲ تذکرہ ریختہ گویاں مولف: سید فتح علی حسینی گردیزی مرتبہ: مولوی عبدالحق طابع: مطبع انجمن ترقی اردواورنگ آباد (دکن) ناشر: انجمن ترقی اردواورنگ آباد (دکن) سن اشاعت ۱۹۳۴ء

۳ مخزن نکات مولف: شیخ محمد قیام الدین قائم مرتبہ: مولوی عبدالحق طابع: مطبع انجمن ترقی اردو اورنگ آباد (دکن) ناشر: انجمن ترقی اردو اورنگ آباد (دکن) سن اشاعت ۱۹۲۹ء

۴ چمنستان شعراء مولف: رائے لچھمن نرائن شفیق مرتبہ: مولوی عبدالحق طابع: مطبع انجمن ترقی اردو اورنگ آباد (دکن) ناشر: انجمن ترقی اردو اورنگ آباد (دکن) سن

اشاعت:۱۹۲۸ء

۵ گلشن ہند مصنف: علی ابراہیم خان ترجمہ: میر علی لطف طابع: رفاہ عام اسٹیم پریس لاہور ناشر: عبداللہ کتب خانہ آصفیہ حیدرآباد (دکن) سن اشاعت ۱۹۰۶ء

۶ تذکرہ ہندی مصنفہ: غلام ہمدانی مصحفی مرتبہ: مولوی عبدالحق طابع: جامع برقی پریس دہلی ناشر: انجمن ترقی اردو اورنگ آباد سن اشاعت ۱۹۳۳ء

۷ گل عجائب مصنفہ: اسد علی خان تمنا اورنگ آباد مرتبہ: مولوی عبدالحق طابع: مطبع اردو، اورنگ آباد (دکن) ناشر: انجمن ترقی اردو، اورنگ آباد سن اشاعت ۱۹۳۶ء

۸ مخزن شعراء مصنفہ: نورالدین حسین فائق مرتبہ: مولوی عبدالحق طابع: مطبع اردو، اورنگ آباد (دکن) ناشر: انجمن ترقی اردو، اورنگ آباد (دکن) سن اشاعت ۱۹۳۳ء

منظومات

۱ قطب مشتری مصنف: ملاوجہی مرتبہ: مولوی عبدالحق طابع: مطبع انجمن ترقی اردو کراچی ناشر: انجمن ترقی اردو دہلی سن اشاعت ۱۹۳۸ء

۲ گلشن عشق مصنف: ملا نصرتی مرتبہ: مولوی عبدالحق طابع: انجمن پریس کراچی ناشر: انجمن ترقی اردو (پاکستان) کراچی سن اشاعت ۱۹۵۲ء

۳ ذکر میر مصنفہ: میر تقی میر مرتبہ: مولوی عبدالحق طابع: انجمن اردو پریس اورنگ آباد (دکن)

ناشر: انجمن ترقی اردو، اورنگ آباد (دکن) سن اشاعت ۱۹۲۸ء

۴ انتخاب کلام میر مرتبہ: مولوی عبدالحق طابع: دار الافادہ کاچی گوڑہ حیدر آباد (دکن) ناشر: انجمن ترقی اردو، اورنگ آباد (دکن) سن اشاعت ۱۹۲۱ء

۵ دیوان اثر مصنف: خواجہ محمد اثر مرتبہ: مولوی عبدالحق طابع: مسلم یونی ورسٹی پریس علی گڑھ ناشر: انجمن ترقی اردو، اورنگ آباد (دکن) سن اشاعت ۱۹۳۰ء

۶ مثنوی خواب وخیال مصنف: خواجہ محمد میر اثر مرتبہ: مولوی عبدالحق طابع: انجمن اردو پریس اورنگ آباد (دکن) ناشر: انجمن ترقی اردو، اورنگ آباد (دکن) سن اشاعت ۱۹۲۶ء

۷ دیوان تاباں مصنف: میر عبدالحیٔ تاباں مرتبہ: مولوی عبدالحق طابع: مطبع انجمن ترقی اردو اورنگ آباد (دکن) ناشر: انجمن ترقی اردو، اورنگ آباد (دکن) سن اشاعت ۱۹۳۸ء

۸ انتخاب داغ مصنف: نواب مرزا خان داغ مرتبہ: مولوی عبدالحق طابع: کورونیشن پرنٹنگ ورکس دہلی

ناشر: انجمن ترقی اردو، دہلی سن اشاعت ۱۹۴۶ء

۹ مسدس حالی مصنف: الطاف حسین حالی مرتبہ: مولوی عبدالحق طابع: نامی پریس کان پور ناشر: دارالاشاعت کان پور سن اشاعت ۱۹۲۹ء

۱۰ مسدس حالی (صدی ایڈیشن) مصنفہ: الطاف حسین حالی مرتبہ: ڈاکٹر سید عابد حسین طابع: جامع پریس، دہلی ناشر: دہلی، حالی سن اشاعت ۱۹۳۵ء

نثر

۱ معراج العاشقین مصنفہ: سید محمد حسینی بندہ نواز گیسو دراز مرتبہ: مولوی عبدالحق طابع: تاج پریس حیدر آباد (دکن) ناشر: غلام محمد انصاری وفا مدیر تاج حیدر آباد (دکن) سن اشاعت ۱۳۴۳ - ۱۹۳۴ء

۲ سب رس مصنفہ: ملا وجہی مرتبہ: مولوی عبدالحق طابع: مطبع انجمن ترقی اردو

اورنگ آباد (دکن) ناشر: انجمن ترقی اردو، اورنگ آباد سن اشاعت ۱۹۳۲

۳رانی کیتکی کی کہانی مصنفہ: انشا اللہ خان انشاء مرتبہ: مولوی عبدالحق طابع: مطبع انجمن ترقی اردو اورنگ آباد (دکن) ناشر: انجمن ترقی اردو، اورنگ آباد سن اشاعت ۱۹۳۳

۴ باغ و بہار مصنفہ: میری امن دہلوی مرتبہ: مولوی عبدالحق طابع: یونیورسٹی پبلشرز علی گڑھ ناشر: انجمن ترقی اردو (ہند) سن اشاعت ۱۹۴۴ء

۵ حیات النذیر مصنفہ: افتخار عالم مارہروی طابع: شمسی پریس دہلی ناشر: شمسی پریس دہلی سن اشاعت ۱۹۱۲

۶ مکتوب حالی مرتبہ: خواجہ سجاد حسین طابع: حالی پریس پانی پت ناشر: حالی پریس پانی پت

سن اشاعت ۱۹۲۵ء

۷ ڈاکٹر بجنوری (۱۹۱۸ء) مولفہ: ڈاکٹر بجنوری مرتبہ: محمد فاتح فرخ طابع: سول اینڈ ملٹری پریس کراچی سن اشاعت ۱۹۶۱ء

۸ سی پارہ دل مصنفہ: خواجہ حسن نظامی طابع: دلی پرنٹنگ ورکس دہلی ناشر: خواجہ بک ڈپو دہلی سن اشاعت جولائی ۱۹۲۱ء

۹ تمدن ہند: مصنفہ ڈاکٹر لی بان مترجم: سید علی بلگرامی طابع: مطبع ہاشمی آگرہ ناشر: مطبع ہاشمی آگرہ سن اشاعت ۱۹۱۳ء

۱۰ ماثر الکرام مولفہ: میر غلام علی آزاد بلگرامی طابع: مفید عام پریس آگرہ ناشر: عبداللہ خان، کتب خانہ آصفیہ، حیدر آباد (دکن) سن اشاعت ۱۹۱۰ء

۱۱ خطوط عطیہ بیگم مرتبہ: محمد امین زبیری و سید محمد یوسف طابع: شمسی مشین پریس، آگرہ ناشر: ظل السلطان بک ایجنسی، بھوپال سن اشاعت ندارد

۱۲ اردو تنقید کا ارتقاء مصنفہ: عبادت بریلوی طابع: ادبی پریس کراچی ناشر: انجمن ترقی اردو (پاکستان) کراچی سن اشاعت ۱۹۵۱ء

لسانیات

۱ دریائے لطافت مولفہ: انشاء اللہ خان انشا (ر) مرزا قتیل طابع: الناظر پریس لکھنو ناشر: انجمن ترقی اردو، اورنگ آباد (دکن) سن اشاعت: ۱۹۱۶ء

۲ قواعد اردو، مرتبہ مولوی عبد الحق طابع: الناظر پریس، لکھنو ناشر: دار الاشاعت انجمن ترقی اردو، لکھنو سن اشاعت ۱۹۱۴ء

۳ فرہنگ اصطلاحات علمیہ مرتبہ: انجمن ترقی اردو اورنگ آباد طابع: انجمن ترقی اردو اورنگ آباد ناشر: انجمن پریس اورنگ آباد سن اشاعت: ۱۹۲۵ء

۴ فرہنگ اصطلاحات پیشہ وراں تالیف: مولوی ظفر الرحمن دہلوی طابع: لطیفی پریس دہلی ناشر: انجمن ترقی اردو (ہند) دہلی سن اشاعت: ۱۹۳۹ء

۵ مطبوعات سررشتہ مرتبہ: سررشتہ تعلیم و ترجمہ جامعہ عثمانیہ حیدر آباد طابع: دار المطابع جامعہ عثمانیہ سرکار عالی حیدر آباد دکن ناشر: سررشتہ تعلیم و ترجمہ عثمانیہ حیدر آباد دکن سن اشاعت ۱۹۰۹ء

متفرقات

۱ مبادی سائنس مترجم: معشوق حسین خان طابع: مطبع اختر حیدر آباد (دکن) ناشر: انجمن ترقی اردو، حیدر آباد (دکن) سن اشاعت: ۱۹۱۰ء

۲ معرکہ مذہب و سائنس مصنفہ: ڈاکٹر جان ولیم ڈربیر مترجم: مولوی ظفر علی خان

طابع: رفاہ عام پریس لاہور سن اشاعت: ۱۹۱۰ء

۳ا اعظم الکلام فی ارتقاء الاسلام مصنفہ: مولوی چراغ علی مترجم: مولوی عبد الحق طابع: رفاہ عام اسٹیم پریس لاہور ناشر: عبد اللہ خان کتب خانہ آصفیہ، حیدر آباد سن اشاعت: ۱۹۱۱ء

۴ تحقیق الجہاد مصنفہ: مولوی چراغ علی مترجم: مولوی غلام حسین طابع: رفاہ عام پریس لاہور ناشر: عبد اللہ خان کتب خانہ آصفیہ حیدر آباد سن اشاعت: ۱۹۱۳ء

۵ مشاہیر یونان و رومہ مصنفہ: پلوٹارک مترجم: ہاشمی فرید آبادی طابع: مفید عام پریس لاہور ناشر: انجمن ترقی ہند، دہلی سن اشاعت: ۱۹۴۳ء

۶ جنگ روس و جاپان مصنف: مولانا ظفر علی خان طابع: مطبع اختر حیدر آباد دکن ناشر: مطبع اختر حیدر آباد دکن سن اشاعت ۱۹۰۵ء

۷ جنگ نامہ عالم علی خان مولفہ: غضنفر حسین مرحوم مرتبہ: مولوی عبد الحق طابع: مطبع انجمن ترقی اردو اورنگ آباد (دکن) ناشر: انجمن ترقی اردو، اورنگ آباد (دکن) سن اشاعت: ۱۹۳۲ء

۸ حیات امیر خسرو مصنفہ: خان بہادر تقی محمد خان طابع: ٹائمز پریس کراچی سن اشاعت: ۱۹۵۶ء

۹ تجر دو ازدواج مصنفہ: سید محمد تقی طابع: مطبع فیض عام علی گڑھ ناشر: مطبع فیض عام علی گڑھ سن اشاعت: ۱۹۰۷ء

۱۰ فرہنگ اصطلاحات کیمیا مرتبہ: انجمن ترقی اردو (پاکستان) طابع: انجمن پریس کراچی ناشر: انجمن ترقی اردو (پاکستان) کراچی سن اشاعت: ۱۹۵۳ء

۱۱ اسٹینڈرڈ انگریزی اردو ڈکشنری زیر نگرانی: مولوی عبد الحق طابع: انجمن اردو

پریس اورنگ آباد (دکن)

ناشر: انجمن ترقی اردو، اورنگ آباد سن اشاعت: ۱۹۳۷ء

۱۲ آرٹ ان اردو پوئٹری مصنفہ: شہاب الدین رحمت اللہ طابع: مونیو پریس ڈھاکہ ناشر: دی پاکستان کو آپریٹوبک سوسائٹی لمیٹڈ ڈھاکہ سن اشاعت: ۱۹۵۴ء

۱۳ چین و عرب تعلقات اور ان کے نتائج مصنفہ: مولوی بدر الدین حئ طابع: سول اینڈ ملٹری پریس کراچی ناشر: انجمن ترقی اردو (پاکستان) کراچی سن اشاعت: ۱۹۴۹ء

۱۴ پر اسرار کائنات مصنفہ: سر جیمسن جینس مترجم: سید محمد تقی طابع: جاوید پریس لاہور ناشر: اکیڈمی آف ایجوکیشن ریسرچ کراچی سن اشاعت: ۱۹۵۸ء

۱۵ وادی سندھ کی تہذیب مصنفہ: محمد ادریس صدیقی ناشر: محکمہ آثار قدیمہ مغربی پاکستان لاہور سن اشاعت: ۱۹۵۹ء

۱۶ مضامین محفوظ علی مرتبہ: انجمن ترقی اردو (پاکستان) کراچی طابع: انجمن پریس لارنس روڈ کراچی ناشر: انجمن ترقی اردو (پاکستان) کراچی سن اشاعت: ۱۹۵۶ء

۱۷ خطبات گارساں دتاسی مصنفہ: موسیو گارساں دتاسی طابع: انجمن ترقی اردو، اورنگ آباد دکن ناشر: انجمن ترقی اردو اورنگ آباد دکن سن اشاعت: ۱۹۳۵ء

۱۸ ناقابل فراموش مصنفہ: سردار دیوان سنگھ مفتون ناشر: ریجنٹ نیوز ایجنسی، دہلی سن اشاعت: ۱۹۵۷ء

رسائل

۱ رسالہ اردو جنوری ۱۹۲۱ء انجمن ترقی اردو اورنگ آباد، انجمن پریس اورنگ آباد

۲ رسالہ معاشیات اگست ۱۹۴۹ء انجمن ترقی اردو کراچی، سول اینڈ ملٹری پریس

لاہور

۳۳رسالہ سائنس جنوری ۱۹۲۸ء انجمن ترقی اردو طابع: انجمن پریس اورنگ آباد

کچھ اور مقدمات

"مقدمات عبدالحق" میں شامل مذکورہ مقدمات کے علاوہ بھی مولوی عبدالحق نے بہت سے مقدمات اور دیباچے تحریر کئے تھے ان میں مندرجہ ذیل قابل ذکر ہیں:

۱ مقدمہ "انتخاب مضامین رسالہ حسن" مرتبہ: مولوی عبدالحق مطبوعہ: حیدر آباد دکن، سن ندارد

۲ التماس "کلیات ولی" مرتبہ: علی احسن، انجمن ترقی اردو ۱۹۲۷ء

۳ دیباچہ "ترکوں کی اسلامی خدمات اور ان کی زبان و ادب پر تین لیکچر" مترجم: وہاج الدین مصنفہ جرمانس جولیس اورنگ آباد، انجمن ترقی اردو ۱۹۳۲ء

۴ دیباچہ "تاریخ ادبیات ایران" مترجم: سید سجاد حسین اورنگ آباد، انجمن ترقی اردو ۱۹۳۲ء

۵ مقدمہ "امہات الامہ" از ڈپٹی نذیر احمد دہلی، ادریس المطابع، ۱۹۳۵ء

۶ مقدمہ "سودا" از شیخ چاند اورنگ آباد، انجمن ترقی اردو ۱۹۳۶ء

۷ مقدمہ "جائزہ زبان اردو" مرتبہ: انجمن ترقی اردو دہلی انجمن ترقی اردو پریس اورنگ آباد ۱۹۴۰ء

۸ پیش لفظ "معدنی دریافت" مصنفہ: امداد علی انجمن ترقی اردو دہلی ۱۹۴۰ء

۹ پیش لفظ "مدنی دباغت" مصنفہ: امداد علی دہلی، انجمن ترقی اردو ۱۹۴۰ء

۱۰ فرہنگ اصطلاحات بنکاری مرتبہ: مجلس اصطلاحات پاکستان اسٹیٹ بینک کراچی،

انجمن ترقی اردو ۱۹۵۱ء

۱۱ دیباچہ ''مقالات حالی'' مرتبہ: محمد اسماعیل (حصہ اول) (بار سوم) کراچی، انجمن ترقی اردو ۱۹۵۵ء

۱۲ مقدمہ ''قاموس الکتب اردو'' (جلد اول) مقدمہ: مولوی عبد الحق کراچی، انجمن ترقی اردو ۱۹۶۱ء

۱۳ مقدمہ ''مسافر حجاز'' مصنفہ: آغا بدر عالم درانی کراچی ''قومی زبان'' یکم مئی یا یکم جون ۱۹۲۶ء

۱۴ مقدمہ ''لغات کبیر اردو'' مولفہ و مقدمہ: مولوی عبد الحق کراچی، انجمن ترقی اردو ۱۹۷۳ء

مکتوبات بابائے اردو بنام پیر سید حسام الدین راشدی

پیر حسام الدین راشدی صاحب اردو کے سندھی نژاد محسن تھے۔ پیر صاحب نے اردو کی ترویج میں اہم کردار ادا کیا۔ انجمن ترقی اردو کے پاکستانی دور میں پیر سید حسام الدین راشدی کی گراں قدر خدمات ہیں۔ وہ انجمن ترقی اردو پاکستان کی مجلس نظماء کے رکن تھے اور انجمن کی سرگرمیوں میں بڑھ چڑھ کر حصہ لیتے تھے۔ نیز انجمن ترقی اردو اور مولوی عبد الحق صاحب کو قیمتی مشورے دیتے تھے اور انجمن کے اشاعتی پروگراموں کے روح رواں تھے۔۔۔۔ پیر سید حسام الدین راشدی صاحب کی یہی اردو نوازی انہیں مولوی عبد الحق صاحب کے قریب لے آئی اور ان کا شمار مولوی عبد الحق صاحب کے پر اعتماد دوستوں میں ہونے لگا۔

بقول مشفق خواجہ صاحب:

"پیر حسام الدین صاحب راشدی ان معدودے چند بزرگوں میں سے ہیں جنہیں بابائے اردو کی انجمن اور خلوت دونوں تک رسائی حاصل تھی۔ ان دونوں بزرگوں کی عمروں میں اگرچہ تقریباً چالیس ال کا فرق تھا۔ لیکن مزاج اور ذوق کی ہم آہنگی کی وجہ سے یہ فرق مٹ گیا تھا اور دونوں ایک دوسرے کے "شریک رنج وراحت" قسم کے دوست بن کر رہ گئے تھے۔ اس تعلق خاطر کی مکمل روداد ابھی لکھی نہیں گئی۔ اس روداد کا ایک حصہ مولوی صاحب مرحوم کے خطوط کی صورت میں محفوظ ہے۔۔۔ ان خطوط کے مطالعے سے کاتب اور مکتوب الیہ دونو کے کردار کے بعض روشن پہلو سامنے آتے ہیں اس لیے جہاں یہ خطوط مولوی صاحب مرحوم کی ذہنی آپ بیتی کی حیثیت رکھتے ہیں وہیں دوسری طرف پیر صاحب قبلہ کے اوصاف حمیدہ کا بھی آئینہ ہیں۔"

یقیناً پیر حسام الدین راشدی کے نام ان مکاتیب کو مکمل نہیں کہا جا سکتا بہت سے ایسے خطوط بھی ہوں گے جو ضائع ہو گئے ہوں۔ یا ابھی اوراق پریشاں کی صورت گم نامی میں ہوں پھر بھی ان مکاتیب کی تعداد اچھی خاصی ہے۔ مجموعی اعتبار سے یہ ۱۲۶ مکاتیب ہیں یہ مکاتیب ۱۹۴۲ء سے لے کر ۱۹۵۴ء کی درمیانی مدت کے ہیں اور زیادہ مکاتیب کا موضوع انجمن اور اس کے مسائل ہیں۔ لیکن تمام مکاتیب سے مولوی عبد الحق صاحب کی پیر سید حسام الدین راشدی صاحب سے بے تکلفی ظاہر ہوتی ہے۔

مولوی عبد الحق صاحب کے یہ مکاتیب ۱۹۶۴ء میں منظر عام پر آئے تھے اور انہیں "قومی زبان" نے چھاپا تھا۔

خطوط عبد الحق مرتبہ محمد اکبر الدین صدیقی

محمد اکبر الدین صدیقی صاحب نے مولوی عبد الحق صاحب کے ۲۹۳ خطوط کا یہ

مجموعہ حیدر آباد (دکن) اردو اکیڈمی کے زیر اہتمام اعجز پرنٹنگ پریس چھتہ بازار حیدر آباد (دکن) سے ۱۹۶۶ء میں شائع کرایا تھا۔ ان خطوط میں ۲۶۰ خطوط اردو اور بقیہ ۱۳۳ انگریزی میں ہیں مولوی عبدالحق صاحب کے یہ وہ خطوط ہیں جو انہوں نے اپنے ان ماتحت حضرات کو لکھے تھے جو بلحاظ تنخواہ ایک اور بیس تا چالیس کا تناسب رکھتے تھے مرتب نے اپنے پیش لفظ میں ہر مکتوب الیہ کا تفصیلی تعارف کرایا ہے۔ جس میں مولوی عبدالحق صاحب سے ملاقات، ملازمت اور ان کی علمی و ادبی خدمات کا تذکرہ ہے۔ سب سے زیادہ خطوط ظفر الرحمن صاحب کے نام ہیں جو کتاب کے ۱۱۰ صفحات میں پھیلے ہوئے ہیں ان خطوط کا موضوع ''فرہنگ اصطلاحات پیشہ ورانہ'' ہے جب کہ سید ساجد علی کے نام ۶۸ خطوط لغت کی تدوین کے سلسلے میں ہیں سید ساجد علی کے نام یہ خطوط ۱۲ جون ۱۹۲۰ء سے ۱۹۵۹ء کی درمیانی مدت میں لکھے گئے ہیں کچھ خطوط محمد علی صاحب اور غلام ربانی صاحب کے نام ہیں جو انجمن کے اور اپنے خانگی کاموں کے سلسلے میں لکھے گئے ہیں۔

مولوی عبدالحق صاحب اپنے آخری دور میں بذات خود خط نہیں لکھ پاتے تھے اس زمانے میں حکیم اسرار احمد کریوی صاحب اور حکیم امامی صاحب مکتوب نویسی کے فرائض انجام دیتے تھے۔ عبدالرحمان فینسی کے نام ۷ خطوط عمر بانی صاحب کے نام ۴، رضا نواز جنگ تعلقہ دار صوبہ دار اورنگ آباد کے نام ۲، یوسف الدین مہتمم کتب خانہ جامعہ عثمانیہ، سخاوت مرزا، اور سید اکرام علی عرف مطلوب شاہ قادری کے نام ایک ایک خط ہے جب کہ پنڈت ونشی دھر کے نام ۱۳ خطوط انگریزی زبان میں لکھے گئے ہیں۔ پنڈت ونشی دھر کے نام خطوط ۵ جون ۱۹۲۹ء سے ۲۷ فروری ۱۹۴۶ء کی درمیانی مدت کے تحریر کئے ہوئے ہیں۔

خطوط کے اس مجموعہ میں مولوی عبدالحق صاحب کا لکھا ہوا ایک مختصر مضمون بھی

شامل ہے۔

عبدالحق کے خطوط عبدالحق کے نام

الحاج افضل العلماء ڈاکٹر محمد عبدالحق صاحب، مولوی عبدالحق صاحب کے پر اعتماد دوستوں میں تھے۔ الحاج افضل العلماء ڈاکٹر محمد عبدالحق صاحب کے انتقال پر اپنے تعزیت نامہ میں مولوی عبدالحق نے ان کا ذکر کرتے ہوئے تحریر کیا ہے۔

"وہ حقیقی معنوں میں عالم اور علم دوست تھے عربی زبان اور اسلامی علوم پر ان کی گہری نظر تھی پہلے محمڈن کالج میں پروفیسر تھے پھر پرنسپل ہو گئے۔ مرحوم کی نگرانی اور سرپرستی میں اس کالج کا وقار بہت بڑھ گیا اور ان کا کالج مدراس کے ممتاز کالجوں میں شمار ہونے لگا اس کے بعد وہ مدراس کے قدیم اور مشہور کالج موسوم بہ پریسیڈنسی کے پرنسپل کے عہدے پر فائز ہو گئے کچھ عرصہ مسلم یونی ورسٹی علی گڑھ میں رہ کر وائس چانسلری کی خدمت انجام دی وہ جس عہدے اور منصب پر رہے اس کے فرائض بڑی تندہی اور انہماک سے انجام دیئے اور اپنی فرض شناسی اور خدمات کے جذبہ کی وجہ سے ہر جگہ مقبول رہے ان کا اصلی ذوق تعلیم تھا۔۔۔ انہیں اردو زبان سے بڑی محبت تھی اور اس کی اشاعت اور ترقی کے لئے دامے قدمے ہر طرح حاضر تھے۔"

ان ہی الحاج افضل العلماء ڈاکٹر محمد عبدالحق صاحب کے نام ۷۵ خطوط کا مجموعہ "عبدالحق کے خطوط عبدالحق کے نام" سے شائع ہوا "حرف اول" الحاج افضل العلماء ڈاکٹر محمد عبدالحق صاحب کے بیٹے محمد انوازالحق صاحب پرنسپل عثمانیہ کالج کرنول نے تحریر کیا جب کہ مقدمہ ڈاکٹر عبدالستار صدیقی نے لکھا ہے جس میں صدیقی صاحب نے مولوی عبدالحق صاحب کے اسلوب نگارش پر روشنی ڈالی ہے۔

یہ خطوط ۱۰ اگست ۱۹۲۷ء سے ۱۸ جون ۱۹۵۴ء کی درمیانی مدت میں لکھے گئے ہیں جن میں سے اکثر کا تعلق مدراس میں اردو کی ترویج اور سرگرمیوں سے ہے۔ ایک خط میں الحاج افضل العلماء ڈاکٹر محمد عبدالحق صاحب کے اس خط کی نقل بھی شامل ہے جو انہوں نے مولوی عبدالحق صاحب کے خط کے جواب میں تحریر کیا تھا۔

خطوط کا یہ مجموعہ الحاج افضل العلماء ڈاکٹر محمد عبدالحق صاحب کے انتقال کے بعد شائع ہوا تاہم وہ اسے اپنی زندگی میں مرتب کر چکے تھے اور جگہ جگہ انہوں نے خود ہی وضاحتی حاشیے بھی تحریر کئے تھے۔

اقبال اور عبدالحق

ڈاکٹر ممتاز حسن نے یہ کتاب "مکتوبات اقبال کی روشنی میں" مرتب کی اور مجلس ترقی ادب لاہور نے علامہ اقبال کی ولادت کے جشن صد سالہ کی مناسبت سے زرین آرٹ پریس لاہور سے ۱۹۷۳ء میں شائع کی تھی۔

ممتاز حسن نے پیش لفظ اور مقدمہ خود تحریر کیا ہے کتاب میں مولوی عبدالحق کے نام علامہ اقبال کے آٹھ خطوط کے عکس دیئے گئے ہیں اور بعد میں یہی خط نسخ ٹائپ پر چھاپے گئے ہیں۔

بیشتر خطوط اردو اور انجمن ترقی اردو کے مسائل پر ہیں جب کہ ایک خط میں مولوی عبدالحق کو الہ آباد یونی ورسٹی سے ڈی لٹ کی اعزازی ڈگری عطا ہونے پر مبارکباد دی گئی ہے اور دوسرے خط میں سر راس مسعود کے انتقال پر اظہار افسوس کیا گیا ہے۔

کتاب کے حواشی بھی ممتاز حسن نے تحریر کئے ہیں کتاب میں آٹھ خطوط کے متن کے بعد نو ضمیمے ہیں جس کی تفصیل درج ذیل ہے۔

اعلامہ اقبال کی اپنی اور علامہ پر لکھی جانے والی کتب پر تبصرے از مولوی عبد الحق تبصرہ بر ''بانگ درا'' تبصرہ پر ''اقبال'' از احمد دین تبصرہ بر ''کلیات اقبال''

۲ تقریر مولوی عبد الحق یوم اقبال ۱۹۵۰ء

۳تقریر مولوی عبد الحق یوم اقبال ۱۹۵۳ء

۴ تصانیف مولوی عبد الحق

۵ سہ ماہی ''اردو'' میں اقبال کے بارے میں شائع شدہ مضامین کی فہرست

۶ سہ ماہی ''اردو'' میں اقبال سے متعلق تصانیف پر شائع شدہ تبصروں کی فہرست

۷ روداد آل انڈیا اردو کانفرنس ۱۹۳۶ء

۸ عکس مکتوب قائداعظم

۹ نامہ سر تیج بہادر سپرو بنام مولوی عبد الحق

ضمیموں کے بعد کتابیات کی فہرست ہے اشخاص، مقامات، اداروں، کتب رسائل، اخبارات، مضامین اور نظموں کا اشاریہ احمد رضا نے مرتب کیا ہے۔

لغت کبیر

مولوی عبد الحق صاحب کے تالیفی سرمایہ میں ''لغت کبیر'' کو بڑی اہمیت حاصل ہے اور اس لغت کی تالیف ان کی زندگی کی بڑی خواہشوں میں سے ایک تھی ۱۹۳۰ء میں مولوی عبد الحق صاحب اورنگ آباد کالج کی پرنسپلی سے سبکدوش ہونے کے بعد جامعہ عثمانیہ حیدر آباد (دکن) چلے آئے لیکن ان کے پیش نظر ایک جامعہ لغت کا منصوبہ رہا۔ اس زمانے میں انہوں نے بڑی مستعدی سے ''لغت'' کی تالیف کا آغاز کیا اور رفقاء کار کی ایسی ٹیم تیار کی جو ان کے اس منصوبہ میں ان کا ہاتھ بٹا سکے اس سلسلے میں سید ہاشمی فرید

آبادی صاحب تحریر کرتے ہیں:

"مولوی احتشام الدین حقی دہلوی مددگار مقرر ہوئے مرحوم اردو زبان کے ادیب ابن ادیب تھے اور ان سے بہتر اس کام میں مددگار ملنا مشکل تھا۔۔۔۔ نظر ثانی خود مولوی صاحب اور ایک کمیٹی کرتی رہی، جس میں ڈاکٹر عبدالستار صاحب صدیقی، جناب پنڈت کیفی اور راقم الحروف شریک تھے الفاظ کی اصل اور سرگزشت کا پتہ چلانے کے لئے سنسکرت اور ہندی زبانوں کے بعض ماہر (پنڈت ونشی دھر وغیرہ) مامور تھے۔ عربی الاصل الفاظ کے مادے عربی دان حضرات (ڈاکٹر صدیقی صاحب ی نگرانی میں) لکھ بھیجتے تھے۔"

اس منصوبے پر بڑی تیزی سے کام ہوا بہت سا سرمایہ جمع ہو گیا تھا لیکن ابھی منصوبہ تکمیل پذیر نہیں ہوا تھا کہ ۱۹۴۷ء کے فرقہ وارانہ ہنگاموں نے سارے کرے دھرے پر پانی پھیر دیا۔ بڑی مشکل سے مولوی عبدالحق صاحب کچھ اثاثہ کراچی منتقل کرنے میں کامیاب ہو گئے جس میں اس "لغت" کے چند پلندے اور حوالے کے کارڈ بھی شامل تھے مولوی عبدالحق صاحب نے کراچی منتقل ہو کر بھی اس منصوبے کو ترک نہیں کیا اور اسے از سر نو مرتب کیا لیکن یہ منصوبہ مکمل نہیں ہوا تھا کہ مولوی عبدالحق صاحب کا انتقال ہو گیا مولوی عبدالحق صاحب کے انتقال کے بعد ان کے لکھے ہوئے مقدمہ کے ساتھ ۱۹۷۳ء میں انجمن ترقی اردو نے مولوی عبدالحق کی کاوش کو شائع کیا۔

ڈاکٹر شوکت سبزواری مدیر اول ترقی اردو بورڈ نے اس لغت کا تعارف کراتے ہوئے تحریر کیا تھا:

"قارئین کو ان اوراق کے مطالعے سے اندازہ ہو گا کہ مولوی صاحب کی عمر بھر وفا کرتی اور وہ اردو کے اس "لغت کبیر" کو مکمل فرماتے تو کتنا عظیم کام ہوتا اور اس سے اردو

کو کتنا فائدہ پہنچتا۔"

لغت کے ابتداء میں جمیل الدین عالی صاحب معتمد اعزازی کا "حرفِ چند" کے عنوان سے مختصر تاریخ اور ڈاکٹر شوکت سبزواری صاحب کا تعارف اور مولوی عبد الحق کا لکھا ہوا مقدمہ شامل ہے۔

مولوی عبد الحق صاحب نے اپنے مقدمہ میں لغت نویسی کا بھرپور جائزہ لیا ہے مستشرقین اور اہل زبان کے لکھے ہوئے لغات کا تحقیقی ذکر کیا ہے۔ مولوی عبد الحق نے "لغت کبیر" کی تالیف کے سلسلے میں لکھا ہے:

"اس کی تالیف اور تکمیل میں پورے سترہ سال لگے اور لاکھوں روپیہ صرف ہوئے۔ مطالعہ کرنے والے ۱۳۰۰ اشخاص تھے۔ انہوں نے پانچ ہزار کتابوں میں سے ۳۵۰۰ ۰۰۰ اقتباسات انتخاب کئے۔ تنخواہ یاب کارکنوں کے علاوہ ۳۰سب ایڈیٹروں اور ہزاروں مطالعہ کرنے والوں نے بلا معاوضہ کام کیا جن میں اکثر نے اس تندہی سے اپنا فرض ادا کیا تنخواہ یاب کیا کرے گا۔"

اس "لغت" کی چند خصوصیات قابل ذکر ہیں:

۱اردو کے تمام مفرد اور مرکب الفاظ درج لغت ہیں۔

۲اعراب بڑی احتیاط اور کاوش سے لگائے گئے ہیں۔

۳ہر معنی کی شہادت کے لئے اردو ادب کو میزان بنایا گیا ہے۔

۴تمام الفاظ کے ماخذ بتائے گئے ہیں اور الفاظ کی معنی کے اعتبار سے قواعدی حیثیت واضح کی گئی ہے۔

"لغت کبیر" کی جلد دوم ۱۹۷۷ء میں انجمن ترقی اردو سے شائع ہوئی۔

جلد دوم میں بھی مولوی عبد الحق صاحب کا مقدمہ جمیل الدین عالی صاحب

"حرفے چند" اور ڈاکٹر شوکت سبزواری صاحب کا تعارف شامل ہے۔ اس کے ساتھ ساتھ اس کی اشاعت میں ہاشمی فرید آبادی صاحب کا "تاریخ تدوین کا خلاصہ تاریخ" شامل ہے۔

قاموس الکتب (جلد دوم) "تاریخیات"

"بابائے اردو نے مذہبیات پر قاموس الکتب کی پہلی اشاعت کے فوراً بعد تاریخ و سوانح کے موضوع پر کام شروع کر دیا تھا لیکن جلد ہی ان کی زندگی مستعار کی مہلت ختم ہو گئی اور کام تکمیل کو نہیں پہنچ سکا۔"

بابائے اردو کے انتقال کے بعد انجمن ترقی اردو نے اس کی تکمیل کرائی اور نستعلیق آفسٹ پر اسے سلسلہ مطبوعات انجمن ترقی اردو نمبر ۳۶۱ کے تحت ۱۹۷۵ء میں انجمن ترقی اردو پریس سے شائع کیا گیا ابتدا میں قاموس کی تدوین کے مراحل کا ذکر ہے اور بطور مقدمہ مولوی عبد الحق کا وہی مقدمہ شامل اشاعت ہے جو انہوں "قاموس الکتب" (حصہ اول) مذہبیات کے لئے تحریر کیا تھا۔

اس جلد میں ۴۱۱۰ کتب کا تعارف ہے جو موضوعات کے اعتبار سے فلسفہ تاریخ و نظریات، تاریخ تہذیب و تمدن، تعلیم و ثقافت، تاریخی مجموعے، جغرافیہ، آثار قدیمہ، سوانح، تاریخ اقوام یورپ و ایشیائی، افریقہ اور متفرقات میں منقسم ہیں۔ کتاب کے آخر میں دو اشاریے ہیں جن میں سے ایک مصنفین کے بارے میں اور دوسرا اشاریہ کتابوں کے بارے میں ہے۔

مولوی عبد الحق کا تعلق دبستان علی گڑھ سے تھا اور انہیں سر سید احمد خان اور ان کے رفقاء کار بالخصوص مولانا حالی سے بے انتہا لگاؤ تھا۔ جمیل الدین عالی صاحب لکھتے ہیں:

"انہوں نے سر سید اور ان کے رفقائے کار کو نہ صرف دیکھا تھا بلکہ ان سے کسب فیض بھی کیا تھا تاہم ان کے خیالات اور طرز تحریر پر خواجہ الطاف حسین حالی کے اثرات بہت زیادہ ہیں۔"

عبد الحق کی گوناں گوں مصروفیات نے اس بات کا موقع نہ دیا کہ وہ حالی پر کوئی باقاعدہ تالیف چھوڑتے لیکن انہوں نے اپنے اس پیشوا پر بہت سے مضامین لکھے، تقاریب کیں، تبصرے رقم کئے اور دیباچے تحریر کئے۔ جن سے مولانا حالی کی شخصیت اجاگر ہوتی ہے ان ہی میں سے انتخاب "افکار حالی" کے عنوان سے انجمن ترقی اردو پاکستان نے مولوی عبد الحق کے انتقال کے بعد نستعلیق آفسٹ پر شائع کیا۔ جس پر ادارہ کی جانب سے "حالی اور عبد الحق" کے عنوان سے مولوی عبد الحق کے حالی سے مراسم کا جائزہ لیا گیا۔ کتاب کے آغاز میں جمیل الدین عالی نے "حرفے چند" میں کتاب کا تعارف کرایا ہے۔ کتاب میں شامل مضامین کی فہرست درج ذیل ہیں:

۱ حالی کی شخصیت۔ چند ہم عصر (شیخ چاند کی فرمائش پر مولانا حالی پر تو ایک مضمون لکھ دیا تحریر ۱۹۳۷ء

۲ ایک مثالی کردار ریڈیائی تقریر مطبوعہ "قومی زبان" کراچی ۱۶ مئی ۱۹۵۰ء

۳ حالی اور انسانیت۔ تقریر "یوم حالی" انجمن ترقی اردو پاکستان ۱۹۵۱ء

۴ درد مند حالی۔ تقریر عثمانیہ کالج، اورنگ آباد ۵ نومبر ۱۹۳۴ء

۵ حالی کا جشن صد سالہ

۶ حالی کی شاعری۔ خطبہ صدارت انجمن ترقی پسند مصنفین دکن ۲ مارچ ۱۹۵۴ء

۷ حالی اور ادب۔ اردو دائرہ معارف اسلامیہ لاہور زیر عنوان "اردو"

۸ حالی کی تنقید نگاری

۹ ایک ہندی دوہے اور اردو شعر پر مولانا حالی کا محاکمہ سہ ماہی "اردو" اورنگ آباد

۱۰ مسدس حالی جنوری ۱۹۳۶ء

۱۱ مقالات حالی (مرتبہ محمد اسمعیل) دیباچہ "مقالات حالی" جامعہ پریس دہلی ۱۹۳۴ء

۱۲ مکتوبات حالی مکتوبات حالی بنام مولوی عبد الحق

۱ محررہ ۲۳ ستمبر ۱۹۰۳ء

۲ محررہ ۱۷ جنوری ۱۹۰۵ء

۳ محررہ ۶ مارچ ۱۹۱۲ء اور

۴ ایک غیر مکمل خط (ت ن) خطوط عبد الحق بنام ڈاکٹر عبد اللہ چغتائی

ڈاکٹر عبادت بریلوی نے مولوی عبد الحق کے ۷۷ خطوط بنام ڈاکٹر عبد اللہ چغتائی اپنے مقدمہ اور چغتائی کے ایک مضمون بعنوان "ڈاکٹر مولوی عبد الحق اور ان کے خطوط" کے ساتھ ترتیب دے کر شائع کئے ہیں۔

ان خطوط کا موضوع زبان اردو اور انجمن ہے۔ یہ خطوط ۱۹۳۳ء سے ۱۹۵۹ء کے درمیانی زمانے میں لکھے گئے ہیں۔ مولوی عبد الحق کے بعض خطوط عبد اللہ چغتائی کے پاس محفوظ نہیں رہے۔ ان کی بابت خود چغتائی صاحب کا بیان ہے:

"میرے اور مولوی صاحب کے تعلقات ۱۹۲۲ء سے لے کر ان کی وفات تک بد ستور نہایت خوشگوار رہے۔ اس طویل عرصے میں ان سے جو خطوط کتابت برائے ترویج زبان اردو ہوتی رہی وہ بہت اہم اور دل چسپ ہے۔ اس سے تاریخ عہد پر بھی کافی روشنی

پڑتی ہے۔ اگرچہ ان میں وہ ابتدائی خطوط نہیں جو بدقسمتی سے انتقال مکانی اور غفلت کے باعث ضائع ہو گئے۔"

ڈاکٹر عبادت بریلوی نے اپنے مقدمہ میں مولوی عبدالحق کے خطوط کی اہمیت پر روشنی ڈالتے ہوئے اسے شائع کرنا "قومی خدمت" قرار دیا ہے اور عبداللہ چغتائی سے مولوی عبدالحق کے گہرے مراسم کا ذکر کرتے ہوئے انہیں مولوی صاحب کا معتمد قرار دیا ہے۔

ڈاکٹر عبداللہ چغتائی نے اپنے مضمون میں مولوی عبدالحق کی زندگی کے اس اہم دور پر روشنی ڈالی ہے جب مولوی عبدالحق اردو کی ترویج کے لئے زبردست کوشش کر رہے تھے۔

مضمون کی ابتدا میں عبداللہ چغتائی نے پروفیسر حافظ محمود شیرانی کے توسط سے مولوی صاحب سے اپنے تعارف اور ابتدائی ملاقاتوں کا تذکرہ کیا ہے اور بتایا ہے کہ وہ کس طرح مولوی عبدالحق کے قریب ہوتے گئے۔ پھر مولوی عبدالحق کی میزبانی، پھلوں سے دل چسپی، ان کے انداز زندگی، علمی دوروں، اردو اسٹینڈرڈ ڈکشنری کی تدوین اور اشاعت، انجمن کے لئے پریس کے حصول اور اس کے لئے سفر کلکتہ، قیام دہلی، سر اکبر حیدری سے قریبی تعلقات، جائزہ زبان اردو کی مہم، جائزہ زبان کا طریقہ کار اور پاکستان میں ہجرت جیسے موضوعات کا احاطہ کیا ہے۔

مولوی عبدالحق نے بیشتر خطوط اورنگ آباد سے تحریر کئے ہیں انہوں نے ۱۹۳۴ء میں عبداللہ چغتائی کو "جائزہ زبان" کے لئے اپنا سفیر بنایا تھا اس لئے زیادہ تر خطوط "جائزہ زبان" کے موضوع پر ہیں جب کہ چند خطوط "اسٹینڈرڈ اردو ڈکشنری" چھاپے خانے اور اردو کانفرنسوں کے بارے میں ہیں۔

ان خطوط میں صرف سات خط انجمن ترقی اردو پاکستان کے قیام کے بعد تحریر کئے گئے ہیں۔ مختلف کتابوں کی اشاعت، استنبول کی اورینٹل کانفرنس اور لاہور اردو کانفرنس ان خطوں کے اہم موضوعات ہیں ایک خط ڈاکٹر عبداللہ چغتائی کی اہلیہ کے انتقال پر تعزیت کا بھی ہے۔

فرمودات عبدالحق مرتبہ ڈاکٹر سید معین الرحمن

مولوی عبدالحق کے ۶۸۱ فرمودات پر مشتمل یہ کتاب ڈاکٹر سید معین الرحمن نے ۱۹۷۸ء میں مرتب کر کے نذر سنز لاہور سے شائع کرائی تھی، بقول فرمان فتح پوری:

"ڈاکٹر سید معین الرحمن نے "فرمودات عبدالحق" میں بابائے اردو کے خطبات کی روح اور خوشبو اس عمدگی سے کشید کی ہے کہ باید و شاید اس کتاب کے مطالعہ سے مولوی عبدالحق کی شخصیت کی رنگارنگی، ان کی زندگی کی باہمی، ان کی ہمہ گیر واقفیت، ان کی معاملہ فہمی، ان کی فکری استعداد، ان کی تبحر علمی، ان کے انداز بیان، ان کی جدت طبع اور ان کی بے باک اور بے جھپک رنگ طبیعت کا بھرپور انداز ہو جاتا ہے۔"

ڈاکٹر سید معین الرحمن نے یہ "فرمودات" مولوی عبدالحق کے ان ۳۸ نگارشات سے اخذ کئے ہیں جو "خطبات عبدالحق" کی شکل میں ڈاکٹر عبادت بریلوی نے مرتب کئے تھے۔ اس کتاب میں موضوع کے اعتبار سے فرمودات کی ترتیب اس طرح ہے:

ازبان ولسان پر ۱۳۲

۲اردو قومی زبان ۰۸۶

۳تعلیم و تعلیمات ۰۴۲

۴شعر و ادب، ادبی ادارے تحریکیں ۱۵۰

۵حیات وکائنات ۱۷۲

کل ۶۸۱

کتاب کے آخر میں زمانی و مکانی توضیحات اور ایک اشاریہ ہے جس میں موضوعات اسمائے الرجال، اسماء الکتب ورسائل، کانفرنسیں، جلسے، ادارے، انجمنیں، اماکن اور اسماء اللسان کی نشاندہی کی گئی ہے۔

کتاب کی ابتداء میں ''حدیث رشید'' کے عنوان سے پروفیسر ڈاکٹر رشید احمد صدیقی کی تحریر کی ہوئی تقریظ اور ڈاکٹر سید معین الرحمن کی جانب سے ''عرض مرتب'' ہے کتاب کے گرد پوش پر پروفیسر رشید احمد صدیقی صاحب، پروفیسر وقار عظیم اور ڈاکٹر فرمان فتح پوری صاحب کی وہ آراء ہیں جس میں ڈاکٹر سید معین الرحمن کی اس کاوش کو تحسین کی نظر سے دیکھا گیا ہے۔

یہ ''فرمودات'' ڈاکٹر سید معین الرحمن نے مولوی عبدالحق کے ان ۳۸طویل خطبات سے اخذ کئے ہیں جو وہ برصغیر کے ایک کونے سے دوسرے کونے تک ۱۹۳۳ء سے ۱۹۵۹ء کی درمیانی مدت اردو زبان وادب کی ترویج کے لئے دیتے رہے ہیں۔

ڈاکٹر سید معین الرحمن صاحب نے ان فرمودات کی لڑی ایک خاص معنوی ربط سے پروئی ہے اور اس بات کا اہتمام قائم رکھا ہے کہ کسی بھی حاشیہ آرائی سے مولوی عبدالحق صاحب کی اپنی رائے پر کوئی دوسرا رنگ نہ چڑھ سکے۔ بقول ڈاکٹر سید معین الرحمن صاحب:

''مقصد یہ تھا کہ اس سے ان کی سیرت، شخصیت، نقطہ نظر وسعت علم، اصابت فکر اور دوسری صفات کے مختلف پہلو سامنے آجائیں اور اندازہ ہو جائے کہ اپنے خیالات، جذبات وافکار کے اظہار کے لئے انہوں نے جو زبان ولہجہ اور اسلوب اختیار کیا وہ موقع

محل کے اعتبار سے کتنا حسب حال ہے۔ اس سے یہ بات بھی معلوم ہو جاتی ہے کہ اعلیٰ شخصیت اور اعلیٰ انشا پردازی کس طرح ایک دوسرے سے نشوونما اور ایک دوسرے کو جلا دیتے ہیں۔''

مکاتیب عبد الحق بنام محوی

مولانا محوی صدیقی مولوی عبد الحق کے رفقاء کار میں سے تھے جنہوں نے مولوی عبد الحق کے ساتھ مل کر اردو کی نشوونما اور ترویج میں حصہ لیا اور انجمن ترقی اردو کے شعبہ دار الاشاعت کے مہتمم بنائے گئے۔

اورنگ آباد میں جب انٹرمیڈیٹ قائم ہوا اور اس کے عملہ کے انتخاب کے اختیارات مولوی عبد الحق کو ملے تو انہوں نے محوی کو فارسی کا لیکچرار مقرر کیا۔ لغت کی تدوین میں ردیف ''ن'' تک محوی صدیقی مولوی عبد الحق کے معاون رہے لیکن ۱۹۳۰ء میں کالج اور انجمن سے علیحدہ ہو کر مدراس چلے گئے اور ۱۹۷۵ء میں ان کا بھوپال میں انتقال ہوا۔

مولوی عبد الحق سے ان کی اس زمانے سے خط وکتابت تھی جب مولانا محوی الناظر پریس اور الناظر رسالے سے منسلک تھے۔ پروفیسر عبد القوی دسنوی نے مولوی عبد الحق کے ۴۶ خطوط کو اپنے پیش لفظ، مولانا محوی پر ایک خاکہ اور مولانا محوی اور عبد الحق کے حوالے سے ایک مضمون کے ساتھ شائع کئے ہیں۔

انجمن ترقی اردو پاکستان کے معتمد اعزازی جمیل الدین عالی نے ''حرفے چند'' کے عنوان سے کتاب کا تعارف کرایا ہے اور بابائے اردو کے غیر مطبوعہ ۴۶ خطوط کو جمع اور محفوظ کرنا ''ایک قومی اور ادبی فریضہ'' قرار دیا ہے۔

مجموعے میں شامل یہ ۴۶ مکاتیب ۲۳ اپریل ۱۹۲۲ء سے ۱۲ جنوری ۱۹۴۹ء تک کے لکھے ہوئے ہیں ان میں سے اکثر مکاتیب میں مولوی عبدالحق نے مولانا محوی کی توجہ کتابوں کی اشاعت تدوین و ترتیب کی جانب دلائی ہے اور بعض خطوط انجمن کے پریس کے لئے ٹائپ اور فونڈری کے انتظامی امور پر لکھے ہیں۔

عبدالقوی دسنوی لکھتے ہیں:

"ان چار درجن خطوط کے مطالعہ سے ایک طرف جہاں ہمیں مولوی عبدالحق بابائے اردو کی خط نگاری اور ان کی شخصیت سے آگاہی ہوتی ہے وہاں محوی صدیقی سے ان کے گہرے تعلقات، بابا کی نگاہوں میں ان کی قدر و منزلت اور ان کی زندگی کی مختلف جھلکیاں ملتی ہیں۔ تمام خطوط میں بے تکلف اور پر خلوص دوستی کی فضا ہے۔"

خطوط کا یہ مجموعہ انجمن ترقی اردو پاکستان نے ۱۹۸۰ء میں انجمن پریس کراچی سے شائع کیا۔

مذہب اور سائنس

یہ کتاب موڈرن پبلشنگ ہاؤس دہلی نے "افکار عبدالحق" سیریز کے آخری حصہ کے طور پر ۱۹۸۳ء میں شائع کی اس کا متن ۶۷ صفحات پر مشتمل ہے لیکن اس کا آغاز صفحہ ۱۷۳ سے ہوتا ہے جب کہ آخری صفحہ پر ۲۴۰ درج ہے۔ کتاب کے آخر میں "مقدمات عبدالحق" کا حوالہ ص ۵۳ تا ۱۵۶ ہے۔

"مذہب اور سائنس" دراصل مولوی عبدالحق کا وہ مقدمہ ہے جو انہوں نے ڈاکٹر جان ولیم ڈریپر کی کتاب "کانفلیکٹ بٹوین ریلجن اینڈ سائنس" کے اردو ترجمہ کے لئے تحریر کیا تھا اس کتاب کا ترجمہ مولانا ظفر علی خان نے ۱۹۱۰ء میں رفاہ عام پریس لاہور سے

شائع کیا تھا۔

ڈاکٹر ڈربیر نے اپنے دلائل سائنس کے حق میں دیئے تھے اور یہ ثابت کرنے کی کوشش کی تھی کہ مذہب، سائنس سے متصادم ہے لیکن مولوی عبدالحق نے اپنے مقدمہ میں مذہب اور سائنس کے اصولوں اور خدمات کا تذکرہ کرتے ہوئے یہ ثابت کیا ہے کہ مذہب اور سائنس میں کوئی تصادم نہیں ہے بلکہ دونوں کا مقصد انسانی فلاح و بہبود ہے۔

مولوی عبدالحق ڈربیر کی کتاب پر تبصرہ کرتے ہوئے لکھتے ہیں:

"جسے وہ (ڈربیر) مذہب کہتے ہیں وہ در حقیقت مذہب نہیں ہے بلکہ رومن ازم ہے اور جتنے حملے انہوں نے مذہب پر کئے ہیں وہ بلاشبہ رومن ازم پر ہیں۔۔۔ سائنس اور مذہب کا یہ اختلاف اور ان کی باہمی بد ظنی و بد گمانی ابھی مدتوں رہے گی اور اسے برداشت کرنا چاہیے لیکن ساتھ ہی اسے رفع کرنے کی کوشش کرنی چاہئے کیوں کہ اس کی بنیاد غلط فہمی اور ہٹ دھرمی پر ہے۔ اہل مذہب کو سائنس کی صداقت پر اور اہل سائنس کو مذہب کی صداقت پر ایمان لانا چاہئے۔"

خطوط عبدالحق بنام ڈاکٹر عبادت بریلوی

ڈاکٹر عبادت بریلوی نے مولوی عبدالحق کے ۱۷۳ خطوط فوٹو عکس کی مدد سے مرتب کر کے شائع کئے ہیں یہ تمام کے تمام خطوط ڈاکٹر عبادت بریلوی کے نام ہیں مکتوب الیہ نے ہی ان کا مختصر مقدمہ تحریر کیا ہے جس میں انہوں نے ان کی اشاعت کی ضرورت واہمیت کو اس طرح واضح کیا ہے:

"یہ صرف ذاتی خطوط نہیں ہیں ان کی نوعیت قومی اور ملی بھی ہے۔۔۔ اس حقیقت کے احساس نے میرے دل میں یہ خیال پیدا کیا کہ ان خطوط کو اس طرح شائع کر دیا جائے

کہ بابائے اردو کی ان تحریروں کے عکس ایک البم کی صورت میں محفوظ ہو جائیں۔"

یہ خطوط ڈاکٹر عبادت بریلوی کے ان خطوط کے جواب میں تحریر کئے گئے ہیں۔ جو وہ مولوی عبدالحق کو وقتاً فوقتاً تحریر کرتے رہے۔ ان میں ڈاکٹر صاحب موصوف کے لئے تعلیم کے میدان میں رہنمائی بھی ہے، حصول ملازمت کے لئے دل جوئی بھی، ادبی سرگرمیوں کے لئے حوصلہ افزائی بھی اور تحسین و تعریف بھی۔

کچھ خطوط ۱۹۴۷ء کے المناک حالات پر روشنی ڈالتے ہیں بعض خطوط میں پاکستان میں انجمن کی ابتدائی مشکلات اور مولوی عبدالحق صاحب کے عمر کے آخری حصے میں انجمن کی چشمک پر روشنی ڈالی ہے ان میں بلند حوصلگی کی باتیں بھی ملتی ہیں اور رنج و ملال کا احساس بھی۔

ان مکاتیب سے معاشرتی، سماجی، لسانی و سیاسی معاملات و واقعات پر روشنی پڑتی ہے عبادت بریلوی صاحب کا کہنا ہے:

"اس اعتبار سے دیکھا جائے تو یہ اسلامیان پاکستان و ھند کا گراں قدر قومی اور ملی سرمایہ ہے۔"

خطوط کا یہ مجموعہ مجلس اشاعت مخطوطات ادارہ ادب و تنقید لاہور نے ۱۹۸۴ء میں فالکن پریس لاہور سے شائع کیا ہے۔

مندرجہ بالا تصنیفی و تالیفی سرمایہ کے علاوہ، ممکن ہے مولوی عبدالحق کی کچھ اور ایسی تحریریں بھی موجود ہوں، جن تک راقم الحروف کی دسترس نہ ہو سکی ہو۔

***

حواشی

۱بحوالہ ذکر عبدالحق از ڈاکٹر سید معین الرحمن لاہور ۱۹۸۵ء ص:۳۲

۲ خطوط عبدالحق بنام عبادت بریلوی ترتیب و مقدمہ: ڈاکٹر عبادت بریلوی ۱۹۸۴ء ص:۱۲۶

۳ جائزہ مخطوطات جلد اول از مشفق خواجہ لاہور، مرکزی اردو بورڈ ۱۹۷۹ء ص: ۱۰۸۰

۴ ”گلشن ہند“ از میرزا علی لطف، لاہور، رفاہ عام اسٹیم پریس ۱۹۰۶ء ص:۱۶

۵ ”انتخاب مضامین رسالہ ”حسن“ مرتبہ مولوی عبدالحق، حیدر آباد دکن ص:۷“

۶ قومی زبان کراچی اگست ۱۹۶۳ء

۷ بابائے اردو مری میں از حکیم اسرار احمد کریوی، ماہنامہ ”قومی زبان“ کراچی جولائی، ۱۹۶۱ء ص:۷

۱۸ عظم الکلام فی ارتقاء الاسلام حصہ دوم، مترجم: مولوی عبدالحق لاہور، رفاہ عام پریس ۱۹۱۱ء ص:۴۲

۹ ایضاً، ص ۶۰

۱۰ بابائے اردو مری از حکیم اسرار احمد کریوی، ماہنامہ قومی زبان، کراچی جولائی ۱۹۶۱ ص:۷

۱۱ قواعد اردو از مولوی عبدالحق لکھنو دار الاشاعت انجمن ترقی اردو ۱۹۱۴ء ص ۱۸۔۱۷

۱۲ مولوی عبدالحق حیات و علمی خدمات، از شہاب الدین ثاقب، کراچی، انجمن ترقی اردو پاکستان ۱۹۸۵ء ص ۵۸

۱۳ دریائے لطافت، مولفہ سید انشاء اللہ انشائ، مرتبہ: مولوی عبدالحق ناشر انجمن ترقی اورنگ آباد ۱۹۱۶ء ص:۷۵

۱۴ دریائے لطافت از سید انشا اللہ خان انشا مرتبہ مولوی عبدالحق اورنگ آباد دکن انجمن ترقی اردو ۱۹۱۶ ص:ت

۱۵ ایضاً ص (ض،ق)

۱۶ انتخاب کلام میر مرتبہ: مولوی عبدالحق بی اے، معتمد انجمن ترقی اردو، حیدر آباد دکن، دائرہ الافادہ، کاچی گوڑہ، ۱۹۲۱ء ص:۲۶

۱۷ انتخاب کلام میر مرتبہ: مولوی عبدالحق بی اے، معتمد انجمن ترقی اردو، حیدر آباد دکن، دائرہ الافادہ، کاچی گوڑہ، ۱۹۲۱ ص ۲۶

۱۸ تذکرہ طبقات الشعرا از قدرت اللہ شوق مرتبہ: نثار احمد فاروقی، ناشر: مجلس ترقی ادب لاہور، ۱۹۶۸ء ص ۲۴۹

۱۹ تذکرہ گلشن ہند، مولفہ: مرزا علی لطف، لاہور، رفاہ عام اسٹیم پریس، ۱۹۰۶ء ص ۳۶

۲۰ شیخ ضیاء الحق صاحب نامور صحافی تھے اور انہوں نے قید فرنگ کاٹی تھی ۱۹۳۶ء میں انتقال ہوا۔

۲۱ خواب و خیال، مصنف: سید محمد میر اثر، اورنگ آباد، انجمن ترقی اردو، ۱۹۲۶ء ص

(ل)

۲۲چمنستان شعرا از رائے لچھمن نرائن شفیق، مرتبہ مولوی عبدالحق اورنگ آباد، انجمن ترقی اردو، ۱۹۲۸، ص:۴

۲۳چمنستان شعرا از رائے لچھمن نرائن شفیق مرتبہ مولوی عبدالحق، اورنگ آباد، انجمن ترقی اردو، ۱۹۲۸ء ص:۱۶

۲۴ ذکر میر مرتبہ مولوی عبدالحق، اورنگ آباد (دکن) انجمن ترقی اردو، ۱۹۲۸ ص:د

۲۵ ذکر میر مرتبہ مولوی عبدالحق، اورنگ آباد (دکن) انجمن ترقی اردو ۱۹۲۸ء ص:گ

۲۶ ایضاً، ص:ن

۲۷: "مخزن نکات" مرتبہ مولوی عبدالحق، اورنگ آباد (دکن) انجمن ترقی اردو، ۱۹۲۹ء ص ا

۲۸ "اردو شعرا کے تذکرے اور تذکرہ نگاری" از ڈاکٹر فرمان فتح پوری، لاہور، مجلس ترقی اردو ادب ۱۹۷۲ء ص:۷

۲۹ "کلیات قائم" (جلد اول) مرتبہ پروفیسر ڈاکٹر اقتداء حسن، لاہور، مجلس ترقی ادب ۱۹۶۸ ص:۷

۳۰ "اردو شعرا کے تذکرے اور تذکرہ نگاری" از ڈاکٹر فرمان فتح پوری، لاہور، مجلس ترقی ادب ۱۹۷۲ء ص:۷

۳۱ "دیوان اثر" مرتبہ مولوی عبدالحق، علی گڑھ، مسلم یونیورسٹی پریس، ۱۹۳۰ ص ۲

۳۲ ''باغ و بہار'' از میر امن دہلوی لندن، ولیم وائس پریس، ۱۸۶۰ء ص ۲۵۸-
۲۵۹

۳۳ ''باغ و بہار'' از میر امن دہلوی، لندن، ولیم وائس پریس ۱۸۶۰ ص الف

۳۴ ''باغ و بہار'' از میر امن دہلوی، لندن ولیم وائس پریس ۱۸۶۰ ص:۶-۵

۳۵ باغ و بہار مرتبہ مولوی عبدالحق دہلی، انجمن ترقی اردو (ہند) ۱۹۴۴ء ص ۲

۳۶ ''باغ و بہار'' مرتبہ مولوی عبدالحق دہلی، انجمن ترقی اردو (ہند) ۱۹۴۴ء ص ۴

۳۷ ''باغ و بہار'' مولفہ میر امن دلی والے، کلکتہ، ہندوستانی پریس ۱۸۰۳ء سر ورق

۳۸ مقدمات عبدالحق (حصہ اول) مرتبہ مرزا محمد بیگ، حیدر آباد دکن مکتبہ ابراہیمیہ ۱۹۳۱ ص ۳

۳۹ مقدمات عبدالحق (حصہ اول) مرتبہ مرزا محمد بیگ، حیدر آباد (دکن) مکتبہ ابراہیمیہ اسٹیشن روڈ ۱۹۳۱ ص ۱۵

۴۰ تاریخ ادب اردو (جلد اول) از ڈاکٹر جمیل جالبی، لاہور، مجلس ترقی ادب ۱۹۸۴ء ۲۱۰

۴۱ یہ کتاب ڈاکٹر جان ولیم ڈریپر کی کتاب کن فلیکٹ بٹوین ریلیجن اینڈ سائنس کا ترجمہ ہے

۴۲ ہاشمی فرید آبادی صاحب نے پلوٹارک کی اس انگریزی کتاب کا چار جلدوں پر مشتمل اردو میں ترجمہ کیا تھا پہلی جلد مولوی عبدالحق کے مقدمہ کے ساتھ ۱۹۴۳ء میں شائع ہوئی جب کہ دوسری جلد ۱۹۴۴ء تیسری ۱۹۴۵ء اور چوتھی ۱۹۴۶ء میں زیور طباعت سے آراستہ ہوئی۔

۴۳ یہ مولوی عبدالحق کے قلم سے نکلا ہوا پہلا مقدمہ ہے اس کتاب کا دوسرا ایڈیشن ۱۹۱۴ء میں اسلامیہ اسٹیم پریس لاہور سے شائع ہوا تھا۔

۴۴ سید میر غلام علی آزاد بلگرامی (۱۱۱۶ھ تا ۱۲۰۰ھ) کے اس تذکرے کے علاوہ سرور آزاد، ید بیضا، خزانہ عامرہ اور روضۃ الاولیا مشہور تذکرے ہیں۔ ماثر الکرام دو حصوں میں تقسیم ہے۔ فصل اول میں ۸۰ مشاہیر صوفیائے کرام کے حالات ہیں جب کہ فصل دوم میں ۷۳ علماء کے حالات درج ہیں یہ کتاب ۱۹۱۳ء میں دوبارہ عبداللہ خان کے تحشیہ و تصحیح کے ساتھ مولوی عبدالحق کے زیر اہتمام رفاہ عام پریس لاہور سے شائع ہوئی تھی۔

۴۵ مولوی سید علی بلگرامی نے اسے فرانسیسی سے ترجمہ کیا تھا اور مولوی عبدالحق نے اس پر دو حصوں پر مشتمل مقدمہ لکھا پہلے حصے میں مترجم کے حالات زندگی اور دوسرے میں کتاب کے متن پر روشنی پڑتی ہے۔

۴۶ ”سی پارہ دل“ خواجہ حسن نظامی کے ۱۳۳ مختصر مضامین کا مجموعہ ہے جسے انہوں نے ۵ منزلوں میں تقسیم کیا ہے پہلی منزل عبد و معبود، دوسری ذوق و شوق، تیسری سر دلبراں، چوتھی دین و مسلک اور پانچویں معاشرت و تمدن سے تعلق رکھتی ہے۔

۴۷: کتاب کا اصل نام ”خطوط شبلی“ ہے اور یہ مولانا شبلی کے ان مکاتیب کا مجموعہ ہے جو انہوں نے عطیہ فیضی اور زہرا بیگم کے نام ۱۷ فروری ۱۹۰۸ء تا ۱۳ جون ۱۹۱۴ء کی درمیانی مدت میں لکھے بقول امین زبیری ”غالباً اردو اور فارسی میں ایسے خطوط کا یہ پہلا مجموعہ ہے جو ایک علامہ دوراں نے خواتین کے نام لکھے ہوں اور اس میں عورتوں کی مختلف خصوصیات کے متعلق ایسے گرانمایہ خیالات ہوں“ خطوط عطیہ بیگم مرتبہ محمد امین زبیری بھوپال، ظل السلطان بک ایجنسی ص ۳

۴۸ یہ کتاب ۱۲۴۲ھ بمطابق ۱۸۰۲ء میں تصنیف ہوئی اس کے چھیالیس برس بعد مولوی مسیح الدین خان بہادر کاکوری نے اپنے مطبع آفتاب عالم تاب مرشد آباد سے بہ تصحیح و اہتمام مولوی احمد علی گوپاموئی سے طبع کرایا مگر اب یہ نسخہ کم یاب ہے اسی نسخے سے انجمن نے اس کتاب کو ترتیب دیا ہے (مقدمات عبدالحق مرتبہ ڈاکٹر عبادت بریلوی لاہور، اردو مرکز ۱۹۶۴ء ص ۴۸۷)

۴۹ یہ کتاب شائع ہوتے ہی نایاب ہوگئی اور پاکستان کے کسی کتب خانے میں نہیں مل سکی خدا بخش اورینٹل کالج لائبریری پٹنہ (صوبہ بہار) بھارت سے اسسٹنٹ لائبریرین ابو ظفر عالم نے خدا بخش اورینٹل لائبریری پٹنہ میں اس کی موجودگی کی اطلاع دی اور مطلوبہ معلومات مہیا کی ہیں۔ قیصر ابن حسن (مقیم کراچی) نے مشفق خواجہ کے حوالہ سے بتایا ہے کہ اس کے مصنف کا تعلق حیدر آباد دکن سے تھا۔

الناظر بک ایجنسی لکھنو کے ایک اشتہار سے معلوم وہتا ہے کہ مولوی سید محمد تقی صاحب منصب دار اول تعلقدار آبکاری حیدر آباد دکن تھے "الناظر" لکھنو مارچ 1915ء

۵۰ سہ ماہی رسالہ "اردو" اورنگ آباد (دکن) اکتوبر ۱۹۲۴ء ص ا

۵۱ "تاریخ ادب اردو" جلد اول، از ڈاکٹر جمیل جالبی، مجلس ترقی اردو لاہور، ۱۹۸۴ء ص ۳۸۴

۵۲ ایضاً

۵۳ "سب رس" از ملا وجہی، مرتبہ مولوی عبدالحق، انجمن ترقی اردو کراچی ۱۹۸۳ء ص ۴۱

۵۴ ایضاً ص ۲۷۵

۵۵ ایضاً

۵۶ جنگ نامہ عالم علی خان، مرتبہ مولوی عبدالحق، انجمن ترقی اردو اورنگ آباد ۱۹۳۲ء ص ۴ تا ۶

۵۷ ایضاً ص ۶

۵۸ مرحوم دہلی کالج نوشتہ مولوی عبدالحق، اورنگ آباد انجمن ترقی اردو ۱۹۳۳ء ص ۱۷

۵۹ ایضاً ص ۲۷

۶۰ ایضاً ص ۷۷

۶۱ ایضاً ص ۱۰۷

۶۲ "مخزن شعرا" مولفہ: قاضی نورالدین حسین خان رضوی فائق، اورنگ آباد، انجمن ترقی اردو ۱۹۳۳ء ص ۱۱۹-۱۲۰

۶۳ اردو شعرا کے تذکرے و تذکرہ نویسی از فرمان فتح پوری، مجلس ترقی ادب لاہور ۱۹۷۲ء ص ۳

۶۴ مخزن شعرا مولفہ قاضی نورالدین حسین خان رضوی فائق اورنگ آباد، انجمن ترقی اردو ۱۹۳۳ء ص ۴

۶۵ مرہٹی زبان پر فارسی کا اثر از مولوی عبدالحق انجمن ترقی اردو اورنگ آباد ۱۹۳۳ء ص ۴۱

۶۶ ایضاً ص ۱۸

۶۷ ایضاً ص ۱۰۰-۱۰۱

۶۸ ایضاً ص ۱۲۳

۶۹ رسالہ اردو اپریل ۱۹۲۶ء اورنگ آباد ص ۲۶۷

۷۰ ''بابائے اردو مولوی عبد الحق، حیات و علمی خدمات'' از شہاب الدین ثاقب، انجمن ترقی اردو کراچی ۱۹۸۵ء ص ۱۵۳

۷۱ ''خطبات گارساں دتاسی'' مقدمہ: مولوی عبد الحق، انجمن ترقی اردو کراچی ۱۹۷۹ء ص ۹۴

۷۲ تذکرہ ہندی تالیف، غلام ہمدانی مصحفی، مرتبہ: مولوی عبد الحق، جامعہ پریس دہلی ۱۹۳۳ء ص د

۷۳ ایضاً ص:م

۷۴ اردو شعرا کے تذکرے اور تذکرہ نگاری از ڈاکٹر فرمان فتح پوری، مجلس ترقی ادب لاہور ص ۱۹۹

۷۵ تذکرہ ہندی مرتبہ: مولوی عبد الحق، جامع برقی پریس دہلی ۱۹۳۳ء ص ز

۷۶ اردو شعرا کے تذکرے اور تذکرہ نویسی از ڈاکٹر فرمان فتح پوری، مجلس ترقی ادب لاہور ۱۹۷۲ء ص ۲۳۴

۷۷ ایضاً ص ۱۱۶

۷۸ ''خطبات گارساں دتاسی'' مقدمہ مولوی عبد الحق، انجمن ترقی اردو کراچی ۱۹۷۹ء ص ۸۶

۷۹ تذکرہ ریختہ گویاں مولفہ سید فتح علی گردیزی انجمن ترقی اردو اورنگ آباد ۱۹۳۳ء ص ۱۶۷

۸۰ ایضاً ص ۶

۸۱ معراج العاشقین مرتبہ مولوی عبد الحق، حیدر آباد ''تاج'' جلد نمبر ۲ نمبر ۴، ۵، ۶ (۱۹۳۴ء) ص ۱

۸۲ ایضاً ص ۶

۸۳ ایضاً ص ۸

۸۴ ''خطبات گارساں دتاسی'' مقدمہ: مولوی عبد الحق، انجمن ترقی اردو کراچی ۱۹۷۹ء ص ۱۱۶

۸۵ نکات الشعراء مرتبہ مولوی عبد الحق انجمن ترقی اردو کراچی ۱۹۷۹ء ص ۶

۸۶ دیوان تاباں مرتبہ: مولوی عبد الحق، انجمن ترقی اردو اورنگ آباد ۱۹۳۵ء ص الف

۸۷ ایضاً ص: د

۸۸ گل عجائب، تالیف: اسد علی تمنا اورنگ آبادی (دکن) انجمن ترقی اردو ۱۹۳۶ ص (وز)

۸۹ ایضاً ص: ح، ط

۹۰ اردو شعرا کے تذکرے اور تذکرہ نگاری، از ڈاکٹر فرمان فتح پوری، مجلس ترقی ادب لاہور ۱۹۷۲ ص: ۱۷۲

۹۱ گل عجائب مولفہ اسد علی تمنا اورنگ آبادی، انجمن ترقی اردو ۱۹۳۶ء ص ب

۹۲ ایضاً

۹۳ ایضاً ص: ح، ط

۹۴ اسٹوڈنٹس انگلش اردو ڈکشنری دیباچہ، انجمن ترقی اردو اورنگ آباد ۱۹۳۸ء

۹۵ یہ ترتیب چند تنقیدات عبد الحق کی فہرست کے مطابق ہے

۹۶ ''قطب مشتری'' مرتبہ: مولوی عبد الحق، انجمن ترقی اردو دہلی ۱۹۳۹ء ص ۱۰۹

۹۷ ''تاریخ ادب اردو'' (جلد اول) از ڈاکٹر جمیل جالبی لاہور، مجلس ترقی ادب

۱۹۸۴ء ص ۴۳۵

۹۸ "قطب مشتری" مرتبہ: مولوی عبدالحق انجمن ترقی اردو دہلی ۱۹۳۹ ص ٦

۹۹ پیش لفظ از مرتب "خطبات عبدالحق" انجمن ترقی اردو دہلی ۱۹۳۹

۱۰۰ انجمن ترقی پسند مصنفین نے اپریل ۱۹۳٦ میں اپنی کانفرنس کی صدارت کے لئے مولوی عبدالحق صاحب کو دعوت دی تھی جس کے اجلاس کے لئے مولوی صاحب نے یہ خطبہ تیار کیا تھا لیکن کسی مجبوری کی وجہ سے وہ خود نہ جاسکے اور یہ خطبہ اجلاس میں پڑھ کر سنایا گیا۔

۱۰۱ یہ مقالہ انجمن روح ادب الہ آباد کے اجلاس منعقدہ ۲۱ دسمبر ۱۹۴۱ء کے اجلاس میں پڑھا گیا۔

۱۰۲ ایڈیٹر وشال بھارت، شری رام شرما کے مضمون کے جواب میں خود شرما صاحب کی فرمائش پر لکھا گیا اور رسالہ ہماری زبان دہلی میں ١٦ جولائی سنہ ۱۹۴۱ء میں شائع ہوا۔

۱۰۳ یہ مضمون "ہماری زبان" دہلی کے ۱۴ اپریل ۱۹۴۴ء کے شمارے میں شائع ہوا

۱۰۴ "چند ہم عصر" از مولوی عبدالحق، کراچی، اردو اکیڈمی، سندھ ۱۹٦۱ء ص: ۱۲۴

۱۰۵ مولوی عبدالحق کی ہدایت کے مطابق یہ مضمون ۱۹۵۹ء کے ایڈیشن سے خارج کر دیا گیا کیونکہ مولوی عبدالحق کا خیال تھا "یہ بہت سرسری مضمون ہے" (دیباچہ "چند ہم عصر" از مولوی عبدالحق ۱۹۵۹ء اردو اکیڈمی کراچی)

۱۰٦ یہ مضمون مولوی عبدالحق کا لکھا ہوا نہیں ہے۔ اس سلسلے میں انہوں نے چند

ہم عصر کے ایڈیشن مطبوعہ ۱۹۵۹ء میں تحریر کیا ہے "یہ مضمون میرا لکھا ہوا نہیں ہے میرے ایک ایرانی نژاد دوست مرزا حیرت کا بچا کھچا کلام لائے تھے" اور اس کے ساتھ یہ مضمون مجھے دیا۔ اس کا ترجمہ اور حیرت کا کلام دونوں رسالہ "افسر" میں شائع ہوئے شیخ چاند مرحوم نے یہ سمجھ کر کہ یہ میری تحریر ہے چند ہم عصر میں داخل کر دیا۔

دیباچہ چند ہم عصر

۱۰۷ جب "چند ہم عصر" کا پہلا ایڈیشن انجمن ترقی اردو (ہند) سے ۱۹۴۰ء میں شائع ہوا تو التماس مینجر کے عنوان سے اس ضمن میں نوٹ تھا "مرحوم چاند کی ایک فرمائش مولوی عبد الحق سے یہ تھی کہ سر سید احمد خان نواب عماد الملک اور مولانا حالی پر بھی اس قسم کے مضامین لکھ دیں کیونکہ مولوی صاحب ان تینوں بزرگوں سے خاص تعلق رکھتے ہیں۔"

۱۰۸ مرزا حیرت پر دوسرا ایڈیشن میں مضمون خارج کر دیا تھا لیکن ۱۹۵۹ء کے ایڈیشن میں دوبارہ شامل کر دیا اس ایڈیشن میں شامل کرنے کے سلسلے میں مولوی عبد الحق رقم طراز ہیں "علاؤ الدین خالد صاحب کا اصرار تھا کہ پروفیسر حیرت والا مضمون اس دفعہ ضرور شریک کیا جائے کیونکہ یہ یونیورسٹی کے نصاب میں داخل ہے" (دیباچہ چند ہم عصر مطبوعہ اردو اکیڈمی سندھ ۱۹۵۹)

۱۰۹ نصرتی مولفہ مولوی عبد الحق، کل پاکستان انجمن ترقی اردو کراچی ۱۹۶۱ء ص ۱۸-۱۹

۱۱۰ "گلشن عشق" مرتبہ: مولوی عبد الحق، انجمن ترقی اردو، پاکستان، کراچی ۱۹۵۲ء ص ۲

۱۱۱ "گلشن عشق" مرتبہ مولوی عبد الحق، انجمن ترقی اردو کراچی ۱۹۵۲

ص ۳۲۶-۳۲۷

۱۱۲ ''بچوں کے خطوط'' مولوی عبدالحق، حیدر آباد دکن عبدالحق اکیڈمی ۱۹۴۴ :۳-۴

۱۱۳ ''انتخاب داغ'' مرتبہ مولوی عبدالحق انجمن ترقی اردو دہلی ۱۹۴۶ص:ب

۱۱۴ ایضاً ص:ج

۱۱۵ جب یہ کتاب طبع ہوئی اقبال کے اردو کلام کا کوئی مجموعہ شائع نہیں ہوا تھا احمد دین نے اپنی کتاب میں اقبال کا وہ تمام کلام شامل کر دیا جو مخزن اور بعض دوسرے رسائل نیز انجمن حمایت الاسلام کی رودادوں میں شائع ہوا تھا(اقبال از احمد دین، مرتبہ مشفق خواجہ، انجمن ترقی اردو کراچی ۱۹۷۹ء ص ۱۵)

۱۱۶ اس کتاب میں سر سید احمد خان، مولانا الطاف حسین حالی، چراغ علی، ڈپٹی نذیر احمد، مولانا محمد حسین آزاد، مولانا شبلی نعمانی، سید علی بلگرامی، رتن ناتھ سرشار، عبدالحلیم شرر اور منشی نول کشور کے حالات زندگی اور ان کے علمی و ادبی کارناموں کا ذکر ہے۔

۱۱۷ علامہ اقبال کو اس مقالہ پر ۱۹۰۸ء میں میونخ یونیورسٹی سے پی ایچ ڈی کی ڈگری ملی۔

۱۱۸ ''بابائے اردو بحیثیت تبصرہ نگار'' از ڈاکٹر قربان فتح پوری مطبوعہ ماہنامہ ''قومی زبان'' اگست ۱۹۸۲ء ص:۲۶

۱۱۹ ''اردو زبان میں علمی اصطلاحات کا مسئلہ'' از مولوی عبدالحق انجمن ترقی اردو کراچی ۱۹۴۹ء ص ۵۳-۵۲

۱۲۰ ''اردو کی فضیلت چند بنگالی اکابر کی نظر میں'' انجمن ترقی اردو کراچی ۱۹۵۰ء ص ۲

۱۲۱ایضاً ص ۱

۱۲۲ شیر بنگال مولوی فضل حق کے خیالات، ان کے آل انڈیا مسلم ایجوکیشن (منعقدہ کلکتہ ۱۹۳۹) کے سالانہ اجلاس کے خطبہ صدارت سے ماخوذ ہیں۔

۱۲۳ ''سر آغا خان کی اردو نوازی'' از مولوی عبدالحق، انجمن ترقی اردو کراچی ۱۹۵۱ء ص ۵

۱۲۴ ''خطبات عبدالحق'' مرتبہ بابائے اردو از ڈاکٹر عبادت بریلوی، انجمن ترقی اردو کراچی ۱۹۶۴ء ص ۱۴-۱۳

۱۲۵ ایضاً حرفے چند

۱۲۶ یہ نشری تقریر تھی جو ۱۹۶۴ء میں ریڈیو حیدر آباد (دکن) سے نشر ہوئی

۱۲۷ یہ نشری تقریر تھی جو ۱۹۴۷ء میں ریڈیو اورنگ آباد (دکن) سے نشر ہوئی

۱۲۸ یہ مضمون ''یوم حالی'' منعقدہ انجمن ترقی اردو کراچی ۱۹۵۱ء میں پڑھا گیا

۱۲۹ ''نصرتی'' مولفہ ڈاکٹر عبدالحق انجمن ترقی اردو کراچی ۱۹۶۱ء ص ۱۹

۱۳۰ ''گلشن عشق'' از ملا وجہی، انجمن ترقی اردو کراچی ۱۹۵۲ء ص ۴

۱۳۱ ایضاً ص ۳۰

۱۳۲ ایضاً ص ۱۰

۱۳۳ ''تنقیدات عبدالحق'' مرتبہ ایم اے قاضی دہلی، مکتبہ چنگاری گلی قاسم جان خان ۱۹۵۶ء ص ۳

۱۳۴ ''پاکستان میں اردو کا المیہ'' از مولوی عبدالحق انجمن ترقی اردو کراچی ۱۹۵۶ ص ۱

۱۳۵ روزنامہ ''امروز'' لاہور ے فروری ۱۹۵۶ء ص ۱

۱۳۶ ''پاکستان میں اردو کا المیہ'' از مولوی عبدالحق، انجمن ترقی اردو کراچی ۱۹۵۶ء ص ۱

۱۳۷ ''پنجاہ سالہ تاریخ انجمن ترقی اردو'' مرتبہ سید ہاشمی فرید آبادی، انجمن ترقی اردو کراچی ۱۹۵۳ء ص ۲۸

۱۳۸ ''پاک جمہوریت'' فیروز سنز پاکستان سن (ن م) ص ۴

۱۳۹ ''سر سید احمد خان'' (حالات و افکار) انجمن ترقی اردو کراچی ۱۹۵۹ء ص ۴

۱۴۰ ''اردو یونیورسٹی وقت کا اہم تقاضا'' از مولوی عبدالحق، کراچی فخر ماتری سیکرٹری عارضی کمیٹی اردو یونیورسٹی ۱۹۶۰ ص ۲۹

۱۴۱ مکتوبات بابائے اردو ڈاکٹر مولوی عبدالحق بنام حکیم محمد امامی اردو اکیڈمی سندھ کراچی ۱۹۶۰ء ص ۲۰۷-۲۰۸

۱۴۲ ایضاً ص ۳۲

۱۴۳ قاموس الکتب انجمن ترقی اردو کراچی ۱۹۶۱ء ص ج

۱۴۴ ایضاً ص: د

۱۴۵ ایضاً ص: د

۱۴۶ ''افکار عبدالحق'' مرتبہ آمنہ صدیقی، کراچی، اردو اکیڈمی سندھ ۱۹۶۲ء ص: ب ج

۱۴۷: کتاب کا اصل نام خطوط شبلی ہے

یہ خطوط بنام عطیہ بیگم اور زہرا بیگم ہیں جو مولانا شبلی نعمانی نے ۱۹۰۸ء سے ۱۹۱۱ء کی درمیانی مدت میں تحریر کئے تھے مولوی عبدالحق نے امین زبیری کی کتاب پر ایک خط تحریر کیا تھا جو انہوں نے بطور مقدمہ شامل کر لیا۔

۱۴۸ ''فرہنگ اصطلاحات علمیہ'' آٹھ جلدوں پر مشتمل ہے جلد اول ۱۹۳۹ء میں مولوی عبد الحق کے مقدمہ کے ساتھ شائع ہوئی تھی باقی تمام جلدوں میں صرف مولف کے دیباچے ہیں آخری جلد ۱۹۴۴ء میں دیال پرنٹنگ پریس دہلی سے طبع ہوئی اس فرہنگ میں مجموعی اعتبار سے تقریباً دوسو پیشوں کی قریباً سولہ ہزار اصطلاحات دی گئی ہیں

۱۴۹ فرہنگ اصطلاحات کیمیا کا پہلا ایڈیشن انجمن ترقی اردو دہلی نے ۱۹۳۹ء میں شائع کیا تھا لیکن اس ایڈیشن میں مقدمہ نہیں تھا بلکہ صرف ارکان مجلس کی فہرست دی گئی تھی جس میں ڈاکٹر مظفر الدین قریشی پروفیسر کیمیا، ڈاکٹر سید حسین پروفیسر طبیعات، محمد نصیر احمد عثمانی صاحب ریڈر طبیعات، محمود احمد خان ریڈر کیمیا، ڈاکٹر رضی الدین پروفیسر ریاضی، مولوی سید ہاشمی اسٹیٹ ہوم سیکرٹری اور مولوی عبد الحق سیکرٹری انجمن ترقی ہند کے نام شامل تھے۔

۱۵۰ قیاس ہے کہ ۱۹۱۰ء سے پہلے شائع ہوا بحوالہ قومی زبان کراچی اگست ۱۹۶۳ء

۱۵۱ ڈپٹی نذیر احمد نے یہ ہنگامہ پرور کتاب گڑ گاؤں کے پادری احمد شاہ شوق کی کتاب ''امہات مومنین'' کے جواب میں ۱۹۰۸ء میں تحریر کی تھی لیکن مولوی صاحب موصوف کے بعض خیالات سے عوام مشتعل ہو گئے مولوی صاحب کے خلاف سخت غم و غصہ پھیل گیا، کفر کے فتوے لگے اور یہ کتاب نذر آتش کر دی گئی مولوی عبد الحق نے اس کے دوسرے ایڈیشن پر مقدمہ تحریر کیا تھا اس کتاب کا دوسرا ایڈیشن (اور یہ بھی بے کم وکاست) شاہد احمد دہلوی کے زیر اہتمام ۱۹۳۵ء میں چھپا تھا۔ بعد میں ہنگامے کے خوف سے کتاب کے تمام نسخے مرزا عظیم بیگ چغتائی مرحوم کے پاس جودھ پور بھیج دیئے گئے۔ انہوں نے جرات رندانہ سے کام لے کر کتاب کے اشتہار چھپوائے لیکن مشتعل عوام کے ایک ہجوم نے ان کے مکان کو گھیر لیا اور ایک مرتبہ پھر امہات الامہ کے تمام نسخے نذر

آتش کر دیئے۔۔۔۔ امہات الامہ کو یہ امتیاز ضرور حاصل ہے کہ یہ اردو کی سب سے زیادہ ہنگامہ آفریں کتاب اور اپنے عہد کے ایک کامیاب و مقبول مصنف کی سب سے زیادہ ناکام و مردود تصنیف ٹھہری ''مولوی نذیر احمد احوال و آثار مولفہ ڈاکٹر افتخار صدیقی لاہور، مجلس ترقی ادب ۱۹۷۱ء ص ۳۰۷''

۱۵۲ یہ مولوی عبدالحق کی آخری تحریر ہے جو انہوں نے بستر مرگ پر ۲۲ جون ۱۹۶۱ء جناح ہسپتال کراچی کے کمرہ نمبر ۱۳ میں رقم کی تھی۔

۱۵۳ سر نامہ از مشفق خواجہ ''قومی زبان'' کراچی بابائے اردو نمبر ۱۶ اگست ۱۹۶۴ء ص ۲۱۸

۱۵۴ آخری کڑی از مولوی عبدالحق ماہانہ قومی زبان کراچی اگست ۱۹۷۰ء ص ۶۵

۱۵۵ پنجاہ سالہ تاریخ انجمن ترقی اردو مولوی سید ہاشمی فرید آبادی، کراچی، انجمن ترقی اردو پاکستان ۱۹۵۳ء ص ۵۴

۱۵۶ لغت کبیر جلد اول بابائے اردو مولوی عبدالحق کراچی، انجمن ترقی اردو پاکستان ۱۹۷۳ء ص ۷

۱۵۷ لغت کبیر جلد اول مولف: بابائے اردو مولوی عبدالحق، کراچی، انجمن ترقی اردو پاکستان ۱۹۷۳ء ص ۵۶

۱۵۸ قاموس الکتاب جلد دوم، مرتب انجمن ترقی اردو کراچی ۱۹۷۵ء

۱۵۹ حرفے چند از جمیل الدین عالی افکار حالی، کراچی انجمن ترقی اردو پاکستان ۱۹۷۶ء ص ۴

۱۶۰ چند ہم عصر دہلی انجمن ترقی اردو (ہند) ۱۹۴۲ء

۱۶۱ یہ مولوی عبدالحق کی ایک غیر مکمل تحریر ہے

۱۶۲ خطوط عبد الحق بنام ڈاکٹر عبد اللہ چغتائی مرتب ڈاکٹر عبادت بریلوی ، لاہور، مجلس اشاعت مخطوطات اورینٹل کالج ص ا

۱۶۳ فرمودات عبد الحق ڈاکٹر سید معین الرحمن لاہور نذر سنز ۱۹۷۸ء (گرد پوش)

۱۶۴ فرمودات عبد الحق مرتب ڈاکٹر سید معین الرحمن لاہور نذر سنز ۱۹۷۸ ص ۱۶

۱۶۵ مکاتیب عبد الحق بنام محوی مرتب عبد القوی دسنوی کراچی انجمن ترقی اردو پاکستان ۱۹۸۰ء ص ۵

۱۶۶ مکاتیب عبد الحق بنام محوی مرتب عبد القوی دسنوی کراچی انجمن ترقی اردو پاکستان ۱۹۸۰ء ص ۳

۱۶۷ مذہب اور سائنس از مولوی عبد الحق دہلی، ماڈرن پبلشنگ ہاؤس ۱۹۸۰ء ص ۲۳۳

۱۶۸ خطوط عبد الحق بنام ڈاکٹر عبادت بریلوی ترتیب و مقدمہ ڈاکٹر عبادت بریلوی، لاہور مجلس اشاعت مخطوطات ادارہ ادب و تنقید ۱۹۸۴ء ص:۳

۱۶۹ ایضاً

***

اردو زبان اور اس کی ترویج اور فروغ سے متعلق مضامین

وطنیات

مصنف: سید مجاور حسین رضوی

بین الاقوامی ایڈیشن منظر عام پر آچکا ہے